JOINT ASSOCIATION OF
CLASSICAL TEACHERS' GREEK COURSE

New Testament Greek

A Reader

CAMBRIDGE
UNIVERSITY PRESS

PUBLISHED BY THE PRESS SYNDICATE OF THE UNIVERSITY OF CAMBRIDGE
The Pitt Building, Trumpington Street, Cambridge, United Kingdom

CAMBRIDGE UNIVERSITY PRESS
The Edinburgh Building, Cambridge CB2 2RU, UK
40 West 20th Street, New York NY 10011–4211, USA
447 Williamstown Road, Port Melbourne, VIC 3207, Australia
Ruiz de Alarcón 13, 28014 Madrid, Spain
Dock House, The Waterfront, Cape Town 8001, South Africa

http://www.cambridge.org

First published 2001
Third printing 2004

Printed in the United Kingdom at the University Press, Cambridge

Typeset in Minion and Porson Greek [AO]

A catalogue record for this book is available from the British Library

Library of Congress Cataloguing in Publication data

New Testament Greek : a Reader / Joint Association of Classical Teachers' Greek Course.
    p.   cm.
Test in Greek; preface and chapter introductions in English.
Includes bibliographical references and index.
ISBN 0 521 65447 5
1. Greek language, Biblical–Readers. 2. Bible. N.T.–Language, style. I. Joint Association of
Classical Teachers. Greek Course.
PA817 .N49 2001
487'.4–dc21   2001025580
ISBN 0 521 65447 5 paperback

New Testament Greek: A Reader

This book offers a selection of texts with vocabulary. Its purpose is to help readers understand and enjoy the New Testament in Greek. There are substantial excerpts from all four gospels, from Acts, and from a variety of epistles. The book is aimed at those who have been studying Greek for perhaps a year. Knowledge of the commonest word-endings and constructions is assumed, though with the help of a grammar (and English version) it should be accessible to students with less Greek than this. There is a checklist of about 350 of the commonest New Testament words. All other words are glossed as they occur. Some help with grammar is also given. Every chapter in every section is self-contained, so that readers can begin anywhere. Brief introductions draw attention to distinctive features of the various New Testament authors.

Christ the Saviour: thirteenth-century icon

CONTENTS

ILLUSTRATIONS

Christ the Saviour: thirteenth-century icon. Serbian Royal Lavra Holy Monastery of Hilandar, Mount Athos [*page* (ii)]

Codex Sinaiticus (fourth century): John 1. By permission of the British Library, Facs 165 fo. 247 [1]

The Nativity and the Annunciation to the Shepherds: from an eleventh-century Sacramentary. The Bodleian Library, University of Oxford, MS. Canon. Liturg. 319, fol. 38v [18]

Christ healing Jairus' daughter: twelfth-century mosaic. Cathedral of Monreale, Palermo. Alinari/Art Resource, NY [45]

St Matthew: Lindisfarne Gospels (eighth century). By permission of the British Library, MS. Cott. Nero D ivf, 25b [57]

The Good Shepherd: fourth-century fresco. Catacomb of Marcellinus and Peter, Rome. Pontificia Commissione di Archeologia Sacra [71]

The raising of Lazarus: sixth-century mosaic. S. Apollinare Nuovo, Ravenna. Alinari/Art Resource, NY [79]

Christ at Emmaus: Rembrandt, *The Pilgrims of Emmaus* (1648). Paris, Musée du Louvre, inv. 1739. Giraudon-Pix [105]

The coming of the Holy Spirit: from a thirteenth-century Psalter. By permission of the British Library, Add. 17868 fo. 29 [116]

Corinth: Lechaion Road and market. G. Garvey/Ancient Art and Architecture Collection [131]

Abraham: Wing Panel iv from the synagogue at Dura Europus (third century). Yale University Art Gallery, Dura-Europos Collection [147]

The Resurrection: Piero della Francesca (*c.* 1463). Museo Civico Sansepolcro. SCALA [170]

vi

Melchisedek, Abraham and Moses: Chartres Cathedral (begun *c.* 1194).
Porch of north transept. Sonia Halliday   [183]

The New Jerusalem: Nicolaus Visscher (*c.* 1700). *The Sacred Histories
of the Old and New Testament represented by very artificial figures*
(Amsterdam, n.d.)   [197]

Jerusalem: sixth-century mosaic. Church of St John at Madaba, Jordan.
Sonia Halliday   [201]

PREFACE

This book offers a selection of texts with vocabulary. Its purpose is to help readers understand and enjoy the Greek of a variety of New Testament authors. It is aimed not at absolute beginners but at those who have been studying Greek for perhaps a year or more. I assume knowledge of the commonest word-endings and constructions, though with the help of a grammar (and English version) it should be accessible to those with less Greek than this. Every learner's experience of the language is different, and it is difficult to strike a balance between inadequate help and labouring the obvious. I have been guided by experience of what students find difficult, and I have tried to be reasonably consistent. Because of the nature of New Testament Greek this book differs in some respects from other volumes in the JACT *Reading Greek* series. For vocabulary, there is a checklist at the back of the book of about 350 of the commonest New Testament words. Knowledge of these is assumed: they should quickly become familiar if they are not already, and help is given with less common forms of them. All other words are glossed as they occur. Every chapter in every section is self-contained, so that readers can begin anywhere. Glosses quote the basic, dictionary form of a word where the form in the text is straightforward; for less obvious parts, particularly of verbs, the form in the text is given first and explained. To save space, the explanations work on a default system: e.g. a verb form is active unless specified as middle or passive, indicative unless specified as subjunctive or optative.

The text is the standard Nestle-Aland *Greek New Testament*, Fourth Revised Edition, copyright 1993 Deutsche Bibelgesellschaft, Stuttgart (reproduced with permission). In a few places I have removed square brackets to ease reading by students, and have made some minor changes of punctuation for the same reason; I use initial capitals only for proper names. Among the various works I have consulted, I am endebted particularly to M. Zerwick and M. Grosvenor *A Grammatical Analysis of the Greek New*

Testament (Pontificio Istituto Biblico, Rome, Fifth Edition 1996). I am grateful to Martin Hammond, Headmaster of Tonbridge School, for granting me a term's sabbatical leave; to Christopher Kelly for enabling me to spend it at Corpus Christi College, Cambridge; to Jeffrey Swales for help with word processing; to Professor Eric Handley for help with the proofs; and to Pauline Hire, Michael Sharp, Linda Woodward and Caroline Murray of Cambridge University Press for helpful advice.

I dedicate the book to my parents.

John Taylor

ABBREVIATIONS

1, 2, 3	first, second, third person
acc	accusative
act	active
addr	address, addressed
adv	adverb
aor	aorist
c.	*circa* (= about)
cf	*confer* (= compare)
ch	chapter
dat	dative
delib	deliberative
f	feminine
fin	finite
fl	*floruit* (= flourished)
foll	following, followed
fut	future
gen	genitive
govd	governed
impf	imperfect
impsnl	impersonal
impv	imperative
indecl	indeclinable
indic	indicative
inf	infinitive
intr	intransitive
introd	introduces, introducing
lit	literally
m	masculine; metre, metres
metaph	metaphor, metaphorically
mid	middle

n	neuter
neg	negative
nom	nominative
obj	object
oft	often
opt	optative
pass	passive
pf	perfect
pl	plural
plpf	pluperfect
pple	participle
pres	present
qu	question
ref	referring to
refl	reflexive
rel	relative
repr	represents, representing
sg	singular
sub	subject
subj	subjunctive
tr	transitive
transl	translate
usu	usually
vb	verb
voc	vocative
vs	verse
vv	verses

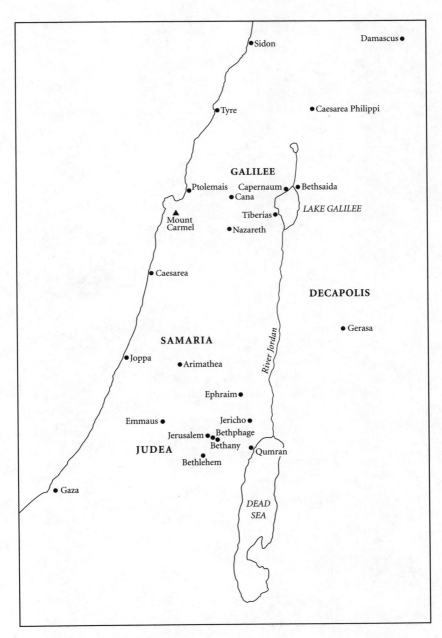

Palestine in the time of Jesus

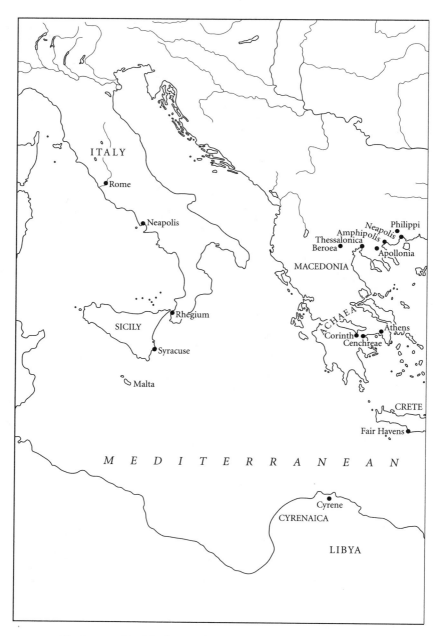

The Roman World of St Paul

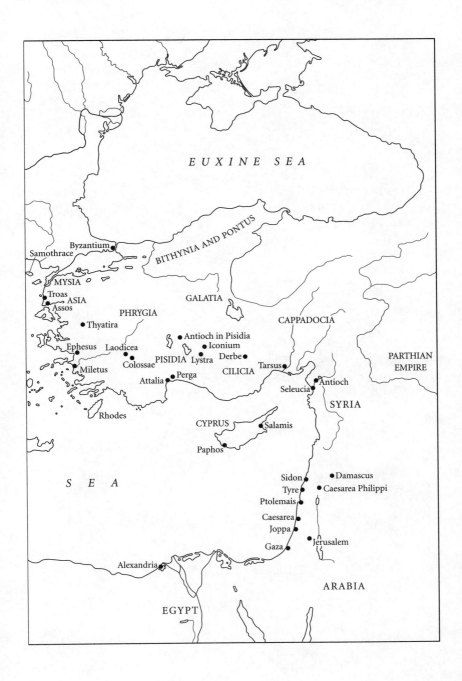

Codex Sinaiticus (fourth century): John 1

1

Prologue

JOHN 1.1–14

Echoing the opening words of Genesis, John's prologue sets out to show the events narrated in the gospel as an integral part of the history of the universe. *Logos* had a wide range of meanings in religion and philosophy. The concept is explored here in a poetic way, enabling the author to evoke both Greek and Hebrew traditions. The Wisdom of God had been personified in the Old Testament. This aids John's identification of the Word with the incarnate Christ. Light, life and truth are characteristic elements of John's vocabulary. John the Baptist is introduced like an Old Testament figure, reviving the long-silent gift of prophetic speech. Jesus is presented, in a story pattern with many parallels, as a visitor who is rejected by his own people though he is their ruler and judge. That the eternal Word became flesh – characteristically transitory, mortal and imperfect – is a paradoxical climax to the prologue. The striking word ἐσκήνωσεν deliberately suggests the Tent of Meeting in Exodus.

Chapter 1

Verses 1–14: The Word became flesh

¹ἐν ἀρχῇ ἦν ὁ λόγος, καὶ ὁ λόγος ἦν πρὸς τὸν θεόν, καὶ θεὸς ἦν ὁ λόγος. ²οὗτος ἦν ἐν ἀρχῇ πρὸς τὸν θεόν. ³πάντα δι' αὐτοῦ ἐγένετο, καὶ χωρὶς αὐτοῦ ἐγένετο οὐδὲ ἕν. ὃ γέγονεν ⁴ἐν αὐτῷ ζωὴ ἦν, καὶ ἡ ζωὴ ἦν τὸ φῶς τῶν ἀνθρώπων·⁵καὶ τὸ φῶς ἐν τῇ σκοτίᾳ φαίνει, καὶ ἡ σκοτία αὐτὸ οὐ κατέλαβεν. ⁶ἐγένετο ἄνθρωπος ἀπεσταλμένος παρὰ θεοῦ, ὄνομα αὐτῷ Ἰωάννης· ⁷οὗτος ἦλθεν εἰς μαρτυρίαν, ἵνα μαρτυρήσῃ περὶ τοῦ φωτός, ἵνα πάντες πιστεύσωσιν δι' αὐτοῦ. ⁸οὐκ ἦν ἐκεῖνος τὸ φῶς, ἀλλ' ἵνα μαρτυρήσῃ περὶ τοῦ φωτός. ⁹ἦν τὸ φῶς τὸ ἀληθινόν, ὃ φωτίζει πάντα ἄνθρωπον, ἐρχόμενον εἰς τὸν κόσμον. ¹⁰ἐν

τῷ κόσμῳ ἦν, καὶ ὁ κόσμος δι᾽ αὐτοῦ ἐγένετο, καὶ ὁ κόσμος αὐτὸν
οὐκ ἔγνω. ¹¹εἰς τὰ ἴδια ἦλθεν, καὶ οἱ ἴδιοι αὐτὸν οὐ παρέλαβον. ¹²ὅσοι
δὲ ἔλαβον αὐτόν, ἔδωκεν αὐτοῖς ἐξουσίαν τέκνα θεοῦ γενέσθαι, τοῖς
πιστεύουσιν εἰς τὸ ὄνομα αὐτοῦ, ¹³οἳ οὐκ ἐξ αἱμάτων οὐδὲ ἐκ θελή-
ματος σαρκὸς οὐδὲ ἐκ θελήματος ἀνδρὸς ἀλλ᾽ ἐκ θεοῦ ἐγεννήθησαν.
¹⁴καὶ ὁ λόγος σὰρξ ἐγένετο καὶ ἐσκήνωσεν ἐν ἡμῖν, καὶ ἐθεασάμεθα
τὴν δόξαν αὐτοῦ, δόξαν ὡς μονογενοῦς παρὰ πατρός, πλήρης χάριτος
καὶ ἀληθείας.

πρός + acc here with
χωρίς without + gen
vs now usually punctuated after ἕν
  (traditionally after γέγονεν)
γέγονεν pf 3 sg γίνομαι
5 σκοτία -ας f darkness
φαίνω shine
κατέλαβεν aor 3 sg καταλαμβάνω
  seize, grasp, understand
ἀπεσταλμένος pf pass pple ἀποστέλλω
Ἰωάννης -ου m John
εἰς + acc here for, for the purpose of
μαρτυρία -ας f testimony, witness
μαρτυρήσῃ aor subj 3 sg μαρτυρέω
πιστεύσωσιν aor subj 3 pl πιστεύω
ἀληθινός -ή -όν true

φωτίζω shed light on
ἐρχόμενον now usually taken as n nom
  with φῶς (traditionally m acc with
  ἄνθρωπον)
10 τὰ ἴδια his own domain
οἱ ἴδιοι his own people
παρέλαβον aor 3 pl παραλαμβάνω
  accept, take to oneself
ἔδωκεν aor 3 sg δίδωμι
ἐγεννήθησαν aor pass 3 pl γεννάω pass
  be born
σκηνόω pitch tent, dwell
ἐθεασάμεθα aor 1 pl θεάομαι see,
  behold
μονογενής -ές only (child)
πλήρης here indecl full

Section One

LUKE 1 AND 2

Luke presents his two-volume treatise – the gospel, and Acts (together making up more than a quarter of the New Testament) – as a chapter in world history. A self-conscious stylist, he moves from the polished classical conventions of his opening words to an Old Testament style and atmosphere for the birth narratives of John the Baptist and Jesus. These interlaced stories constantly allude by theme and detail to Hebrew tradition. The service of God in the Temple was centrally important, and many stories told of experiences similar to that of Zechariah. The birth of a child to a woman late in life has several Old Testament parallels, especially the story of Hannah in 1 Samuel. The themes of waiting and fulfilment however also have a larger dimension. We are given the sense that centuries of longing and prayer are about to end. The story of the shepherds exemplifies the sympathy for the poor which pervades Luke's gospel. The boy Jesus in the Temple gives a sole glimpse of the so-called hidden years. And in his repeated emphasis on the pondering and sorrow of Mary, Luke in these opening chapters foreshadows the end of the gospel.

Chapter 1

Verses 1–10: Dedication to Theophilus; Zechariah and Elizabeth

¹ἐπειδήπερ πολλοὶ ἐπεχείρησαν ἀνατάξασθαι διήγησιν περὶ τῶν πεπληροφορημένων ἐν ἡμῖν πραγμάτων, ²καθὼς παρέδοσαν ἡμῖν οἱ ἀπ' ἀρχῆς αὐτόπται καὶ ὑπηρέται γενόμενοι τοῦ λόγου, ³ἔδοξε κἀμοὶ παρηκολουθηκότι ἄνωθεν πᾶσιν ἀκριβῶς καθεξῆς σοι γράψαι, κράτιστε Θεόφιλε, ⁴ἵνα ἐπιγνῷς περὶ ὧν κατηχήθης λόγων τὴν ἀσφάλειαν. ⁵ἐγένετο ἐν ταῖς ἡμέραις Ἡρῴδου βασιλέως τῆς Ἰουδαίας

ἱερεύς τις ὀνόματι Ζαχαρίας ἐξ ἐφημερίας Ἀβιά, καὶ γυνὴ αὐτῷ ἐκ τῶν θυγατέρων Ἀαρών, καὶ τὸ ὄνομα αὐτῆς Ἐλισάβετ. ⁶ἦσαν δὲ δίκαιοι ἀμφότεροι ἐναντίον τοῦ θεοῦ, πορευόμενοι ἐν πάσαις ταῖς ἐντολαῖς καὶ δικαιώμασιν τοῦ κυρίου ἄμεμπτοι. ⁷καὶ οὐκ ἦν αὐτοῖς τέκνον, καθότι ἦν ἡ Ἐλισάβετ στεῖρα, καὶ ἀμφότεροι προβεβηκότες ἐν ταῖς ἡμέραις αὐτῶν ἦσαν. ⁸ἐγένετο δὲ ἐν τῷ ἱερατεύειν αὐτὸν ἐν τῇ τάξει τῆς ἐφημερίας αὐτοῦ ἔναντι τοῦ θεοῦ, ⁹κατὰ τὸ ἔθος τῆς ἱερατείας ἔλαχε τοῦ θυμιᾶσαι εἰσελθὼν εἰς τὸν ναὸν τοῦ κυρίου, ¹⁰καὶ πᾶν τὸ πλῆθος ἦν τοῦ λαοῦ προσευχόμενον ἔξω τῇ ὥρᾳ τοῦ θυμιάματος.

ἐπειδήπερ seeing that, since
ἐπιχειρέω undertake, attempt
ἀνατάξασθαι aor inf ἀνατάσσομαι
  compile, write
διήγησις -εως f account, narrative
πεπληροφορημένων pf pass pple
  πληροφορέω accomplish, carry out
πρᾶγμα -ατος n event, deed
παρέδοσαν aor 3 pl παραδίδωμι
αὐτόπτης -ου m eye-witness
ὑπηρέτης -ου m servant
ἔδοξε aor 3 sg (impsnl) δοκέω transl
  phrase I too decided
κἀμοί = καὶ ἐμοί (crasis)
παρηκολουθηκότι pf pple
  παρακολουθέω follow closely + dat
ἄνωθεν from the beginning
ἀκριβῶς accurately
καθεξῆς in order
κράτιστε voc Your Excellency (addr to
  nobles)
Θεόφιλος -ου m Theophilus
ἐπιγνῷς aor subj 2 sg ἐπιγινώσκω
  come to know, learn
περὶ ὧν ... λόγων transl about the
  matters of which
κατηχήθης aor pass 2 sg κατηχέω
  inform
ἀσφάλεια -ας f accurate information,
  full truth
5 Ἡρώδης -ου m Herod
  Ἰουδαία -ας f Judea

ἱερεύς -εως m priest
Ζαχαρίας -ου m Zechariah
ἐφημερία -ας f division of priesthood
  (for daily temple duties)
Ἀβιά m Abijah
θυγάτηρ -τρός f daughter
Ἀαρών m Aaron
Ἐλισάβετ f Elizabeth
ἀμφότεροι -αι -α both
ἐναντίον + gen in the presence of, before
δικαίωμα -ατος n ordinance
ἄμεμπτος -ον blameless
καθότι for, because
στεῖρα -ας f woman incapable of
  having children
προβεβηκότες pf pple προβαίνω
  advance
ἐγένετο + fin vb it happened that
  (imitating Hebrew idiom)
ἐν τῷ + acc + inf while
ἱερατεύω serve as priest
τάξις -εως f appointed order
ἔναντι = ἐναντίον
ἔθος -ους n custom
ἱερατεία -ας f priestly office
ἔλαχε aor 3 sg λαγχάνω be chosen by
  lot
θυμιᾶσαι aor inf θυμιάω offer incense
ναός -οῦ m sanctuary
10 πλῆθος -ους n multitude
θυμίαμα -ατος n incense offering

Verses 11–17: The birth of John the Baptist foretold

¹¹ὤφθη δὲ αὐτῷ ἄγγελος κυρίου ἑστὼς ἐκ δεξιῶν τοῦ θυ-
σιαστηρίου τοῦ θυμιάματος. ¹²καὶ ἐταράχθη Ζαχαρίας ἰδών, καὶ
φόβος ἐπέπεσεν ἐπ᾽ αὐτόν. ¹³εἶπεν δὲ πρὸς αὐτὸν ὁ ἄγγελος, μὴ φο-
βοῦ, Ζαχαρία, διότι εἰσηκούσθη ἡ δέησίς σου, καὶ ἡ γυνή σου Ἐλι-
σάβετ γεννήσει υἱόν σοι, καὶ καλέσεις τὸ ὄνομα αὐτοῦ Ἰωάννην. ¹⁴καὶ
ἔσται χαρά σοι καὶ ἀγαλλίασις, καὶ πολλοὶ ἐπὶ τῇ γενέσει αὐτοῦ
χαρήσονται· ¹⁵ἔσται γὰρ μέγας ἐνώπιον τοῦ κυρίου, καὶ οἶνον καὶ σί-
κερα οὐ μὴ πίῃ, καὶ πνεύματος ἁγίου πλησθήσεται ἔτι ἐκ κοιλίας
μητρὸς αὐτοῦ, ¹⁶καὶ πολλοὺς τῶν υἱῶν Ἰσραὴλ ἐπιστρέψει ἐπὶ κύριον
τὸν θεὸν αὐτῶν. ¹⁷καὶ αὐτὸς προελεύσεται ἐνώπιον αὐτοῦ ἐν πνεύματι
καὶ δυνάμει Ἡλίου, ἐπιστρέψαι καρδίας πατέρων ἐπὶ τέκνα καὶ
ἀπειθεῖς ἐν φρονήσει δικαίων, ἑτοιμάσαι κυρίῳ λαὸν κατεσκευασμέ-
νον.

ὤφθη aor pass 3 sg ὁράω
ἑστώς pf pple (with pres sense, intr) ἵστημι
ἐκ δεξιῶν at the right-hand side
θυσιαστήριον -ου n altar
ἐταράχθη aor pass 3 sg ταράσσω trouble
φόβος -ου m fear
ἐπέπεσεν aor 3 sg ἐπιπίπτω fall on
διότι because
εἰσηκούσθη aor pass 3 sg εἰσακούω hear
δέησις -εως f prayer
Ἰωάννης -ου m John
ἀγαλλίασις -εως f exultation
γένεσις -εως f birth
χαρήσονται fut 3 pl χαίρω
¹⁵ σίκερα n strong drink
οὐ μή + subj emphatic neg

πίῃ aor subj 3 sg πίνω
πλησθήσεται fut pass 3 sg πίμπλημι fill
κοιλία -ας f womb
ἐπιστρέψει fut 3 sg ἐπιστρέφω bring back, turn to tr
προελεύσεται fut 3 sg προέρχομαι go before
Ἡλίας -ίου m Elijah
ἐπιστρέψαι aor inf ἐπιστρέφω here reconcile
ἀπειθής -ές disobedient, rebellious
ἐν here for εἰς
φρόνησις -εως f understanding
ἑτοιμάσαι aor inf ἑτοιμάζω make ready inf expressing purpose
κατεσκευασμένον pf pass pple κατασκευάζω prepare

Verses 18–25: Zechariah struck dumb; Elizabeth conceives a child

¹⁸καὶ εἶπεν Ζαχαρίας πρὸς τὸν ἄγγελον, κατὰ τί γνώσομαι τοῦτο; ἐγὼ γάρ εἰμι πρεσβύτης καὶ ἡ γυνή μου προβεβηκυῖα ἐν ταῖς ἡμέραις αὐτῆς. ¹⁹καὶ ἀποκριθεὶς ὁ ἄγγελος εἶπεν αὐτῷ, ἐγώ εἰμι Γαβριὴλ ὁ παρεστηκὼς ἐνώπιον τοῦ θεοῦ, καὶ ἀπεστάλην λαλῆσαι πρὸς σὲ καὶ εὐαγγελίσασθαί σοι ταῦτα· ²⁰καὶ ἰδοὺ ἔσῃ σιωπῶν καὶ μὴ δυνάμενος λαλῆσαι ἄχρι ἧς ἡμέρας γένηται ταῦτα, ἀνθ᾽ ὧν οὐκ ἐπίστευσας τοῖς λόγοις μου, οἵτινες πληρωθήσονται εἰς τὸν καιρὸν αὐτῶν. ²¹καὶ ἦν ὁ λαὸς προσδοκῶν τὸν Ζαχαρίαν, καὶ ἐθαύμαζον ἐν τῷ χρονίζειν ἐν τῷ ναῷ αὐτόν. ²²ἐξελθὼν δὲ οὐκ ἐδύνατο λαλῆσαι αὐτοῖς, καὶ ἐπέγνωσαν ὅτι ὀπτασίαν ἑώρακεν ἐν τῷ ναῷ· καὶ αὐτὸς ἦν διανεύων αὐτοῖς, καὶ διέμενεν κωφός. ²³καὶ ἐγένετο ὡς ἐπλήσθησαν αἱ ἡμέραι τῆς λειτουργίας αὐτοῦ ἀπῆλθεν εἰς τὸν οἶκον αὐτοῦ. ²⁴μετὰ δὲ ταύτας τὰς ἡμέρας συνέλαβεν Ἐλισάβετ ἡ γυνὴ αὐτοῦ· καὶ περιέκρυβεν ἑαυτὴν μῆνας πέντε, λέγουσα ²⁵ὅτι οὕτως μοι πεποίηκεν κύριος ἐν ἡμέραις αἷς ἐπεῖδεν ἀφελεῖν ὄνειδός μου ἐν ἀνθρώποις.

γνώσομαι *fut 1 sg* γινώσκω
πρεσβύτης -ου *m* old man
προβεβηκυῖα *pf pple* πρόβαινω
ἀποκριθείς *aor pple* ἀποκρίνομαι
Γαβριήλ *m* Gabriel
παρεστηκώς *pf (intr with pres sense) pple* παρίστημι stand by
ἀπεστάλην *aor pass 1 sg* ἀποστέλλω
20 σιωπάω be silent
ἄχρι + *gen* until
ἧς ἡμέρας *lit* which day *i.e.* the day on which
γένηται *aor subj 3 sg* γίνομαι
ἀνθ᾽ ὧν *lit* in return for which things *i.e.* because of the fact that
πληρωθήσονται *fut pass 3 pl* πληρόω
προσδοκάω wait for, expect
θαυμάζω be surprised
ἐν τῷ + *acc* + *inf* at the fact that

χρονίζω delay, spend a long time
ἐπέγνωσαν *aor 3 pl* ἐπιγινώσκω
ὀπτασία -ας *f* vision
ἑώρακεν *pf 3 sg* ὁράω
διανεύω nod, make a sign
διαμένω remain
κωφός -ή -όν dumb
ἐπλήσθησαν *aor pass 3 pl* πίμπλημι
λειτουργία -ας *f* priestly ministry
συνέλαβεν *aor 3 sg* συλλαμβάνω conceive
περικρύβω hide away
μήν, μήνος *m* month
πέντε five
25 ἐπεῖδεν *aor 3 sg* ἐφοράω *here* deign
ἀφελεῖν *aor inf* ἀφαιρέω take away, remove
ὄνειδος -ους *n* disgrace

Verses 26–38: The birth of Jesus foretold

²⁶ἐν δὲ τῷ μηνὶ τῷ ἕκτῳ ἀπεστάλη ὁ ἄγγελος Γαβριὴλ ἀπὸ
τοῦ θεοῦ εἰς πόλιν τῆς Γαλιλαίας ᾗ ὄνομα Ναζαρὲθ ²⁷πρὸς παρθένον
ἐμνηστευμένην ἀνδρὶ ᾧ ὄνομα Ἰωσὴφ ἐξ οἴκου Δαυίδ, καὶ τὸ ὄνομα
τῆς παρθένου Μαριάμ. ²⁸καὶ εἰσελθὼν πρὸς αὐτὴν εἶπεν, χαῖρε, κε-
χαριτωμένη, ὁ κύριος μετὰ σοῦ. ²⁹ἡ δὲ ἐπὶ τῷ λόγῳ διεταράχθη καὶ
διελογίζετο ποταπὸς εἴη ὁ ἀσπασμὸς οὗτος. ³⁰καὶ εἶπεν ὁ ἄγγελος
αὐτῇ, μὴ φοβοῦ, Μαριάμ, εὗρες γὰρ χάριν παρὰ τῷ θεῷ· ³¹καὶ ἰδοὺ
συλλήμψῃ ἐν γαστρὶ καὶ τέξῃ υἱόν, καὶ καλέσεις τὸ ὄνομα αὐτοῦ Ἰη-
σοῦν. ³²οὗτος ἔσται μέγας καὶ υἱὸς ὑψίστου κληθήσεται, καὶ δώσει
αὐτῷ κύριος ὁ θεὸς τὸν θρόνον Δαυὶδ τοῦ πατρὸς αὐτοῦ, ³³καὶ βασι-
λεύσει ἐπὶ τὸν οἶκον Ἰακὼβ εἰς τοὺς αἰῶνας, καὶ τῆς βασιλείας αὐτοῦ
οὐκ ἔσται τέλος. ³⁴εἶπεν δὲ Μαριὰμ πρὸς τὸν ἄγγελον, πῶς ἔσται
τοῦτο, ἐπεὶ ἄνδρα οὐ γινώσκω; ³⁵καὶ ἀποκριθεὶς ὁ ἄγγελος εἶπεν αὐτῇ,
πνεῦμα ἅγιον ἐπελεύσεται ἐπὶ σέ, καὶ δύναμις ὑψίστου ἐπισκιάσει σοι·
διὸ καὶ τὸ γεννώμενον ἅγιον κληθήσεται, υἱὸς θεοῦ. ³⁶καὶ ἰδοὺ
Ἐλισάβετ ἡ συγγενίς σου καὶ αὐτὴ συνείληφεν υἱὸν ἐν γήρει αὐτῆς,
καὶ οὗτος μὴν ἕκτος ἐστὶν αὐτῇ τῇ καλουμένῃ στείρᾳ· ³⁷ὅτι οὐκ ἀδυ-
νατήσει παρὰ τοῦ θεοῦ πᾶν ῥῆμα. ³⁸εἶπεν δὲ Μαριάμ, ἰδοὺ ἡ δούλη
κυρίου· γένοιτό μοι κατὰ τὸ ῥῆμά σου. καὶ ἀπῆλθεν ἀπ’ αὐτῆς ὁ ἄγ-
γελος.

ἕκτος -η -ον sixth
ἀπεστάλη aor pass 3 sg ἀποστέλλω
Ναζαρέθ f Nazareth
παρθένος -ου f virgin, unmarried girl
ἐμνηστευμένην pf pass pple μνηστεύω
  betroth
Ἰωσήφ m Joseph
Μαριάμ f Mary
κεχαριτωμένη pf pass pple χαριτόω
  favour, endow with grace
διεταράχθη aor pass 3 sg διαταράσσω
  disturb deeply
διαλογίζομαι deliberate, wonder
ποταπός -ή -όν what sort of
εἴη opt 3 sg εἰμί

ἀσπασμός -ου m greeting
³⁰ συλλήμψῃ fut 2 sg συλλαμβάνω
γαστήρ -τρός f womb
τέξῃ fut 2 sg τίκτω bear
ὕψιστος -η -ον highest
κληθήσεται fut pass 3 sg καλέω
βασιλεύω reign
Ἰακώβ m Jacob
εἰς τοὺς αἰῶνας for ever
τέλος -ους n end
ἐπεί since
³⁵ ἐπελεύσεται fut 3 sg ἐπέρχομαι come
  upon
ἐπισκιάσει fut 3 sg ἐπισκιάζω
  overshadow + dat

γεννώμενον *pass pple* γεννάω
συγγενίς -ίδος *f* kinswoman
συνείληφεν *pf 3 sg* συλλαμβάνω
γῆρας -ους *n* old age

ἀδυνατέω be impossible
δούλη -ης *f* female servant
γένοιτο *aor opt 3 sg* γίνομαι

Verses 39–56: Mary visits Elizabeth; Mary's song of praise

³⁹ἀναστᾶσα δὲ Μαριὰμ ἐν ταῖς ἡμέραις ταύταις ἐπορεύθη εἰς τὴν ὀρεινὴν μετὰ σπουδῆς εἰς πόλιν Ἰούδα, ⁴⁰καὶ εἰσῆλθεν εἰς τὸν οἶκον Ζαχαρίου καὶ ἠσπάσατο τὴν Ἐλισάβετ. ⁴¹καὶ ἐγένετο ὡς ἤκουσεν τὸν ἀσπασμὸν τῆς Μαρίας ἡ Ἐλισάβετ, ἐσκίρτησεν τὸ βρέφος ἐν τῇ κοιλίᾳ αὐτῆς, καὶ ἐπλήσθη πνεύματος ἁγίου ἡ Ἐλισάβετ, ⁴²καὶ ἀνεφώνησεν κραυγῇ μεγάλῃ καὶ εἶπεν, εὐλογημένη σὺ ἐν γυναιξίν, καὶ εὐλογημένος ὁ καρπὸς τῆς κοιλίας σου. ⁴³καὶ πόθεν μοι τοῦτο ἵνα ἔλθῃ ἡ μήτηρ τοῦ κυρίου μου πρὸς ἐμέ; ⁴⁴ἰδοὺ γὰρ ὡς ἐγένετο ἡ φωνὴ τοῦ ἀσπασμοῦ σου εἰς τὰ ὦτά μου, ἐσκίρτησεν ἐν ἀγαλλιάσει τὸ βρέφος ἐν τῇ κοιλίᾳ μου. ⁴⁵καὶ μακαρία ἡ πιστεύσασα ὅτι ἔσται τελείωσις τοῖς λελαλημένοις αὐτῇ παρὰ κυρίου. ⁴⁶καὶ εἶπεν Μαριάμ, μεγαλύνει ἡ ψυχή μου τὸν κύριον, ⁴⁷καὶ ἠγαλλίασεν τὸ πνεῦμά μου ἐπὶ τῷ θεῷ τῷ σωτῆρί μου, ⁴⁸ὅτι ἐπέβλεψεν ἐπὶ τὴν ταπείνωσιν τῆς δούλης αὐτοῦ. ἰδοὺ γὰρ ἀπὸ τοῦ νῦν μακαριοῦσίν με πᾶσαι αἱ γενεαί· ⁴⁹ὅτι ἐποίησέν μοι μεγάλα ὁ δυνατός, καὶ ἅγιον τὸ ὄνομα αὐτοῦ, ⁵⁰καὶ τὸ ἔλεος αὐτοῦ εἰς γενεὰς καὶ γενεὰς τοῖς φοβουμένοις αὐτόν. ⁵¹ἐποίησεν κράτος ἐν βραχίονι αὐτοῦ, διεσκόρπισεν ὑπερηφάνους διανοίᾳ καρδίας αὐτῶν· ⁵²καθεῖλεν δυνάστας ἀπὸ θρόνων καὶ ὕψωσεν ταπεινούς, ⁵³πεινῶντας ἐνέπλησεν ἀγαθῶν καὶ πλουτοῦντας ἐξαπέστειλεν κενούς. ⁵⁴ἀντελάβετο Ἰσραηλ παιδὸς αὐτοῦ, μνησθῆναι ἐλέους, ⁵⁵καθὼς ἐλάλησεν πρὸς τοὺς πατέρας ἡμῶν, τῷ Ἀβραὰμ καὶ τῷ σπέρματι αὐτοῦ εἰς τὸν αἰῶνα. ⁵⁶ἔμεινεν δὲ Μαριὰμ σὺν αὐτῇ ὡς μῆνας τρεῖς, καὶ ὑπέστρεψεν εἰς τὸν οἶκον αὐτῆς.

ἀναστᾶσα aor (intr) pple ἀνίστημι
ὀρεινή -ῆς f hill country
σπουδή -ῆς f haste
Ἰούδας -α m Judah
⁴⁰ ἠσπάσατο aor 3 sg ἀσπάζομαι
σκιρτάω leap, jump
βρέφος -ους n baby
ἐπλήσθη aor pass 3 sg πίμπλημι
ἀναφωνέω call out
κραυγή -ῆς f cry
εὐλογημένη, εὐλογημένος pf pass pple
    εὐλογέω bless

καί before question so, then
πόθεν μοι ... ἵνα transl who am I that
    ...?
ἔλθῃ aor subj 3 sg ἔρχομαι
οὖς, ὠτός n ear
⁴⁵ μακάριος -α -ον happy, blessed
τελείωσις -εως f accomplishment
μεγαλύνω magnify, extol
ἠγαλλίασεν aor 3 sg ἀγαλλιάω exult,
    rejoice
σωτήρ -ῆρος m saviour
ἐπιβλέπω look with favour on

ταπείνωσις -εως f humble status,
  humility
ἀπὸ τοῦ νῦν from now on
μακαριοῦσιν fut 3 pl μακαρίζω call
  happy, call blessed
γενεά -ᾶς f generation
ὁ δυνατός the Mighty God
50 ἔλεος -ους n mercy
κράτος -ους n might, power
βραχίων -ονος m arm
διεσκόρπισεν aor 3 sg διασκορπίζω
  scatter
ὑπερήφανος -ον arrogant, proud
διάνοια -ας f way of thinking, intention
καθεῖλεν aor 3 sg καθαιρέω pull down,
  depose
ὕψωσεν aor 3 sg ὑψόω exalt, raise on
  high
ταπεινός -ή -όν humble

πεινάω be hungry
ἐνέπλησεν aor 3 sg ἐμπίμπλημι fill
  with + gen
πλουτέω be wealthy
ἐξαπέστειλεν aor 3 sg ἐξαποστέλλω
  send away
κενός -ή -όν empty
ἀντελάβετο aor 3 sg ἀντιλαμβάνομαι
  help + gen
μνησθῆναι aor inf μιμνῄσκομαι
  remember + gen here transl inf
  remembering (imitating Hebrew idiom)
55 λαλέω here promise
σπέρμα -ατος n seed, descendants
εἰς τὸν αἰῶνα for ever
ὡς here about
ὑπέστρεψεν aor 3 sg ὑποστρέφω
  return, go back

Verses 57–66: The birth of John the Baptist

⁵⁷τῇ δὲ Ἐλισάβετ ἐπλήσθη ὁ χρόνος τοῦ τεκεῖν αὐτήν, καὶ ἐγέννησεν υἱόν. ⁵⁸καὶ ἤκουσαν οἱ περίοικοι καὶ οἱ συγγενεῖς αὐτῆς ὅτι ἐμεγάλυνεν κύριος τὸ ἔλεος αὐτοῦ μετ' αὐτῆς, καὶ συνέχαιρον αὐτῇ. ⁵⁹καὶ ἐγένετο ἐν τῇ ἡμέρᾳ τῇ ὀγδόῃ ἦλθον περιτεμεῖν τὸ παιδίον, καὶ ἐκάλουν αὐτὸ ἐπὶ τῷ ὀνόματι τοῦ πατρὸς αὐτοῦ Ζαχαρίαν. ⁶⁰καὶ ἀποκριθεῖσα ἡ μήτηρ αὐτοῦ εἶπεν, οὐχί, ἀλλὰ κληθήσεται Ἰωάννης. ⁶¹καὶ εἶπαν πρὸς αὐτὴν ὅτι οὐδείς ἐστιν ἐκ τῆς συγγενείας σου ὃς καλεῖται τῷ ὀνόματι τούτῳ. ⁶²ἐνένευον δὲ τῷ πατρὶ αὐτοῦ τὸ τί ἂν θέλοι καλεῖσθαι αὐτό. ⁶³καὶ αἰτήσας πινακίδιον ἔγραψεν λέγων, Ἰωάννης ἐστὶν ὄνομα αὐτοῦ. καὶ ἐθαύμασαν πάντες. ⁶⁴ἀνεῴχθη δὲ τὸ στόμα αὐτοῦ παραχρῆμα καὶ ἡ γλῶσσα αὐτοῦ, καὶ ἐλάλει εὐλογῶν τὸν θεόν. ⁶⁵καὶ ἐγένετο ἐπὶ πάντας φόβος τοὺς περιοικοῦντας αὐτούς, καὶ ἐν ὅλῃ τῇ ὀρεινῇ τῆς Ἰουδαίας διελαλεῖτο πάντα τὰ ῥήματα ταῦτα, ⁶⁶καὶ ἔθεντο πάντες οἱ ἀκούσαντες ἐν τῇ καρδίᾳ αὐτῶν, λέγοντες, τί ἄρα τὸ παιδίον τοῦτο ἔσται; καὶ γὰρ χεὶρ κυρίου ἦν μετ' αὐτοῦ.

ἐπλήσθη aor pass 3 sg πίμπλημι pass,
   of time be fulfilled, come
τεκεῖν aor inf τίκτω give birth
περίοικος -ου m neighbour
συγγενής -οῦς m relative
μεγαλύνω here multiply
συγχαίρω rejoice with + dat
ὄγδοος -η -ον eighth
περιτεμεῖν aor inf περιτέμνω
   circumcise inf expressing purpose
παιδίον -ου n little boy
ἐκάλουν transl they wanted to call
ἐπί + dat here after
60 ἀποκριθεῖσα aor pple ἀποκρίνομαι
κληθήσεται fut pass 3 sg καλέω
Ἰωάννης -ου m John
εἶπαν = εἶπον

συγγένεια -ας f family
ἐνένευον impf 3 pl ἐννεύω enquire
   of + dat by making signs
θέλοι opt 3 sg θέλω transl he would
   like + acc + inf
πινακίδιον -ου n writing tablet
ἐθαύμασαν aor 3 pl θαυμάζω be
   amazed
ἀνεῴχθη aor pass 3 sg ἀνοίγω
παραχρῆμα immediately
εὐλογέω praise
65 περιοικέω live near
διαλαλέω talk over
ἔθεντο aor mid 3 pl τίθημι transl
   phrase laid to heart, were deeply
   impressed
καὶ γάρ for indeed

Verses 67–80: The prophecy of Zechariah

⁶⁷καὶ Ζαχαρίας ὁ πατὴρ αὐτοῦ ἐπλήσθη πνεύματος ἁγίου καὶ
ἐπροφήτευσεν λέγων, ⁶⁸εὐλογητὸς κύριος ὁ θεὸς τοῦ Ἰσραήλ, ὅτι
ἐπεσκέψατο καὶ ἐποίησεν λύτρωσιν τῷ λαῷ αὐτοῦ, ⁶⁹καὶ ἤγειρεν
κέρας σωτηρίας ἡμῖν ἐν οἴκῳ Δαυὶδ παιδὸς αὐτοῦ, ⁷⁰καθὼς ἐλάλησεν
διὰ στόματος τῶν ἁγίων ἀπ᾽ αἰῶνος προφητῶν αὐτοῦ, ⁷¹σωτηρίαν ἐξ
ἐχθρῶν ἡμῶν καὶ ἐκ χειρὸς πάντων τῶν μισούντων ἡμᾶς· ⁷²ποιῆσαι
ἔλεος μετὰ τῶν πατέρων ἡμῶν καὶ μνησθῆναι διαθήκης ἁγίας αὐτοῦ,
⁷³ὅρκον ὃν ὤμοσεν πρὸς Ἀβραὰμ τὸν πατέρα ἡμῶν, τοῦ δοῦναι ἡμῖν
⁷⁴ἀφόβως ἐκ χειρὸς ἐχθρῶν ῥυσθέντας λατρεύειν αὐτῷ ⁷⁵ἐν ὁσιότητι
καὶ δικαιοσύνῃ ἐνώπιον αὐτοῦ πάσαις ταῖς ἡμέραις ἡμῶν. ⁷⁶καὶ σὺ
δέ, παιδίον, προφήτης ὑψίστου κληθήσῃ, προπορεύσῃ γὰρ ἐνώπιον
κυρίου ἑτοιμάσαι ὁδοὺς αὐτοῦ, ⁷⁷τοῦ δοῦναι γνῶσιν σωτηρίας τῷ
λαῷ αὐτοῦ ἐν ἀφέσει ἁμαρτιῶν αὐτῶν, ⁷⁸διὰ σπλάγχνα ἐλέους θεοῦ
ἡμῶν, ἐν οἷς ἐπισκέψεται ἡμᾶς ἀνατολὴ ἐξ ὕψους, ⁷⁹ἐπιφᾶναι τοῖς ἐν
σκότει καὶ σκιᾷ θανάτου καθημένοις, τοῦ κατευθῦναι τοὺς πόδας
ἡμῶν εἰς ὁδὸν εἰρήνης. ⁸⁰τὸ δὲ παιδίον ηὔξανεν καὶ ἐκραταιοῦτο
πνεύματι, καὶ ἦν ἐν ταῖς ἐρήμοις ἕως ἡμέρας ἀναδείξεως αὐτοῦ πρὸς
τὸν Ἰσραήλ.

προφητεύω speak out, prophesy
εὐλογητός -ή -όν blessed
ἐπεσκέψατο aor 3 sg ἐπισκέπτομαι
  visit, be concerned about
λύτρωσις -εως f deliverance, release
κέρας -ατος n horn (symbol of
  strength)
σωτηρία -ας f deliverance
70 ἐχθρός -οῦ m enemy
μισέω hate
ποιέω ἔλεος μετά + gen show mercy to
  inf expressing purpose
μνησθῆναι idiom as vs 54
διαθήκη -ης f covenant
ὅρκος -ου m oath (govd by μνησθῆναι
  but attracted into acc agreeing with ὅν)
ὤμοσεν aor 3 sg ὀμνύω swear
δοῦναι aor inf δίδωμι transl phrase
  granting us

ἀφόβως without fear
ῥυσθέντας aor pass pple ῥύομαι rescue
λατρεύω serve + dat
75 ὁσιότης -ητος f holiness
κληθήσῃ fut pass 2 sg καλέω
προπορεύομαι go before
ἑτοιμάσαι aor inf ἑτοιμάζω prepare,
  make ready
τοῦ + inf expressing purpose
γνῶσις -εως f knowledge
ἄφεσις -εως f forgiveness
σπλάγχνα -ων n lit entrails, inward
  parts as seat of feelings, hence
  compassion
ἐπισκέψεται fut 3 sg ἐπισκέπτομαι
ἀνατολή -ῆς f here risen sun
ὕψος -ους n lit height hence heaven
ἐπιφᾶναι aor inf ἐπιφαίνω here give
  light

σκότος -ους *n* darkness

σκιά -ᾶς *f* shadow

κατευθῦναι *aor inf* κατευθύνω direct

80 ηὔξανεν *impf 3 sg* αὐξάνω grow

κραταιόομαι become strong

ἔρημος -ου *f* desert, uninhabited region

ἀνάδειξις -εως *f* public appearance

Chapter 2

Verses 1–7: The birth of Jesus

¹ἐγένετο δὲ ἐν ταῖς ἡμέραις ἐκείναις ἐξῆλθεν δόγμα παρὰ
Καίσαρος Αὐγούστου ἀπογράφεσθαι πᾶσαν τὴν οἰκουμένην. ²αὕτη
ἀπογραφὴ πρώτη ἐγένετο ἡγεμονεύοντος τῆς Συρίας Κυρηνίου. ³καὶ
ἐπορεύοντο πάντες ἀπογράφεσθαι, ἕκαστος εἰς τὴν ἑαυτοῦ πόλιν.
⁴ἀνέβη δὲ καὶ Ἰωσὴφ ἀπὸ τῆς Γαλιλαίας ἐκ πόλεως Ναζαρὲθ εἰς τὴν
Ἰουδαίαν εἰς πόλιν Δαυὶδ ἥτις καλεῖται Βηθλέεμ, διὰ τὸ εἶναι αὐτὸν
ἐξ οἴκου καὶ πατριᾶς Δαυίδ, ⁵ἀπογράψασθαι σὺν Μαριὰμ τῇ ἐμνη-
στευμένῃ αὐτῷ, οὔσῃ ἐγκύῳ. ⁶ἐγένετο δὲ ἐν τῷ εἶναι αὐτοὺς ἐκεῖ
ἐπλήσθησαν αἱ ἡμέραι τοῦ τεκεῖν αὐτήν, ⁷καὶ ἔτεκεν τὸν υἱὸν αὐτῆς
τὸν πρωτότοκον· καὶ ἐσπαργάνωσεν αὐτὸν καὶ ἀνέκλινεν αὐτὸν ἐν
φάτνῃ, διότι οὐκ ἦν αὐτοῖς τόπος ἐν τῷ καταλύματι.

ἐγένετο + fin vb it happened that
δόγμα -ατος n decree
Καῖσαρ -ος m Caesar, emperor (of
  Rome)
Αὔγουστος -ου m Augustus
ἀπογράφω enrol, register
οἰκουμένη -ης f supply γῆ the inhabited
  (here Roman) world
ἀπογραφή -ῆς f registration, census
αὕτη ... πρώτη transl this was the first
ἡγεμονεύω be governor
Συρία -ας f Syria
Κυρήνιος -ου m Quirinius
ἀνέβη aor 3 sg ἀναβαίνω
Ἰωσήφ m Joseph
Ναζαρέθ f Nazareth
Ἰουδαία -ας f Judea
Βηθλέεμ f Bethlehem
διὰ τὸ εἶναι αὐτόν transl because he was

πατριά -ᾶς f family, descent
⁵ ἀπογράψασθαι aor mid inf ἀπογράφω
Μαριάμ f Mary
ἐμνηστευμένη pf pass pple μνηστεύω
  betroth, promise in marriage
ἔγκυος -ον pregnant
ἐν τῷ εἶναι αὐτοὺς ἐκεῖ transl while they
  were there
ἐπλήσθησαν aor pass 3 pl πίμπλημι
  fulfil
τεκεῖν aor inf τίκτω give birth
ἔτεκεν aor 3 sg τίκτω
πρωτότοκος -ον first-born
σπαργανόω swathe, wrap in baby clothes
ἀνακλίνω lay, put to bed
φάτνη -ης f manger, feeding-trough
διότι because
κατάλυμα -ατος n inn

Verses 8–21: The shepherds and the angels

⁸καὶ ποιμένες ἦσαν ἐν τῇ χώρᾳ τῇ αὐτῇ ἀγραυλοῦντες καὶ φυλάσσοντες φυλακὰς τῆς νυκτὸς ἐπὶ τὴν ποίμνην αὐτῶν. ⁹καὶ ἄγγελος κυρίου ἐπέστη αὐτοῖς καὶ δόξα κυρίου περιέλαμψεν αὐτούς, καὶ ἐφοβήθησαν φόβον μέγαν. ¹⁰καὶ εἶπεν αὐτοῖς ὁ ἄγγελος, μὴ φοβεῖσθε, ἰδοὺ γὰρ εὐαγγελίζομαι ὑμῖν χαρὰν μεγάλην ἥτις ἔσται παντὶ τῷ λαῷ, ¹¹ὅτι ἐτέχθη ὑμῖν σήμερον σωτὴρ ὅς ἐστιν Χριστὸς κύριος ἐν πόλει Δαυίδ· ¹²καὶ τοῦτο ὑμῖν τὸ σημεῖον, εὑρήσετε βρέφος ἐσπαργανωμένον καὶ κείμενον ἐν φάτνῃ. ¹³καὶ ἐξαίφνης ἐγένετο σὺν τῷ ἀγγέλῳ πλῆθος στρατιᾶς οὐρανίου αἰνούντων τὸν θεὸν καὶ λεγόντων, ¹⁴δόξα ἐν ὑψίστοις θεῷ καὶ ἐπὶ γῆς εἰρήνη ἐν ἀνθρώποις εὐδοκίας. ¹⁵καὶ ἐγένετο ὡς ἀπῆλθον ἀπ' αὐτῶν εἰς τὸν οὐρανὸν οἱ ἄγγελοι, οἱ ποιμένες ἐλάλουν πρὸς ἀλλήλους, διέλθωμεν δὴ ἕως Βηθλέεμ καὶ ἴδωμεν τὸ ῥῆμα τοῦτο τὸ γεγονὸς ὃ ὁ κύριος ἐγνώρισεν ἡμῖν. ¹⁶καὶ ἦλθαν σπεύσαντες καὶ ἀνεῦραν τήν τε Μαριὰμ καὶ τὸν Ἰωσὴφ καὶ τὸ βρέφος κείμενον ἐν τῇ φάτνῃ· ¹⁷ἰδόντες δὲ ἐγνώρισαν περὶ τοῦ ῥήματος τοῦ λαληθέντος αὐτοῖς περὶ τοῦ παιδίου τούτου. ¹⁸καὶ πάντες οἱ ἀκούσαντες ἐθαύμασαν περὶ τῶν λαληθέντων ὑπὸ τῶν ποιμένων πρὸς αὐτούς· ¹⁹ἡ δὲ Μαριὰμ πάντα συνετήρει τὰ ῥήματα ταῦτα συμβάλλουσα ἐν τῇ καρδίᾳ αὐτῆς. ²⁰καὶ ὑπέστρεψαν οἱ ποιμένες δοξάζοντες καὶ αἰνοῦντες τὸν θεὸν ἐπὶ πᾶσιν οἷς ἤκουσαν καὶ εἶδον καθὼς ἐλαλήθη πρὸς αὐτούς. ²¹καὶ ὅτε ἐπλήσθησαν ἡμέραι ὀκτὼ τοῦ περιτεμεῖν αὐτόν, καὶ ἐκλήθη τὸ ὄνομα αὐτοῦ Ἰησοῦς, τὸ κληθὲν ὑπὸ τοῦ ἀγγέλου πρὸ τοῦ συλλημφθῆναι αὐτὸν ἐν τῇ κοιλίᾳ.

ποιμήν -ένος m shepherd
χώρα -ας f district
ἀγραυλέω stay in the fields
φυλάσσω keep
φυλακή -ῆς f watch
ποίμνη -ης f flock
ἐπέστη aor (intr) 3 sg ἐφίστημι come up to, appear
περιέλαμψεν aor 3 sg περιλάμπω shine around
φόβος -ου m fear here cognate acc, reinforcing sense of vb

¹⁰ ἐτέχθη aor pass 3 sg τίκτω
σήμερον today
σωτήρ -ῆρος m saviour
βρέφος -ους n infant
ἐσπαργανωμένον pf pass pple σπαργανόω
κεῖμαι lie
ἐξαίφνης suddenly
πλῆθος -ους n multitude
στρατιά -ᾶς f army, host
οὐράνιος -ον heavenly, of heaven
αἰνέω praise pple pl for the sense

The Nativity and the Annunciation to the Shepherds: from an eleventh-century Sacramentary

ἐν ὑψίστοις in the heavens, on high
εὐδοκία -ας *f* favour, that which pleases
descriptive gen, transl phrase men
pleasing to him
¹⁵ διέλθωμεν *aor subj 1 pl* διέρχομαι go,
make one's way *jussive subj, transl* let
us ...
δή *here* come then!
ἴδωμεν *aor subj 1 pl* ὁράω
γεγονός *pf pple* γίνομαι
ἐγνώρισεν *aor 3 sg* γνωρίζω make
known
ἦλθαν = ἦλθον
σπεύσαντες *aor pple* σπεύδω hasten
ἀνεῦραν *for* ἀνεῦρον *aor 3 pl* ἀνευρίσκω
find, discover
λαληθέντος *aor pass pple* λαλέω
παιδίον -ου *n* child

ἐθαύμασαν *aor 3 pl* θαυμάζω wonder,
be amazed
συντηρέω keep safe
συμβάλλω *here* ponder, reflect on
²⁰ ὑπέστρεψαν *aor 3 pl* ὑποστρέφω turn
back, return
οἷς *for* ἅ *rel attracted into case of
antecedent*
ὀκτώ eight
περιτεμεῖν *aor inf* περιτέμνω
circumcise *transl phrase* the eight days
for *i.e. requisite before* his circumcision
ἐκλήθη *aor pass 3 sg* καλέω
κληθέν *aor pass pple* καλέω
συλλημφθῆναι *aor pass inf*
συλλαμβάνω conceive
πρὸ τοῦ + *inf* before
κοιλία -ας *f* womb

Verses 22–40: The presentation of Jesus in the Temple

²²καὶ ὅτε ἐπλήσθησαν αἱ ἡμέραι τοῦ καθαρισμοῦ αὐτῶν κατὰ τὸν νόμον Μωϋσέως, ἀνήγαγον αὐτὸν εἰς Ἱεροσόλυμα παραστῆσαι τῷ κυρίῳ, ²³καθὼς γέγραπται ἐν νόμῳ κυρίου ὅτι πᾶν ἄρσεν διανοῖγον μήτραν ἅγιον τῷ κυρίῳ κληθήσεται, ²⁴καὶ τοῦ δοῦναι θυσίαν κατὰ τὸ εἰρημένον ἐν τῷ νόμῳ κυρίου, ζεῦγος τρυγόνων ἢ δύο νοσσοὺς περιστερῶν. ²⁵καὶ ἰδοὺ ἄνθρωπος ἦν ἐν Ἱερουσαλὴμ ᾧ ὄνομα Συμεών, καὶ ὁ ἄνθρωπος οὗτος δίκαιος καὶ εὐλαβής, προσδεχόμενος παράκλησιν τοῦ Ἰσραήλ, καὶ πνεῦμα ἦν ἅγιον ἐπ᾽ αὐτόν· ²⁶καὶ ἦν αὐτῷ κεχρηματισμένον ὑπὸ τοῦ πνεύματος τοῦ ἁγίου μὴ ἰδεῖν θάνατον πρὶν ἂν ἴδῃ τὸν Χριστὸν κυρίου. ²⁷καὶ ἦλθεν ἐν τῷ πνεύματι εἰς τὸ ἱερόν· καὶ ἐν τῷ εἰσαγαγεῖν τοὺς γονεῖς τὸ παιδίον Ἰησοῦν τοῦ ποιῆσαι αὐτοὺς κατὰ τὸ εἰθισμένον τοῦ νόμου περὶ αὐτοῦ ²⁸καὶ αὐτὸς ἐδέξατο αὐτὸ εἰς τὰς ἀγκάλας καὶ εὐλόγησεν τὸν θεὸν καὶ εἶπεν, ²⁹νῦν ἀπολύεις τὸν δοῦλόν σου, δέσποτα, κατὰ τὸ ῥῆμά σου ἐν εἰρήνῃ· ³⁰ὅτι εἶδον οἱ ὀφθαλμοί μου τὸ σωτήριόν σου ³¹ὃ ἡτοίμασας κατὰ πρόσωπον πάντων τῶν λαῶν, ³²φῶς εἰς ἀποκάλυψιν ἐθνῶν καὶ δόξαν λαοῦ σου Ἰσραήλ. ³³καὶ ἦν ὁ πατὴρ αὐτοῦ καὶ ἡ μήτηρ θαυμάζοντες ἐπὶ τοῖς λαλουμένοις περὶ αὐτοῦ. ³⁴καὶ εὐλόγησεν αὐτοὺς Συμεὼν καὶ εἶπεν πρὸς Μαριὰμ τὴν μητέρα αὐτοῦ, ἰδοὺ οὗτος κεῖται εἰς πτῶσιν καὶ ἀνάστασιν πολλῶν ἐν τῷ Ἰσραὴλ καὶ εἰς σημεῖον ἀντιλεγόμενον· ³⁵καὶ σοῦ δὲ αὐτῆς τὴν ψυχὴν διελεύσεται ῥομφαία, ὅπως ἂν ἀποκαλυφθῶσιν ἐκ πολλῶν καρδιῶν διαλογισμοί. ³⁶καὶ ἦν Ἄννα προφῆτις, θυγάτηρ Φανουήλ, ἐκ φυλῆς Ἀσήρ· αὕτη προβεβηκυῖα ἐν ἡμέραις πολλαῖς, ζήσασα μετὰ ἀνδρὸς ἔτη ἑπτὰ ἀπὸ τῆς παρθενίας αὐτῆς, ³⁷καὶ αὐτὴ χήρα ἕως ἐτῶν ὀγδοήκοντα τεσσάρων, ἣ οὐκ ἀφίστατο τοῦ ἱεροῦ νηστείαις καὶ δεήσεσιν λατρεύουσα νύκτα καὶ ἡμέραν. ³⁸καὶ αὐτῇ τῇ ὥρᾳ ἐπιστᾶσα ἀνθωμολογεῖτο τῷ θεῷ καὶ ἐλάλει περὶ αὐτοῦ πᾶσιν τοῖς προσδεχομένοις λύτρωσιν Ἱερουσαλήμ. ³⁹καὶ ὡς ἐτέλεσαν πάντα τὰ κατὰ τὸν νόμον κυρίου, ἐπέστρεψαν εἰς τὴν Γαλιλαίαν εἰς πόλιν ἑαυτῶν Ναζαρέθ. ⁴⁰τὸ δὲ παιδίον ηὔξανεν καὶ ἐκραταιοῦτο πληρούμενον σοφίᾳ, καὶ χάρις θεοῦ ἦν ἐπ᾽ αὐτό.

καθαρισμός -οῦ m cleansing,
  purification
ἀνήγαγον aor 3 pl ἀνάγω lead up,
  bring up
παραστῆσαι aor inf παρίστημι present
πᾶν ... κληθήσεται is a quotation from
  Exodus 13.2
ἄρσην -εν male
διανοίγω open up
μήτρα -ας f womb
κληθήσεται fut pass 3 sg καλέω
τοῦ + inf expresses purpose
δοῦναι aor inf δίδωμι
θυσία -ας f sacrifice
εἰρημένον pf pass pple λέγω
ζεῦγος ... περιστερῶν is a quotation
  from Leviticus 12.8
ζεῦγος -ους n pair
τρυγών -όνος f turtledove
νοσσός -οῦ m fledgling, young bird
περιστερά -ᾶς f pigeon, dove
25 Συμεών m Simeon
εὐλαβής -ές devout
προσδέχομαι await, expect
παράκλησις -εως f here setting free,
  restoration
κεχρηματισμένον pf pass pple
  χρηματίζω here reveal, disclose
πρὶν ἄν + subj before
ἴδῃ aor subj 3 sg ὁράω
ἐν here under the influence of
ἐν τῷ + acc + aor inf transl when ... had
εἰσαγαγεῖν aor inf εἰσάγω bring in
γονεύς -έως m parent
εἰθισμένον pf pass pple ἐθίζω accustom
  transl that which is customary
ἀγκάλη -ης f arm
εὐλογέω bless, praise
ἀπολύω allow to depart
30 σωτήριον -ου n salvation
ἡτοίμασας aor 2 sg ἑτοιμάζω prepare

κατὰ πρόσωπον before the face, in full
  view
ἀποκάλυψις -εως f revelation
πτῶσις -εως f fall, falling
ἀνάστασις -εως f rising
ἀντιλέγω speak against, oppose
35 διελεύσεται fut 3 sg διέρχομαι go
  through, pierce
ῥομφαία -ας f sword
ὅπως ἄν + subj in order that
ἀποκαλυφθῶσιν aor pass subj 3 pl
  ἀποκαλύπτω reveal, disclose
διαλογισμός -οῦ m thought
Ἅννα -ας f Anna
προφῆτις -ιδος f prophetess
Φανουήλ m Phanuel
φυλή -ῆς f tribe
Ἀσήρ m Asher
προβεβηκυῖα pf pple προβαίνω
  advance
ζήσασα aor pple ζάω
ἔτος -ους n year
παρθενία -ας f virginity
καὶ αὐτή transl and alone
χήρα -ας f widow
ὀγδοήκοντα τέσσαρες eighty-four
ἀφίσταμαι leave, depart (from + gen)
νηστεία -ας f fasting
δέησις -εως f prayer
λατρεύω worship
αὐτῇ τῇ ὥρᾳ at that moment
ἐπιστᾶσα aor (intr) pple ἐφίστημι
ἀνθομολογέομαι give thanks
λύτρωσις -εως f deliverance, liberation
τελέω accomplish
ἐπέστρεψαν aor 3 pl ἐπιστρέφω return
40 αὐξάνω grow
κραταιόομαι become strong
πληρόω fill
σοφία -ας f wisdom

Verses 41–52: The boy Jesus in the Temple

⁴¹καὶ ἐπορεύοντο οἱ γονεῖς αὐτοῦ κατ' ἔτος εἰς Ἰερουσαλὴμ τῇ ἑορτῇ τοῦ πάσχα. ⁴²καὶ ὅτε ἐγένετο ἐτῶν δώδεκα, ἀναβαινόντων αὐτῶν κατὰ τὸ ἔθος τῆς ἑορτῆς ⁴³καὶ τελειωσάντων τὰς ἡμέρας, ἐν τῷ ὑποστρέφειν αὐτοὺς ὑπέμεινεν Ἰησοῦς ὁ παῖς ἐν Ἰερουσαλήμ, καὶ οὐκ ἔγνωσαν οἱ γονεῖς αὐτοῦ. ⁴⁴νομίσαντες δὲ αὐτὸν εἶναι ἐν τῇ συνοδίᾳ ἦλθον ἡμέρας ὁδὸν καὶ ἀνεζήτουν αὐτὸν ἐν τοῖς συγγενεῦσιν καὶ τοῖς γνωστοῖς, ⁴⁵καὶ μὴ εὑρόντες ὑπέστρεψαν εἰς Ἰερουσαλὴμ ἀναζητοῦντες αὐτόν. ⁴⁶καὶ ἐγένετο μετὰ ἡμέρας τρεῖς εὗρον αὐτὸν ἐν τῷ ἱερῷ καθεζόμενον ἐν μέσῳ τῶν διδασκάλων καὶ ἀκούοντα αὐτῶν καὶ ἐπερωτῶντα αὐτούς· ⁴⁷ἐξίσταντο δὲ πάντες οἱ ἀκούοντες αὐτοῦ ἐπὶ τῇ συνέσει καὶ ταῖς ἀποκρίσεσιν αὐτοῦ. ⁴⁸καὶ ἰδόντες αὐτὸν ἐξεπλάγησαν, καὶ εἶπεν πρὸς αὐτὸν ἡ μήτηρ αὐτοῦ, τέκνον, τί ἐποίησας ἡμῖν οὕτως; ἰδοὺ ὁ πατήρ σου κἀγὼ ὀδυνώμενοι ἐζητοῦμέν σε. ⁴⁹καὶ εἶπεν πρὸς αὐτούς, τί ὅτι ἐζητεῖτέ με; οὐκ ᾔδειτε ὅτι ἐν τοῖς τοῦ πατρός μου δεῖ εἶναί με; ⁵⁰καὶ αὐτοὶ οὐ συνῆκαν τὸ ῥῆμα ὃ ἐλάλησεν αὐτοῖς. ⁵¹καὶ κατέβη μετ' αὐτῶν καὶ ἦλθεν εἰς Ναζαρέθ, καὶ ἦν ὑποτασσόμενος αὐτοῖς. καὶ ἡ μήτηρ αὐτοῦ διετήρει πάντα τὰ ῥήματα ἐν τῇ καρδίᾳ αὐτῆς. ⁵²καὶ Ἰησοῦς προέκοπτεν ἐν τῇ σοφίᾳ καὶ ἡλικίᾳ καὶ χάριτι παρὰ θεῷ καὶ ἀνθρώποις.

κατ' ἔτος every year
ἑορτή -ῆς f feast, festival
πάσχα n Passover
ἔθος -ους n custom
τελειόω complete
ἐν τῷ idiom as vs 6
ὑπέμεινεν aor 3 sg ὑπομένω
ἔγνωσαν aor 3 pl γινώσκω
νομίσαντες aor pple νομίζω
συνοδία -ας f company, group of
   travellers
ἀναζητέω hunt for, look everywhere for
συγγενής -οῦς m relative
γνωστός -οῦ m acquaintance
⁴⁵ καθέζομαι sit
ᵎ ἐπερωτάω question

ἐξίσταμαι be astonished
ἐπί + dat here at
σύνεσις -εως f intelligence
ἀπόκρισις -εως f answer
ἐξεπλάγησαν aor pass 3 pl ἐκπλήσσω
   astound
ὀδυνάομαι be deeply worried
τί ὅτι supply ἐστι why is it that?
ᾔδειτε plpf (impf sense) 2 pl οἶδα
ἐν τοῖς + gen in the house of
⁵⁰ συνῆκαν aor 3 pl συνίημι understand
ὑποτάσσω put in subjection pass be
   under the authority (of + dat)
προκόπτω advance
ἡλικία -ας f age, stature

Section Two

MARK 2–5

Mark is the shortest and almost certainly oldest of the gospels. The early chapters are set around the Sea of Galilee, in particular the area of Capernaum, a fishing town with brisk commerce and a large synagogue, on the route from the Mediterranean to Damascus. Jesus conducts a ministry of preaching and healing. His miracles – a cumulative series – are typically undertaken from compassion, and turn solitary misery to social happiness. His success is accompanied by opposition, and the long build-up of tension with the religious authorities begins. Jesus is seen interacting with people at extreme ends of society: Pharisees, and tax-collectors. Sabbath observance was a fundamental institution in his society, but the humanity of Jesus bursts through petty restrictions like new wine from the skins. The twelve disciples he recruits symbolise the new people of God and correspond to the legendary twelve tribes of the old Israel. Mark's gospel has a recurrent theme of the hiddenness of the true identity of Jesus: he is frequently recognised by outsiders, and even demons, whilst those close to him remain uncomprehending.

Chapter 2

Verses 1–12: The healing of a paralytic

^{1}καὶ εἰσελθὼν πάλιν εἰς Καφαρναοὺμ δι᾽ ἡμερῶν ἠκούσθη ὅτι ἐν οἴκῳ ἐστίν. ^{2}καὶ συνήχθησαν πολλοὶ ὥστε μηκέτι χωρεῖν μηδὲ τὰ πρὸς τὴν θύραν, καὶ ἐλάλει αὐτοῖς τὸν λόγον. ^{3}καὶ ἔρχονται φέροντες πρὸς αὐτὸν παραλυτικὸν αἰρόμενον ὑπὸ τεσσάρων. ^{4}καὶ μὴ δυνάμενοι προσενέγκαι αὐτῷ διὰ τὸν ὄχλον ἀπεστέγασαν τὴν στέγην ὅπου ἦν, καὶ ἐξορύξαντες χαλῶσι τὸν κράβαττον ὅπου ὁ παραλυτικὸς κατέκειτο. ^{5}καὶ ἰδὼν ὁ Ἰησοῦς τὴν πίστιν αὐτῶν λέγει τῷ παραλυτικῷ, τέκνον, ἀφίενταί σου αἱ ἁμαρτίαι. ⁶ἦσαν δέ τινες τῶν γραμματέων ἐκεῖ καθήμενοι καὶ διαλογιζόμενοι ἐν ταῖς καρδίαις αὐτῶν, ⁷τί οὗτος οὕτως λαλεῖ; βλασφημεῖ· τίς δύναται ἀφιέναι ἁμαρτίας εἰ μὴ εἷς ὁ θεός; ⁸καὶ εὐθὺς ἐπιγνοὺς ὁ Ἰησοῦς τῷ πνεύματι αὐτοῦ ὅτι οὕτως διαλογίζονται ἐν ἑαυτοῖς λέγει αὐτοῖς, τί ταῦτα διαλογίζεσθε ἐν ταῖς καρδίαις ὑμῶν; ⁹τί ἐστιν εὐκοπώτερον, εἰπεῖν τῷ παραλυτικῷ, ἀφίενταί σου αἱ ἁμαρτίαι, ἢ εἰπεῖν, ἔγειρε καὶ ἆρον τὸν κράβαττόν σου καὶ περιπάτει; ¹⁰ἵνα δὲ εἰδῆτε ὅτι ἐξουσίαν ἔχει ὁ υἱὸς τοῦ ἀνθρώπου ἀφιέναι ἁμαρτίας ἐπὶ τῆς γῆς – λέγει τῷ παραλυτικῷ, ¹¹σοὶ λέγω, ἔγειρε ἆρον τὸν κράβαττόν σου καὶ ὕπαγε εἰς τὸν οἶκόν σου. ¹²καὶ ἠγέρθη καὶ εὐθὺς ἄρας τὸν κράβαττον ἐξῆλθεν ἔμπροσθεν πάντων, ὥστε ἐξίστασθαι πάντας καὶ δοξάζειν τὸν θεὸν λέγοντας ὅτι οὕτως οὐδέποτε εἴδομεν.

Καφαρναούμ *f* Capernaum
δι' ἡμερῶν after some days
ἠκούσθη aor pass 3 sg ἀκούω *here* impsnl it became known
συνήχθησαν aor pass (refl sense) 3 pl συνάγω gather
μήκετι no longer
χωρέω have room
τὰ πρὸς τὴν θύραν the space near the door
παραλυτικός -οῦ *m* paralytic, cripple
τέσσαρες -α four
προσενέγκαι aor inf προσφέρω bring in
ἀπεστέγεσαν aor 3 pl ἀποστεγάζω remove (roof), unroof
στέγη -ης *f* roof
ἐξορύξαντες aor pple ἐξορύσσω make a hole
χαλάω lower, let down
κράβαττος -ου *m* stretcher

κατάκειμαι lie ill
5 ἀφίενται pass 3 pl ἀφίημι
διαλογίζομαι debate, question
τί *here* why?
βλασφημέω blaspheme, speak against God
εἰ μή except
ἐπιγνούς aor pple ἐπιγινώσκω discern, perceive
εὐκοπώτερος -α -ον easier
εἰπεῖν aor inf λέγω
ἆρον aor impv 2 sg αἴρω
10 εἰδῆτε pf (pres sense) subj 2 pl οἶδα
ἠγέρθη aor pass (refl sense) 3 sg ἐγείρω transl he got up
ἄρας aor pple αἴρω
ἔμπροσθεν + gen before, in the sight of
ἐξίσταμαι be astounded
οὕτως *here* anything like it
οὐδέποτε never

Verses 13–28: The calling of Levi; a question about fasting; plucking grain on the sabbath

¹³καὶ ἐξῆλθεν πάλιν παρὰ τὴν θάλασσαν· καὶ πᾶς ὁ ὄχλος ἤρχετο πρὸς αὐτόν, καὶ ἐδίδασκεν αὐτούς. ¹⁴καὶ παράγων εἶδεν Λευὶν τὸν τοῦ Ἀλφαίου καθήμενον ἐπὶ τὸ τελώνιον, καὶ λέγει αὐτῷ, ἀκολούθει μοι. καὶ ἀναστὰς ἠκολούθησεν αὐτῷ. ¹⁵καὶ γίνεται κατακεῖσθαι αὐτὸν ἐν τῇ οἰκίᾳ αὐτοῦ, καὶ πολλοὶ τελῶναι καὶ ἁμαρτωλοὶ συνανέκειντο τῷ Ἰησοῦ καὶ τοῖς μαθηταῖς αὐτοῦ· ἦσαν γὰρ πολλοὶ καὶ ἠκολούθουν αὐτῷ. ¹⁶καὶ οἱ γραμματεῖς τῶν Φαρισαίων ἰδόντες ὅτι ἐσθίει μετὰ τῶν ἁμαρτωλῶν καὶ τελωνῶν ἔλεγον τοῖς μαθηταῖς αὐτοῦ, ὅτι μετὰ τῶν τελωνῶν καὶ ἁμαρτωλῶν ἐσθίει; ¹⁷καὶ ἀκούσας ὁ Ἰησοῦς λέγει αὐτοῖς ὅτι οὐ χρείαν ἔχουσιν οἱ ἰσχύοντες ἰατροῦ ἀλλ' οἱ κακῶς ἔχοντες· οὐκ ἦλθον καλέσαι δικαίους ἀλλὰ ἁμαρτωλούς. ¹⁸καὶ ἦσαν οἱ μαθηταὶ Ἰωάννου καὶ οἱ Φαρισαῖοι νηστεύοντες. καὶ ἔρχονται καὶ λέγουσιν αὐτῷ, διὰ τί οἱ μαθηταὶ Ἰωάννου καὶ οἱ μαθηταὶ τῶν Φαρισαίων νηστεύουσιν, οἱ δὲ σοὶ μαθηταὶ οὐ νηστεύουσιν; ¹⁹καὶ εἶπεν αὐτοῖς ὁ Ἰησοῦς, μὴ δύνανται οἱ υἱοὶ τοῦ νυμφῶνος ἐν ᾧ ὁ νυμφίος μετ' αὐτῶν ἐστιν νηστεύειν; ὅσον χρόνον ἔχουσιν τὸν νυμφίον μετ' αὐτῶν οὐ δύνανται νηστεύειν. ²⁰ἐλεύσονται δὲ ἡμέραι ὅταν ἀπαρθῇ ἀπ' αὐτῶν ὁ νυμφίος, καὶ τότε νηστεύσουσιν ἐν ἐκείνῃ τῇ ἡμέρᾳ. ²¹οὐδεὶς ἐπίβλημα ῥάκους ἀγνάφου ἐπιράπτει ἐπὶ ἱμάτιον παλαιόν· εἰ δὲ μή, αἴρει τὸ πλήρωμα ἀπ' αὐτοῦ τὸ καινὸν τοῦ παλαιοῦ, καὶ χεῖρον σχίσμα γίνεται. ²²καὶ οὐδεὶς βάλλει οἶνον νέον εἰς ἀσκοὺς παλαιούς· εἰ δὲ μή, ῥήξει ὁ οἶνος τοὺς ἀσκούς, καὶ ὁ οἶνος ἀπόλλυται καὶ οἱ ἀσκοί· ἀλλὰ οἶνον νέον εἰς ἀσκοὺς καινούς. ²³καὶ ἐγένετο αὐτὸν ἐν τοῖς σάββασιν παραπορεύεσθαι διὰ τῶν σπορίμων, καὶ οἱ μαθηταὶ αὐτοῦ ἤρξαντο ὁδὸν ποιεῖν τίλλοντες τοὺς στάχυας. ²⁴καὶ οἱ Φαρισαῖοι ἔλεγον αὐτῷ, ἴδε τί ποιοῦσιν τοῖς σάββασιν ὃ οὐκ ἔξεστιν; ²⁵καὶ λέγει αὐτοῖς, οὐδέποτε ἀνέγνωτε τί ἐποίησεν Δαυίδ, ὅτε χρείαν ἔσχεν καὶ ἐπείνασεν αὐτὸς καὶ οἱ μετ' αὐτοῦ; ²⁶πῶς εἰσῆλθεν εἰς τὸν οἶκον τοῦ θεοῦ ἐπὶ Ἀβιαθὰρ ἀρχιερέως καὶ τοὺς ἄρτους τῆς προθέσεως ἔφαγεν, οὓς οὐκ ἔξεστιν φαγεῖν εἰ μὴ τοὺς ἱερεῖς, καὶ ἔδωκεν καὶ τοῖς σὺν αὐτῷ οὖσιν; ²⁷καὶ ἔλεγεν αὐτοῖς, τὸ σάββατον διὰ τὸν ἄνθρωπον ἐγένετο καὶ οὐχ ὁ ἄνθρωπος διὰ τὸ σάββατον· ²⁸ὥστε κύριός ἐστιν ὁ υἱὸς τοῦ ἀνθρώπου καὶ τοῦ σαββάτου.

παράγω go past, pass by
Λευί m Levi
Ἀλφαῖος -ου m Alphaeus gen here
   indicates son of
τελώνιον -ου n custom house
ἀναστάς aor (intr) pple ἀνίστημι
15 γίνεται historic pres + acc + inf it
   happened that
κατάκειμαι recline at table, dine
τελώνης -ου m tax-collector
ἁρματωλός -οῦ m sinner
συνανάκειμαι recline at table with + dat
ὅτι; here why is it that?
χρεία -ας f need
ἰσχύω be strong, be well
ἰατρός -οῦ m doctor
κακῶς ἔχω be sick
Ἰωάννης -ου m John
νηστεύω fast
υἱός here guest
νυμφών -ῶνος m wedding hall
ἐν ᾧ when, while
νυμφίος -ου m bridegroom
20 ἐλεύσονται fut 3 pl ἔρχομαι
ἀπαρθῇ aor pass subj 3 sg ἀπαίρω take
   away
ἐπίβλημα -ατος n patch
ῥάκος -ους n cloth
ἄγναφος -ον unshrunk, new
ἐπιράπτω sew on
παλαιός -ά -όν old

εἰ δὲ μή otherwise
πλήρωμα -ατος n piece added
αἴρω here tear away
καινός -ή -όν new
χείρων -ον worse
σχίσμα -ατος n tear
οἶνος -ου m wine
νέος -α -ον new
ἀσκός -οῦ m wine-skin
ῥήξει fut 3 sg ῥήγνυμι burst
ἐγένετο + acc + inf it happened that
παραπορεύομαι pass by, go through
σπόριμα -ων n grainfields, crops
ἤρξαντο aor 3 pl ἄρχομαι
τίλλω pluck
στάχυς -υος m ear of grain
ἴδε aor impv 2 sg ὁράω
ἔξεστιν it is lawful
25 ἀνέγνωτε aor 2 pl ἀναγίνωσκω read
   the allusion is to 1 Samuel 21.1-6
ἐπείνασεν aor 3 sg πεινάω be hungry
ἐπί + gen here in the time of
Ἀβιαθάρ m Abiathar
πρόθεσις -εως f lit laying-out transl
   phrase showbread, bread of the
   Presence
ἔφαγεν aor 3 sg ἐσθίω
ἱερεύς -έως m priest
ἔδωκεν aor 3 sg δίδωμι
διά + acc here for the sake of

Chapter 3

Verses 1-6: The man with a withered hand

¹καὶ εἰσῆλθεν πάλιν εἰς τὴν συναγωγήν. καὶ ἦν ἐκεῖ ἄνθρωπος ἐξηραμμένην ἔχων τὴν χεῖρα· ²καὶ παρετήρουν αὐτὸν εἰ τοῖς σάββασιν θεραπεύσει αὐτόν, ἵνα κατηγορήσωσιν αὐτοῦ. ³καὶ λέγει τῷ ἀνθρώπῳ τῷ τὴν ξηρὰν χεῖρα ἔχοντι, ἔγειρε εἰς τὸ μέσον. ⁴καὶ λέγει αὐτοῖς, ἔξεστιν τοῖς σάββασιν ἀγαθὸν ποιῆσαι ἢ κακοποιῆσαι, ψυχὴν σῶσαι ἢ ἀποκτεῖναι; οἱ δὲ ἐσιώπων. ⁵καὶ περιβλεψάμενος αὐτοὺς μετ᾽ ὀργῆς, συλλυπούμενος ἐπὶ τῇ πωρώσει τῆς καρδίας αὐτῶν, λέγει τῷ ἀνθρώπῳ, ἔκτεινον τὴν χεῖρα. καὶ ἐξέτεινεν, καὶ ἀπεκατεστάθη ἡ χεὶρ αὐτοῦ. ⁶καὶ ἐξελθόντες οἱ Φαρισαῖοι εὐθὺς μετὰ τῶν Ἡρῳδιανῶν συμβούλιον ἐδίδουν κατ᾽ αὐτοῦ ὅπως αὐτὸν ἀπολέσωσιν.

ἐξηραμμένην pf pass pple ξηραίνω dry up pass be withered
παρατηρέω watch closely
εἰ here to see if
θεραπεύω heal
κατηγορήσωσιν aor subj 3 pl
  κατηγορέω accuse + gen
ξηρός -ά -όν withered
εἰς τὸ μέσον lit into the middle hence out here
ἔξεστιν it is lawful
κακοποιέω do harm
σῶσαι aor inf σῴζω
ἀποκτεῖναι aor inf ἀποκτείνω

σιωπάω remain silent
⁵ περιβλεψάμενος aor mid pple
  περιβλέπω look around (at)
ὀργή -ῆς f anger
συλλυπέω be very sad
πώρωσις -εως f stubbornness
ἔκτεινον aor impv 2 sg ἐκτείνω stretch out
ἀπεκατεστάθη aor pass 3 sg
  ἀποκαθίστημι restore
Ἡρῳδιανοί -ῶν m Herodians i.e.
  partisans of the Herodian family
συμβούλιον δίδωμι form a plan
ἀπολέσωσιν aor subj 3 pl ἀπόλλυμι

Verses 7–19: A multitude on the sea shore; the choosing of the Twelve

⁷καὶ ὁ Ἰησοῦς μετὰ τῶν μαθητῶν αὐτοῦ ἀνεχώρησεν πρὸς τὴν θάλασσαν· καὶ πολὺ πλῆθος ἀπὸ τῆς Γαλιλαίας ἠκολούθησεν· καὶ ἀπὸ τῆς Ἰουδαίας ⁸καὶ ἀπὸ Ἰεροσολύμων καὶ ἀπὸ τῆς Ἰδουμαίας καὶ πέραν τοῦ Ἰορδάνου καὶ περὶ Τύρον καὶ Σιδῶνα, πλῆθος πολύ, ἀκούοντες ὅσα ἐποίει ἦλθον πρὸς αὐτόν. ⁹καὶ εἶπεν τοῖς μαθηταῖς αὐτοῦ ἵνα πλοιάριον προσκαρτερῇ αὐτῷ διὰ τὸν ὄχλον ἵνα μὴ θλίβωσιν αὐτόν· ¹⁰πολλοὺς γὰρ ἐθεράπευσεν, ὥστε ἐπιπίπτειν αὐτῷ ἵνα αὐτοῦ ἅψωνται ὅσοι εἶχον μάστιγας. ¹¹καὶ τὰ πνεύματα τὰ ἀκάθαρτα, ὅταν αὐτὸν ἐθεώρουν, προσέπιπτον αὐτῷ καὶ ἔκραζον λέγοντες ὅτι σὺ εἶ ὁ υἱὸς τοῦ θεοῦ. ¹²καὶ πολλὰ ἐπετίμα αὐτοῖς ἵνα μὴ αὐτὸν φανερὸν ποιήσωσιν. ¹³καὶ ἀναβαίνει εἰς τὸ ὄρος καὶ προσκαλεῖται οὓς ἤθελεν αὐτός, καὶ ἀπῆλθον πρὸς αὐτόν. ¹⁴καὶ ἐποίησεν δώδεκα, οὓς καὶ ἀποστόλους ὠνόμασεν, ἵνα ὦσιν μετ' αὐτοῦ καὶ ἵνα ἀποστέλλῃ αὐτοὺς κηρύσσειν ¹⁵καὶ ἔχειν ἐξουσίαν ἐκβάλλειν τὰ δαιμόνια· ¹⁶καὶ ἐποίησεν τοὺς δώδεκα, καὶ ἐπέθηκεν ὄνομα τῷ Σίμωνι Πέτρον, ¹⁷καὶ Ἰάκωβον τὸν τοῦ Ζεβεδαίου καὶ Ἰωάννην τὸν ἀδελφὸν τοῦ Ἰακώβου, καὶ ἐπέθηκεν αὐτοῖς ὀνόματα Βοανηργές, ὅ ἐστιν Υἱοὶ Βροντῆς· ¹⁸καὶ Ἀνδρέαν καὶ Φίλιππον καὶ Βαρθολομαῖον καὶ Μαθθαῖον καὶ Θωμᾶν καὶ Ἰάκωβον τὸν τοῦ Ἁλφαίου καὶ Θαδδαῖον καὶ Σίμωνα τὸν Καναναῖον ¹⁹καὶ Ἰούδαν Ἰσκαριώθ, ὃς καὶ παρέδωκεν αὐτόν.

ἀναχωρέω withdraw, go away
πλῆθος -ους n multitude
Ἰουδαία -ας f Judea
Ἰδουμαία -ας f Idumea
πέραν + gen across, beyond
Ἰορδάνης -ου m Jordan River
Τύρος -ου f Tyre
Σιδών -ῶνος f Sidon
πλοιάριον -ου n small boat
προσκαρτερέω stand by
θλίβω crush
¹⁰ ἐπιπίπτω press close on + dat
ἅψωνται aor subj 3 pl ἅπτομαι touch + gen

μάστιξ -ιγος f here disease
ἀκάθαρτος -ον unclean
προσπίπτω fall down before + dat
κράζω call out
πολλά here strongly
ἐπιτιμάω rebuke + dat
φανερός -ά -όν known
ποιήσωσιν aor subj 3 pl ποιέω
προσκαλέομαι call to oneself
ἤθελεν impf 3 sg θέλω
ὠνόμασεν aor 3 sg ὀνομάζω name, designate
ὦσιν subj 3 pl εἰμί
¹⁵ ἐπέθηκεν aor 3 sg ἐπιτίθμι add

Ἰάκωβος -ου *m* James
Ζεβεδαῖος -ου *m* Zebedee *gen here and in vs 18 indicates* son of
Βοανηργές Boanerges
βροντή -ῆς *f* thunder
Ἀνδρέας -ου *m* Andrew
Φίλιππος -ου *m* Philip
Βαρθολομαῖος -ου *m* Bartholomew

Μαθθαῖος -ου *m* Matthew
Θωμᾶς -ᾶ *m* Thomas
Θαδδαῖος -ου *m* Thaddaeus
Καναναῖος -ου *m* Cananaean *i.e. Zealot, member of Jewish nationalist sect*
Ἰούδας -α *m* Judas
Ἰσκαριώθ Iscariot
παρέδωκεν *aor 3 sg* παραδίδωμι

Verses 20–35: Jesus and Beelzebul; the mother and brothers of Jesus

²⁰καὶ ἔρχεται εἰς οἶκον· καὶ συνέρχεται πάλιν ὁ ὄχλος, ὥστε μὴ δύνασθαι αὐτοὺς μηδὲ ἄρτον φαγεῖν. ²¹καὶ ἀκούσαντες οἱ παρ' αὐτοῦ ἐξῆλθον κρατῆσαι αὐτόν, ἔλεγον γὰρ ὅτι ἐξέστη. ²²καὶ οἱ γραμματεῖς οἱ ἀπὸ Ἱεροσολύμων καταβάντες ἔλεγον ὅτι Βεελζεβοὺλ ἔχει, καὶ ὅτι ἐν τῷ ἄρχοντι τῶν δαιμονίων ἐκβάλλει τὰ δαιμόνια. ²³καὶ προσκαλεσάμενος αὐτοὺς ἐν παραβολαῖς ἔλεγεν αὐτοῖς, πῶς δύναται Σατανᾶς Σατανᾶν ἐκβάλλειν; ²⁴καὶ ἐὰν βασιλεία ἐφ' ἑαυτὴν μερισθῇ, οὐ δύναται σταθῆναι ἡ βασιλεία ἐκείνη· ²⁵καὶ ἐὰν οἰκία ἐφ' ἑαυτὴν μερισθῇ, οὐ δυνήσεται ἡ οἰκία ἐκείνη σταθῆναι. ²⁶καὶ εἰ ὁ Σατανᾶς ἀνέστη ἐφ' ἑαυτὸν καὶ ἐμερίσθη, οὐ δύναται στῆναι ἀλλὰ τέλος ἔχει. ²⁷ἀλλ' οὐ δύναται οὐδεὶς εἰς τὴν οἰκίαν τοῦ ἰσχυροῦ εἰσελθὼν τὰ σκεύη αὐτοῦ διαρπάσαι ἐὰν μὴ πρῶτον τὸν ἰσχυρὸν δήσῃ, καὶ τότε τὴν οἰκίαν αὐτοῦ διαρπάσει. ²⁸ἀμὴν λέγω ὑμῖν ὅτι πάντα ἀφεθήσεται τοῖς υἱοῖς τῶν ἀνθρώπων, τὰ ἁμαρτήματα καὶ αἱ βλασφημίαι ὅσα ἐὰν βλασφημήσωσιν· ²⁹ὃς δ' ἂν βλασφημήσῃ εἰς τὸ πνεῦμα τὸ ἅγιον οὐκ ἔχει ἄφεσιν εἰς τὸν αἰῶνα, ἀλλὰ ἔνοχός ἐστιν αἰωνίου ἁμαρτήματος. ³⁰ὅτι ἔλεγον, πνεῦμα ἀκάθαρτον ἔχει. ³¹καὶ ἔρχεται ἡ μήτηρ αὐτοῦ καὶ οἱ ἀδελφοὶ αὐτοῦ καὶ ἔξω στήκοντες ἀπέστειλαν πρὸς αὐτὸν καλοῦντες αὐτόν. ³²καὶ ἐκάθητο περὶ αὐτὸν ὄχλος, καὶ λέγουσιν αὐτῷ, ἰδοὺ ἡ μήτηρ σου καὶ οἱ ἀδελφοί σου καὶ αἱ ἀδελφαί σου ἔξω ζητοῦσίν σε. ³³καὶ ἀποκριθεὶς αὐτοῖς λέγει, τίς ἐστιν ἡ μήτηρ μου καὶ οἱ ἀδελφοί μου; ³⁴καὶ περιβλεψάμενος τοὺς περὶ αὐτὸν κύκλῳ καθημένους λέγει, ἴδε ἡ μήτηρ μου καὶ οἱ ἀδελφοί μου. ³⁵ὃς γὰρ ἂν ποιήσῃ τὸ θέλημα τοῦ θεοῦ, οὗτος ἀδελφός μου καὶ ἀδελφὴ καὶ μήτηρ ἐστίν.

---

20 συνέρχομαι come together
φαγεῖν aor inf ἐσθίω
οἱ παρ' αὐτοῦ those close to him, his family
κρατέω take charge of
ἐξέστη aor (intr) 3 sg ἐξίστημι be out of one's mind
καταβάντες aor pple καταβαίνω
Βεελζεβούλ m Beelzebul i.e. the Devil

ἐν + dat here through, by
ἄρχων -οντος m ruler, prince
παραβολή -ῆς f parable
Σατανᾶς -ᾶ m Satan, the Adversary
μερισθῇ aor pass subj 3 sg
μερίζω divide
σταθῆναι aor pass (intr act sense) inf ἵστημι
25 ἀνέστη aor (intr) 3 sg ἀνίστημι

ἐμερίσθη *aor pass 3 sg* μερίζω
στῆναι *aor (intr) inf* ἵστημι
τέλος -ους *n* end
ἰσχύρος -α -ον strong, powerful
σκεύη -ων *n* goods, possessions
διαρπάσαι *aor inf* διαρπάζω plunder
δήσῃ *aor subj 3 sg* δέω bind, tie up
διαρπάσει *fut 3 sg* διαρπάζω
ἀφεθήσεται *fut pass 3 sg* ἀφίημι
ἁμάρτημα -ατος *n* sin
βλασφημία -ας *f* blasphemy, speaking
   against God
ὅσα ἐάν *transl* as many ... as, whatever

βλασφημήσωσιν *aor subj 3 pl*
   βλασφημέω blaspheme, speak against
   God
ὃς ἄν + *subj* whoever
βλασφημήσῃ *aor subj 3 sg* βλασφημέω
ἄφεσις -εως *f* forgiveness
εἰς τὸν αἰῶνα eternally, for ever
ἔνοχος -ον guilty
30 στήκω stand
ἀποκριθείς *aor pple* ἀποκρίνομαι
κύκλῳ in a circle
ἴδε *aor impv 2 sg* ὁράω
ποιήσῃ *aor subj 3 sg* ποιέω

Chapter 4

Verses 1-9: The parable of the sower

¹καὶ πάλιν ἤρξατο διδάσκειν παρὰ τὴν θάλασσαν. καὶ συνά
γεται πρὸς αὐτὸν ὄχλος πλεῖστος, ὥστε αὐτὸν εἰς πλοῖον ἐμβάντα
καθῆσθαι ἐν τῇ θαλάσσῃ, καὶ πᾶς ὁ ὄχλος πρὸς τὴν θάλασσαν ἐπὶ τῆς
γῆς ἦσαν. ²καὶ ἐδίδασκεν αὐτοὺς ἐν παραβολαῖς πολλά, καὶ ἔλεγεν
αὐτοῖς ἐν τῇ διδαχῇ αὐτοῦ, ³ἀκούετε. ἰδοὺ ἐξῆλθεν ὁ σπείρων
σπεῖραι. ⁴καὶ ἐγένετο ἐν τῷ σπείρειν ὃ μὲν ἔπεσεν παρὰ τὴν ὁδόν, καὶ
ἦλθεν τὰ πετεινὰ καὶ κατέφαγεν αὐτό. ⁵καὶ ἄλλο ἔπεσεν ἐπὶ τὸ πετ
ρῶδες ὅπου οὐκ εἶχεν γῆν πολλήν, καὶ εὐθὺς ἐξανέτειλεν διὰ τὸ μὴ
ἔχειν βάθος γῆς· ⁶καὶ ὅτε ἀνέτειλεν ὁ ἥλιος ἐκαυματίσθη, καὶ διὰ τὸ
μὴ ἔχειν ῥίζαν ἐξηράνθη. ⁷καὶ ἄλλο ἔπεσεν εἰς τὰς ἀκάνθας, καὶ
ἀνέβησαν αἱ ἄκανθαι καὶ συνέπνιξαν αὐτό, καὶ καρπὸν οὐκ ἔδωκεν.
⁸καὶ ἄλλα ἔπεσεν εἰς τὴν γῆν τὴν καλήν, καὶ ἐδίδου καρπὸν ἀναβαί
νοντα καὶ αὐξανόμενα, καὶ ἔφερεν ἐν τριάκοντα καὶ ἐν ἑξήκοντα καὶ
ἐν ἑκατόν. ⁹καὶ ἔλεγεν, ὃς ἔχει ὦτα ἀκούειν ἀκουέτω.

ἤρξατο aor 3 sg ἄρχομαι
πλεῖστος -η -ον very large
ἐμβάντα aor pple ἐμβαίνω embark
ἦσαν pl for sense (the crowd) were
παραβολή -ῆς f parable
διδαχή -ῆς f teaching
σπείρω sow
σπεῖραι aor inf σπείρω
ἐγένετο + fin vb it happened that
ἐν τῷ σπείρειν transl as he was sowing
ὁ μέν ... καὶ ἄλλο some ... and some
ἔπεσεν aor 3 sg πίπτω
πετεινόν -οῦ n bird
κατέφαγεν aor 3 sg κατεσθίω eat up
⁵ πετρῶδες -ους n stony ground
ἐξανέτειλεν aor 3 sg ἐξανατέλλω spring
  up
διὰ τὸ μὴ ἔχειν on account of not having
βάθος -ους n depth

ἀνέτειλεν aor 3 sg ἀνατέλλω rise
ἥλιος -ου m sun
ἐκαυματίσθη aor pass 3 sg
  καυματίζω burn, scorch
ῥίζα -ης f root
ἐξηράνθη aor pass 3 sg ξηραίνω dry up,
  wither
ἄκανθα -ης f thorn-bush
ἀνέβησαν aor 3 pl ἀναβαίνω
συνέπνιξαν aor 3 pl συμπνίγω choke,
  suffocate
ἔδωκεν aor 3 sg δίδωμι
αὐξάνω increase pass grow
τριάκοντα thirty
ἑξήκοντα sixty
ἑκατόν 100
οὖς, ὠτός n ear
ἀκουέτω impv 3 sg ἀκούω

Verses 10–20: The purpose of the parables; the parable of the sower explained

¹⁰καὶ ὅτε ἐγένετο κατὰ μόνας, ἠρώτων αὐτὸν οἱ περὶ αὐτὸν σὺν τοῖς δώδεκα τὰς παραβολάς. ¹¹καὶ ἔλεγεν αὐτοῖς, ὑμῖν τὸ μυστήριον δέδοται τῆς βασιλείας τοῦ θεοῦ· ἐκείνοις δὲ τοῖς ἔξω ἐν παραβολαῖς τὰ πάντα γίνεται, ¹²ἵνα βλέποντες βλέπωσιν καὶ μὴ ἴδωσιν, καὶ ἀκούοντες ἀκούωσιν καὶ μὴ συνιῶσιν, μήποτε ἐπιστρέψωσιν καὶ ἀφεθῇ αὐτοῖς. ¹³καὶ λέγει αὐτοῖς, οὐκ οἴδατε τὴν παραβολὴν ταύτην, καὶ πῶς πάσας τὰς παραβολὰς γνώσεσθε; ¹⁴ὁ σπείρων τὸν λόγον σπείρει. ¹⁵οὗτοι δέ εἰσιν οἱ παρὰ τὴν ὁδὸν ὅπου σπείρεται ὁ λόγος, καὶ ὅταν ἀκούσωσιν εὐθὺς ἔρχεται ὁ Σατανᾶς καὶ αἴρει τὸν λόγον τὸν ἐσπαρμένον εἰς αὐτούς. ¹⁶καὶ οὗτοί εἰσιν οἱ ἐπὶ τὰ πετρώδη σπειρόμενοι, οἳ ὅταν ἀκούσωσιν τὸν λόγον εὐθὺς μετὰ χαρᾶς λαμβάνουσιν αὐτόν, ¹⁷καὶ οὐκ ἔχουσιν ῥίζαν ἐν ἑαυτοῖς ἀλλὰ πρόσκαιροί εἰσιν· εἶτα γενομένης θλίψεως ἢ διωγμοῦ διὰ τὸν λόγον εὐθὺς σκανδαλίζονται. ¹⁸καὶ ἄλλοι εἰσὶν οἱ εἰς τὰς ἀκάνθας σπειρόμενοι· οὗτοί εἰσιν οἱ τὸν λόγον ἀκούσαντες, ¹⁹καὶ αἱ μέριμναι τοῦ αἰῶνος καὶ ἡ ἀπάτη τοῦ πλούτου καὶ αἱ περὶ τὰ λοιπὰ ἐπιθυμίαι εἰσπορευόμεναι συμπνίγουσιν τὸν λόγον, καὶ ἄκαρπος γίνεται. ²⁰καὶ ἐκεῖνοί εἰσιν οἱ ἐπὶ τὴν γῆν τὴν καλὴν σπαρέντες, οἵτινες ἀκούουσιν τὸν λόγον καὶ παραδέχονται καὶ καρποφοροῦσιν ἐν τριάκοντα καὶ ἐν ἑξήκοντα καὶ ἐν ἑκατόν.

---

10 κατὰ μόνας alone
    οἱ περὶ αὐτόν those around him, those
      of his circle
    μυστήριον -ου n mystery
    δέδοται pf pass 3 sg δίδωμι
    βλέποντες ... αὐτοῖς is a quotation
      from Isaiah 6.9–10
    ἴδωσιν aor subj 3 pl ὁράω
    συνιῶσιν subj 3 pl συνίημι
      understand
    μήποτε lest, in order that ... not
    ἐπιστρέψωσιν aor subj 3 pl
      ἐπιστρέφω turn back

    ἀφεθῇ aor pass subj 3 sg ἀφίημι impsnl,
      lit it be forgiven
    γνώσεσθε fut 2 pl γινώσκω
15 ἀκούσωσιν aor subj 3 pl ἀκούω
    Σατανᾶς -ᾶ m Satan, the Adversary
    ἐσπαρμένον pf pass pple σπείρω
    πρόσκαιρος -ον without staying-power
    γενομένης aor pple γίνομαι
    θλῖψις -εως f trouble
    διωγμός -οῦ m persecution
    σκανδαλίζω cause to stumble pass
      stumble, fall away
    μέριμνα -ης f care, worry

ἀπάτη -ης *f* deception
πλοῦτος -ου *m* wealth
ἐπιθυμία -ας *f* desire, craving
εἰσπορεύομαι intervene

ἄκαρπος -ον barren, unproductive
[20] σπαρέντες *aor pass pple* σπείρω
παραδέχομαι receive, welcome
καρποφορέω bear fruit

Verses 21–34: A light under a bushel; the parables of the growing seed and the mustard seed; the use of parables

²¹καὶ ἔλεγεν αὐτοῖς, μήτι ἔρχεται ὁ λύχνος ἵνα ὑπὸ τὸν μόδιον τεθῇ ἢ ὑπὸ τὴν κλίνην; οὐχ ἵνα ἐπὶ τὴν λυχνίαν τεθῇ; ²²οὐ γάρ ἐστιν κρυπτὸν ἐὰν μὴ ἵνα φανερωθῇ, οὐδὲ ἐγένετο ἀπόκρυφον ἀλλ' ἵνα ἔλθῃ εἰς φανερόν. ²³εἴ τις ἔχει ὦτα ἀκούειν ἀκουέτω. ²⁴καὶ ἔλεγεν αὐτοῖς, βλέπετε τί ἀκούετε. ἐν ᾧ μέτρῳ μετρεῖτε μετρηθήσεται ὑμῖν καὶ προστεθήσεται ὑμῖν. ²⁵ὃς γὰρ ἔχει, δοθήσεται αὐτῷ· καὶ ὃς οὐκ ἔχει, καὶ ὃ ἔχει ἀρθήσεται ἀπ' αὐτοῦ. ²⁶καὶ ἔλεγεν, οὕτως ἐστὶν ἡ βασιλεία τοῦ θεοῦ ὡς ἄνθρωπος βάλῃ τὸν σπόρον ἐπὶ τῆς γῆς ²⁷καὶ καθεύδῃ καὶ ἐγείρηται νύκτα καὶ ἡμέραν, καὶ ὁ σπόρος βλαστᾷ καὶ μηκύνηται ὡς οὐκ οἶδεν αὐτός. ²⁸αὐτομάτη ἡ γῆ καρποφορεῖ, πρῶτον χόρτον, εἶτα στάχυν, εἶτα πλήρης σῖτον ἐν τῷ στάχυϊ. ²⁹ὅταν δὲ παραδοῖ ὁ καρπός, εὐθὺς ἀποστέλλει τὸ δρέπανον, ὅτι παρέστηκεν ὁ θερισμός. ³⁰καὶ ἔλεγεν, πῶς ὁμοιώσωμεν τὴν βασιλείαν τοῦ θεοῦ, ἢ ἐν τίνι αὐτὴν παραβολῇ θῶμεν; ³¹ὡς κόκκῳ σινάπεως, ὃς ὅταν σπαρῇ ἐπὶ τῆς γῆς, μικρότερον ὂν πάντων τῶν σπερμάτων τῶν ἐπὶ τῆς γῆς, ³²καὶ ὅταν σπαρῇ, ἀναβαίνει καὶ γίνεται μεῖζον πάντων τῶν λαχάνων καὶ ποιεῖ κλάδους μεγάλους, ὥστε δύνασθαι ὑπὸ τὴν σκιὰν αὐτοῦ τὰ πετεινὰ τοῦ οὐρανοῦ κατασκηνοῦν. ³³καὶ τοιαύταις παραβολαῖς πολλαῖς ἐλάλει αὐτοῖς τὸν λόγον, καθὼς ἠδύναντο ἀκούειν· ³⁴χωρὶς δὲ παραβολῆς οὐκ ἐλάλει αὐτοῖς, κατ' ἰδίαν δὲ τοῖς ἰδίοις μαθηταῖς ἐπέλυεν πάντα.

μήτι surely ... not?
ἔρχεται *here* is brought
λύχνος -ου m lamp
μόδιος -ου m bucket, measuring-bowl
  (for grain, about 9 litres)
τεθῇ aor pass subj 3 sg τίθημι
κλίνη -ης f bed, couch
λυχνία -ας f lamp-stand
οὐ ... ἐστιν ... ἐὰν μή there is nothing
  ... except
κρυπτός -ή -όν hidden
φανερωθῇ aor pass subj 3 sg
  φανερόω reveal
ἀπόκρυφος -ον hidden away, secret

ἔλθῃ aor subj 3 sg ἔρχομαι
εἰς φανερόν out into the open
ἐν + dat *here* by
μέτρον -ου n measure
μετρέω measure, deal out
μετρηθήσεται fut pass 3 sg (impsnl)
  μετρέω
προστεθήσεται fut pass 3 sg (impsnl)
  προστίθημι give more
²⁵ δοθήσεται fut pass 3 sg (impsnl) δίδωμι
  ἀρθήσεται fut pass 3 sg αἴρω
ὡς for ὡς ἐάν + subj as if
βάλῃ aor subj 3 sg βάλλω
σπόρος -ου m seed

καθεύδω sleep
βλαστάω sprout
μηκύνομαι grow
αὐτόματος -η -ον of its own accord
χόρτος -ου m blade
στάχυς -υος m ear (of corn)
πλήρης here indecl full
σῖτος -ου m grain
παραδοῖ aor subj 3 sg παραδίδωμι here
  permit
δρέπανον -ου n sickle
παρέστηκεν pf (intr) 3 sg
  παρίστημι come
θερισμός -οῦ m harvest
30 ὁμοιώσωμεν aor subj 1 pl
  ὁμοιόω compare

θῶμεν aor subj 1 pl τίθημι here
  represent
κόκκος -ου m seed
σίναπι -εως n mustard
σπαρῇ aor pass 3 sg σπείρω
μικρότερος -α -ον smaller here n
  because anticipating σπέρμα
σπέρμα -ατος n seed
μείζων -ον greater
λάχανον -ου n vegetable
κλάδος -ου m branch
σκιά -ᾶς f shade
κατασκηνόω here roost
χωρίς + gen without
κατ' ἰδίαν privately
ἐπιλύω explain

Verses 35–41: The calming of a storm

³⁵καὶ λέγει αὐτοῖς ἐν ἐκείνῃ τῇ ἡμέρᾳ ὀψίας γενομένης, διέλ-
θωμεν εἰς τὸ πέραν. ³⁶καὶ ἀφέντες τὸν ὄχλον παραλαμβάνουσιν αὐτὸν
ὡς ἦν ἐν τῷ πλοίῳ, καὶ ἄλλα πλοῖα ἦν μετ’ αὐτοῦ. ³⁷καὶ γίνεται λαῖ-
λαψ μεγάλη ἀνέμου, καὶ τὰ κύματα ἐπέβαλλεν εἰς τὸ πλοῖον, ὥστε
ἤδη γεμίζεσθαι τὸ πλοῖον. ³⁸καὶ αὐτὸς ἦν ἐν τῇ πρύμνῃ ἐπὶ τὸ προσ-
κεφάλαιον καθεύδων· καὶ ἐγείρουσιν αὐτὸν καὶ λέγουσιν αὐτῷ, δι-
δάσκαλε, οὐ μέλει σοι ὅτι ἀπολλύμεθα; ³⁹καὶ διεγερθεὶς ἐπετίμησεν
τῷ ἀνέμῳ καὶ εἶπεν τῇ θαλάσσῃ, σιώπα, πεφίμωσο. καὶ ἐκόπασεν ὁ
ἄνεμος, καὶ ἐγένετο γαλήνη μεγάλη. ⁴⁰καὶ εἶπεν αὐτοῖς, τί δειλοί
ἐστε; οὔπω ἔχετε πίστιν; ⁴¹καὶ ἐφοβήθησαν φόβον μέγαν, καὶ ἔλεγον
πρὸς ἀλλήλους, τίς ἄρα οὗτός ἐστιν ὅτι καὶ ὁ ἄνεμος καὶ ἡ θάλασσα
ὑπακούει αὐτῷ;

---

35 ὀψία -ας f evening
  διέλθωμεν aor subj 1 pl
    διέρχομαι transl let us go across
  τὸ πέραν the other side
  ἀφέντες aor pple ἀφίημι here send
    away
  παραλαμβάνω take along
  ὡς ἦν just as he was
  λαῖλαψ -απος f squall
  ἄνεμος -ου m wind
  κῦμα -ατος n wave
  ἐπιβάλλω here break, beat against
  γεμίζω fill
  πρύμνη -ης f stern
  προσκεφάλαιον -ου n cushion, pillow
  οὐ μέλει σοι; do you not care?
  διεγερθείς aor pass pple διεγείρω rouse

pass wake up
  ἐπιτιμάω rebuke + dat
  σιώπα impv 2 sg σιωπάω be silent
  πεφίμωσο pf pass impv 2 sg φιμόω lit
    muzzle hence transl be still!
  ἐκόπασεν aor 3 sg κοπάζω lit grow
    weary hence drop, abate
  γαλήνη -ης f calm
40 τί; why?
  δειλός -ή -όν cowardly, afraid
  οὔπω not yet
  ἐφοβήθησαν aor 3 pl φοβέομαι
  φόβος -ον m fear cognate noun
    intensifies vb
  ἄρα then, in the light of this
  ὑπακούω obey + dat

Chapter 5

Verses 1–10: The healing of the Gerasene demoniac (1)

¹καὶ ἦλθον εἰς τὸ πέραν τῆς θαλάσσης εἰς τὴν χώραν τῶν Γερασηνῶν. ²καὶ ἐξελθόντος αὐτοῦ ἐκ τοῦ πλοίου εὐθὺς ὑπήντησεν αὐτῷ ἐκ τῶν μνημείων ἄνθρωπος ἐν πνεύματι ἀκαθάρτῳ, ³ὃς τὴν κατοίκησιν εἶχεν ἐν τοῖς μνήμασιν· καὶ οὐδὲ ἁλύσει οὐκέτι οὐδεὶς ἐδύνατο αὐτὸν δῆσαι, ⁴διὰ τὸ αὐτὸν πολλάκις πέδαις καὶ ἁλύσεσιν δεδέσθαι καὶ διεσπάσθαι ὑπ' αὐτοῦ τὰς ἁλύσεις καὶ τὰς πέδας συντετρῖφθαι, καὶ οὐδεὶς ἴσχυεν αὐτὸν δαμάσαι· ⁵καὶ διὰ παντὸς νυκτὸς καὶ ἡμέρας ἐν τοῖς μνήμασιν καὶ ἐν τοῖς ὄρεσιν ἦν κράζων καὶ κατακόπτων ἑαυτὸν λίθοις. ⁶καὶ ἰδὼν τὸν Ἰησοῦν ἀπὸ μακρόθεν ἔδραμεν καὶ προσεκύνησεν αὐτῷ, ⁷καὶ κράξας φωνῇ μεγάλῃ λέγει, τί ἐμοὶ καὶ σοί, Ἰησοῦ υἱὲ τοῦ θεοῦ τοῦ ὑψίστου; ὁρκίζω σε τὸν θεόν, μή με βασανίσῃς. ⁸ἔλεγεν γὰρ αὐτῷ, ἔξελθε τὸ πνεῦμα τὸ ἀκάθαρτον ἐκ τοῦ ἀνθρώπου. ⁹καὶ ἐπηρώτα αὐτόν, τί ὄνομά σοι; καὶ λέγει αὐτῷ, Λεγιὼν ὄνομά μοι, ὅτι πολλοί ἐσμεν. ¹⁰καὶ παρεκάλει αὐτὸν πολλὰ ἵνα μὴ αὐτὰ ἀποστείλῃ ἔξω τῆς χώρας.

τὸ πέραν the far side
χώρα -ας f country
Γερασηνός -ή -όν Gerasene, of Gerasa
ἐξελθόντος aor pple ἐξέρχομαι
ὑπήντησεν aor 3 sg
    ὑπαντάω meet + dat
μνημεῖον -ου n tomb
ἐν + dat here with
ἀκάθαρτος -ον unclean
κατοίκησις -εως f home
μνῆμα -ατος n grave, tomb
ἅλυσις -εως f chain
δῆσαι aor inf δέω bind, tie up
διὰ τό + acc + inf on account of the fact
    that he ...
πολλάκις often
πέδη -ης f fetter, shackle
δεδέσθαι pf pass inf δέω

διεσπάσθαι pf pass inf διασπάω tear
    apart
συντετρῖφθαι pf pass inf
    συντρίβω break
ἰσχύω have strength, be able
δαμάσαι aor inf δαμάζω subdue, tame
5 διὰ παντός continually, always
κράζω shriek, cry out
κατακόπτω hit, bruise
ἰδών aor pple ὁράω
ἀπὸ μακρόθεν from afar
ἔδραμεν aor 3 sg τρέχω run
κράξας aor pple κράζω
τί ἐμοὶ καὶ σοί; transl what have I to do
    with you?
ὕψιστος -η -ον highest, most high
ὁρκίζω beg X acc in the name of Y acc
μή + aor subj do not ...!

βασανίσῃς *aor subj 2 sg*
  βασανίζω torture
ἔξελθε *aor impv 2 sg* ἐξέρχομαι
ἐπερωτάω ask

λεγιών -ῶνος *usu f here m* legion
  (Roman army division of about 6,000
  men) hence very large number
[10] πολλά *here* urgently

Mark 5

41

Verses 11–20: The healing of the Gerasene demoniac (2)

¹¹ἦν δὲ ἐκεῖ πρὸς τῷ ὄρει ἀγέλη χοίρων μεγάλη βοσκομένη· ¹²καὶ παρεκάλεσαν αὐτὸν λέγοντες, πέμψον ἡμᾶς εἰς τοὺς χοίρους, ἵνα εἰς αὐτοὺς εἰσέλθωμεν. ¹³καὶ ἐπέτρεψεν αὐτοῖς. καὶ ἐξελθόντα τὰ πνεύματα τὰ ἀκάθαρτα εἰσῆλθον εἰς τοὺς χοίρους, καὶ ὥρμησεν ἡ ἀγέλη κατὰ τοῦ κρημνοῦ εἰς τὴν θάλασσαν, ὡς δισχίλιοι, καὶ ἐπνίγοντο ἐν τῇ θαλάσσῃ. ¹⁴καὶ οἱ βόσκοντες αὐτοὺς ἔφυγον καὶ ἀπήγγειλαν εἰς τὴν πόλιν καὶ εἰς τοὺς ἀγρούς· καὶ ἦλθον ἰδεῖν τί ἐστιν τὸ γεγονός. ¹⁵καὶ ἔρχονται πρὸς τὸν Ἰησοῦν, καὶ θεωροῦσιν τὸν δαιμονιζόμενον καθήμενον ἱματισμένον καὶ σωφρονοῦντα, τὸν ἐσχηκότα τὸν λεγιῶνα, καὶ ἐφοβήθησαν. ¹⁶καὶ διηγήσαντο αὐτοῖς οἱ ἰδόντες πῶς ἐγένετο τῷ δαιμονιζομένῳ καὶ περὶ τῶν χοίρων. ¹⁷καὶ ἤρξαντο παρακαλεῖν αὐτὸν ἀπελθεῖν ἀπὸ τῶν ὁρίων αὐτῶν. ¹⁸καὶ ἐμβαίνοντος αὐτοῦ εἰς τὸ πλοῖον παρεκάλει αὐτὸν ὁ δαιμονισθεὶς ἵνα μετ᾽ αὐτοῦ ᾖ. ¹⁹καὶ οὐκ ἀφῆκεν αὐτόν, ἀλλὰ λέγει αὐτῷ, ὕπαγε εἰς τὸν οἶκόν σου πρὸς τοὺς σούς, καὶ ἀπάγγειλον αὐτοῖς ὅσα ὁ κύριός σοι πεποίηκεν καὶ ἠλέησέν σε. ²⁰καὶ ἀπῆλθεν καὶ ἤρξατο κηρύσσειν ἐν τῇ Δεκαπόλει ὅσα ἐποίησεν αὐτῷ ὁ Ἰησοῦς, καὶ πάντες ἐθαύμαζον.

ἀγέλη -ης f herd
χοῖρος -ου m pig
βόσκω feed mid graze
πέμψον aor impv 2 sg πέμπω
εἰσέλθωμεν aor subj 1 pl εἰσέρχομαι
ἐπέτρεψεν aor 3 sg
  ἐπιτρέπω allow + dat
ὥρμησεν aor 3 sg ὁρμάω rush
κρημνός -οῦ m cliff, precipice
ὡς with number about
δισχίλιοι -αι -α 2,000
πνίγω choke pass here drown
ἔφυγον aor 3 pl φεύγω flee
ἀπήγγειλαν aor 3 pl
  ἀπαγγέλλω report, tell
ἀγρός -οῦ m field
γεγονός pf pple γίνομαι
15 δαιμονίζομαι be possessed by an evil
  spirit

ἱματισμένον pf pass pple
  ἱματίζω clothe
σωφρονέω be of sound mind
ἐσχηκότα pf pple ἔχω
ἐφοβήθησαν aor 3 pl φοβέομαι
διηγήσαντο aor 3 pl διηγέομαι tell,
  describe
ἤρξαντο aor 3 pl ἄρχομαι
ὅρια -ων n boundaries, territory
ἐμβαίνω embark
δαιμονισθείς aor pple δαιμονίζομαι
ᾖ subj 3 sg εἰμί here stay
ἀφῆκεν aor 3 sg ἀφίημι here allow
πρὸς τοὺς σούς to your family/friends
ἀπάγγειλον aor impv 2 sg ἀπαγγέλλω
ἠλέησεν aor 3 sg ἐλεέω have mercy on
20 Δεκάπολις -εως f Decapolis (originally
  a league of ten Hellenistic cities)
θαυμάζω wonder, marvel

Verses 21–34: Jairus' daughter and the woman who touched Jesus' garment (1)

²¹καὶ διαπεράσαντος τοῦ Ἰησοῦ ἐν τῷ πλοίῳ πάλιν εἰς τὸ πέραν συνήχθη ὄχλος πολὺς ἐπ' αὐτόν, καὶ ἦν παρὰ τὴν θάλασσαν. ²²καὶ ἔρχεται εἷς τῶν ἀρχισυναγώγων, ὀνόματι Ἰάϊρος, καὶ ἰδὼν αὐτὸν πίπτει πρὸς τοὺς πόδας αὐτοῦ ²³καὶ παρακαλεῖ αὐτὸν πολλὰ λέγων ὅτι τὸ θυγάτριόν μου ἐσχάτως ἔχει, ἵνα ἐλθὼν ἐπιθῇς τὰς χεῖρας αὐτῇ ἵνα σωθῇ καὶ ζήσῃ. ²⁴καὶ ἀπῆλθεν μετ' αὐτοῦ. καὶ ἠκολούθει αὐτῷ ὄχλος πολύς, καὶ συνέθλιβον αὐτόν. ²⁵καὶ γυνὴ οὖσα ἐν ῥύσει αἵματος δώδεκα ἔτη ²⁶καὶ πολλὰ παθοῦσα ὑπὸ πολλῶν ἰατρῶν καὶ δαπανήσασα τὰ παρ' αὐτῆς πάντα καὶ μηδὲν ὠφεληθεῖσα ἀλλὰ μᾶλλον εἰς τὸ χεῖρον ἐλθοῦσα, ²⁷ἀκούσασα περὶ τοῦ Ἰησοῦ, ἐλθοῦσα ἐν τῷ ὄχλῳ ὄπισθεν ἥψατο τοῦ ἱματίου αὐτοῦ· ²⁸ἔλεγεν γὰρ ὅτι ἐὰν ἄψωμαι κἂν τῶν ἱματίων αὐτοῦ σωθήσομαι. ²⁹καὶ εὐθὺς ἐξηράνθη ἡ πηγὴ τοῦ αἵματος αὐτῆς, καὶ ἔγνω τῷ σώματι ὅτι ἴαται ἀπὸ τῆς μάστιγος. ³⁰καὶ εὐθὺς ὁ Ἰησοῦς ἐπιγνοὺς ἐν ἑαυτῷ τὴν ἐξ αὐτοῦ δύναμιν ἐξελθοῦσαν ἐπιστραφεὶς ἐν τῷ ὄχλῳ ἔλεγεν, τίς μου ἥψατο τῶν ἱματίων; ³¹καὶ ἔλεγον αὐτῷ οἱ μαθηταὶ αὐτοῦ, βλέπεις τὸν ὄχλον συνθλίβοντά σε, καὶ λέγεις, τίς μου ἥψατο; ³²καὶ περιεβλέπετο ἰδεῖν τὴν τοῦτο ποιήσασαν. ³³ἡ δὲ γυνὴ φοβηθεῖσα καὶ τρέμουσα, εἰδυῖα ὃ γέγονεν αὐτῇ, ἦλθεν καὶ προσέπεσεν αὐτῷ καὶ εἶπεν αὐτῷ πᾶσαν τὴν ἀλήθειαν. ³⁴ὁ δὲ εἶπεν αὐτῇ, θυγάτηρ, ἡ πίστις σου σέσωκέν σε· ὕπαγε εἰς εἰρήνην, καὶ ἴσθι ὑγιὴς ἀπὸ τῆς μάστιγός σου.

διαπεράσαντος *aor pple* διαπεράω cross over
συνήχθη *aor pass (refl sense) 3 sg* συνάγω
ἀρχισυνάγωγος -ου *m* president of a synagogue
Ἰάϊρος -ου *m* Jairus
θυγάτριον -ου *n* little daughter
ἐσχάτως ἔχω be very ill, be near to death
ἵνα + *subj here for impv*
ἐπιθῇς *aor subj 2 sg* ἐπιτίθημι *here* lay on

σωθῇ *aor pass subj 3 sg* σῴζω
ζήσῃ *aor subj 3 sg* ζάω
συνθλίβω press upon, crowd round
²⁵ οὖσα ἐν *transl* having had
ῥύσις -εως *f* flow *with* αἵματος haemorrhage
ἔτος -ους *n* year
παθοῦσα *aor pple* πάσχω suffer
ὑπό + *gen here* at the hands of
ἰατρός -οῦ *m* doctor
δαπανήσασα *aor pple* δαπανάω spend
τὰ παρ' αὐτῆς her property, what she had

ὠφεληθεῖσα *aor pass pple*
  ὠφελέω help, benefit
μᾶλλον rather
εἰς τὸ χεῖρον ἔρχομαι grow worse
ὄπισθεν from behind
ἥψατο *aor 3 sg* ἅπτομαι touch + *gen*
ἅψωμαι *aor subj 1 sg* ἅπτομαι
κἄν = καὶ ἐάν (*crasis*) *here* even just
σωθήσομαι *fut pass 3 sg* σῴζω
ἐξηράνθη *aor pass 3 sg* ξηραίνω dry
πηγή -ῆς *f* flow
ἔγνω *aor 3 sg* γινώσκω
ἴαται *pf pass 3 sg* ἰάομαι heal
μάστιξ -ιγος *f* affliction
30 ἐπιγνούς *aor pple*
  ἐπιγινώσκω perceive, recognise

ἐπιστραφείς *aor pass* (*refl sense*) *pple*
  ἐπιστρέφω turn round
ἥψατο *aor 3 sg* ἅπτομαι
περιβλέπομαι look round
φοβηθεῖσα *aor pple* φοβέομαι
τρέμω tremble
εἰδυῖα *pf* (*pres sense*) *pple* οἶδα
γέγονεν *pf 3 sg* γίνομαι
προσέπεσεν *aor 3 sg* προσπίπτω fall
  down before + *dat*
θυγάτηρ -τρός *f* daughter
σέσωκεν *pf 3 sg* σῴζω
εἰς εἰρήνην in peace
ἴσθι *impv 2 sg* εἰμί
ὑγιής -ές healthy, cured

Verses 35–43: Jairus' daughter and the woman who touched Jesus' garment (2)

³⁵ἔτι αὐτοῦ λαλοῦντος ἔρχονται ἀπὸ τοῦ ἀρχισυναγώγου λέγοντες ὅτι ἡ θυγάτηρ σου ἀπέθανεν· τί ἔτι σκύλλεις τὸν διδάσκαλον; ³⁶ὁ δὲ Ἰησοῦς παρακούσας τὸν λόγον λαλούμενον λέγει τῷ ἀρχισυναγώγῳ, μὴ φοβοῦ, μόνον πίστευε. ³⁷καὶ οὐκ ἀφῆκεν οὐδένα μετ' αὐτοῦ συνακολουθῆσαι εἰ μὴ τὸν Πέτρον καὶ Ἰάκωβον καὶ Ἰωάννην τὸν ἀδελφὸν Ἰακώβου. ³⁸καὶ ἔρχονται εἰς τὸν οἶκον τοῦ ἀρχισυναγώγου, καὶ θεωρεῖ θόρυβον καὶ κλαίοντας καὶ ἀλαλάζοντας πολλά, ³⁹καὶ εἰσελθὼν λέγει αὐτοῖς, τί θορυβεῖσθε καὶ κλαίετε; τὸ παιδίον οὐκ ἀπέθανεν ἀλλὰ καθεύδει. ⁴⁰καὶ κατεγέλων αὐτοῦ. αὐτὸς δὲ ἐκβαλὼν πάντας παραλαμβάνει τὸν πατέρα τοῦ παιδίου καὶ τὴν μητέρα καὶ τοὺς μετ' αὐτοῦ, καὶ εἰσπορεύεται ὅπου ἦν τὸ παιδίον· ⁴¹καὶ κρατήσας τῆς χειρὸς τοῦ παιδίου λέγει αὐτῇ, ταλιθα κουμ, ὅ ἐστιν μεθερμηνευόμενον τὸ κοράσιον, σοὶ λέγω, ἔγειρε. ⁴²καὶ εὐθὺς ἀνέστη τὸ κοράσιον καὶ περιεπάτει, ἦν γὰρ ἐτῶν δώδεκα. καὶ ἐξέστησαν εὐθὺς ἐκστάσει μεγάλῃ. ⁴³καὶ διεστείλατο αὐτοῖς πολλὰ ἵνα μηδεὶς γνοῖ τοῦτο, καὶ εἶπεν δοθῆναι αὐτῇ φαγεῖν.

---

³⁵ ἀπέθανεν aor 3 sg ἀποθνῄσκω
σκύλλω trouble, annoy
παρακούω overhear
ἀφῆκεν aor 3 sg ἀφίημι here allow
συνακολουθῆσαι aor inf
  συνακολουθέω follow
εἰ μή except
Ἰάκωβος -ου m James
Ἰωάννης -ου m John
θόρυβος -ου m confusion, disturbance
καί + pple ... καί + pple people both ...
  and ...
κλαίω weep, cry
ἀλαλάζω wail
θορυβέω put in an uproar pass be in an
  uproar
παιδίον -ου n child
καθεύδω sleep
⁴⁰ καταγελάω laugh at, ridicule + gen

παραλαμβάνω take along
εἰσπορεύομαι go in, enter
κρατήσας aor pple κρατέω take hold
  of + gen
ταλιθα (Aramaic word) little girl
κουμ (Aramaic word) stand up!
μεθερμηνεύω translate
κοράσιον -ου n little girl
ἀνέστη aor (intr) 3 sg ἀνίστημι
ἐτῶν δώδεκα twelve years old
ἐξέστησαν aor (intr) 3 pl ἐξίστημι be
  astounded
ἔκστασις -εως f amazement
διεστείλατο aor 3 sg
  διαστέλλομαι give instructions
πολλά here strictly
γνοῖ aor subj 3 sg γινώσκω
δοθῆναι aor pass inf δίδωμι transl that
  something be given

Christ healing Jairus' daughter: twelfth-century mosaic.
Cathedral of Monreale, Palermo

Section Three

MATTHEW 5-7

Matthew's gospel was put first in the canon because it was from an early date recognised as comprehensively authoritative. The Sermon on the Mount is probably a collection of Jesus' ethical teaching rather than a record of an actual speech on one occasion. It presents him as a second Moses offering a new version of the Law proclaimed on Sinai (Exodus 19–23). Riches in the ancient world were usually seen as an indication of divine blessing, but there was a strand in Jewish thought – seen particularly in some of the psalms – which exalted the poor, and that theme is prominent here. The Beatitudes are perhaps meant to be seen as corresponding in some respects to the Decalogue (Exodus 20.1–17). But it is emphasised that, though the new teaching may go beyond it, the Law of Moses has abiding validity. The teaching on prayer emphasises above all the fatherhood of God. The story of the narrow gate has some similarities to the story of two ways found in various forms in Graeco-Roman moralists, for example Prodicus' fable of the choice of Heracles between difficult virtue and easy licentiousness.

Chapter 5

Verses 1–12: The Sermon on the Mount begins; the Beatitudes

¹ἰδὼν δὲ τοὺς ὄχλους ἀνέβη εἰς τὸ ὄρος· καὶ καθίσαντος αὐτοῦ προσῆλθαν αὐτῷ οἱ μαθηταὶ αὐτοῦ· ²καὶ ἀνοίξας τὸ στόμα αὐτοῦ ἐδίδασκεν αὐτοὺς λέγων, ³μακάριοι οἱ πτωχοὶ τῷ πνεύματι, ὅτι αὐτῶν ἐστιν ἡ βασιλεία τῶν οὐρανῶν. ⁴μακάριοι οἱ πενθοῦντες, ὅτι αὐτοὶ παρακληθήσονται. ⁵μακάριοι οἱ πραεῖς, ὅτι αὐτοὶ κληρονομήσουσιν τὴν γῆν. ⁶μακάριοι οἱ πεινῶντες καὶ διψῶντες τὴν δικαιοσύνην, ὅτι

αὐτοὶ χορτασθήσονται. ⁷μακάριοι οἱ ἐλεήμονες, ὅτι αὐτοὶ ἐλεηθή
σονται. ⁸μακάριοι οἱ καθαροὶ τῇ καρδίᾳ, ὅτι αὐτοὶ τὸν θεὸν ὄψονται.
⁹μακάριοι οἱ εἰρηνοποιοί, ὅτι αὐτοὶ υἱοὶ θεοῦ κληθήσονται. ¹⁰μακάρ
ιοι οἱ δεδιωγμένοι ἕνεκεν δικαιοσύνης, ὅτι αὐτῶν ἐστιν ἡ βασιλεία
τῶν οὐρανῶν. ¹¹μακάριοί ἐστε ὅταν ὀνειδίσωσιν ὑμᾶς καὶ διώξωσιν
καὶ εἴπωσιν πᾶν πονηρὸν καθ' ὑμῶν ψευδόμενοι ἕνεκεν ἐμοῦ· ¹²χαίρετε
καὶ ἀγαλλιᾶσθε, ὅτι ὁ μισθὸς ὑμῶν πολὺς ἐν τοῖς οὐρανοῖς· οὕτως γὰρ
ἐδίωξαν τοὺς προφήτας τοὺς πρὸ ὑμῶν.

ἀνέβη aor 3 sg ἀναβαίνω
καθίσαντος aor pple καθίζω sit down
προσῆλθαν = προσῆλθον aor 3 pl
  προσέρχομαι
μακάριος -α -ον blessed, happy
πτωχός -ή -όν poor
πενθέω mourn, be sorrowful
παρακληθήσονται fut pass 3 pl
  παρακαλέω comfort
5 πραΰς -εῖα -ΰ gentle, humble
κληρονομέω gain possession of, inherit
πεινάω hunger for
διψάω thirst for
χορτασθήσονται fut pass 3 pl χορτάζω
  feed, satisfy
ἐλεήμων -ον merciful

ἐλεηθήσονται fut pass 3 pl ἐλεέω show
  mercy to
καθαρός -ά -όν pure
ὄψονται fut 3 pl ὁράω
εἰρηνοποιός -οῦ m peacemaker
κληθήσονται fut pass 3 pl καλέω
10 δεδιωγμένοι pf pass pple διώκω
ἕνεκεν + gen for the sake of
ὀνειδίσωσιν aor subj 3 pl
  ὀνειδίζω reproach
διώξωσιν aor subj 3 pl διώκω
εἴπωσιν aor subj 3 pl λέγω
ψεύδομαι lie, speak falsely
ἀγαλλιᾶσθε impv 2 pl ἀγαλλιάομαι be
  glad
μισθός -οῦ m reward

Verses 13–20: Salt and light; teaching about the Law

¹³ὑμεῖς ἐστε τὸ ἅλας τῆς γῆς· ἐὰν δὲ τὸ ἅλας μωρανθῇ, ἐν τίνι ἁλισθήσεται; εἰς οὐδὲν ἰσχύει ἔτι εἰ μὴ βληθὲν ἔξω καταπατεῖσθαι ὑπὸ τῶν ἀνθρώπων. ¹⁴ὑμεῖς ἐστε τὸ φῶς τοῦ κόσμου. οὐ δύναται πόλις κρυβῆναι ἐπάνω ὄρους κειμένη· ¹⁵οὐδὲ καίουσιν λύχνον καὶ τιθέασιν αὐτὸν ὑπὸ τὸν μόδιον ἀλλ᾽ ἐπὶ τὴν λυχνίαν, καὶ λάμπει πᾶσιν τοῖς ἐν τῇ οἰκίᾳ. ¹⁶οὕτως λαμψάτω τὸ φῶς ὑμῶν ἔμπροσθεν τῶν ἀνθρώπων, ὅπως ἴδωσιν ὑμῶν τὰ καλὰ ἔργα καὶ δοξάσωσιν τὸν πατέρα ὑμῶν τὸν ἐν τοῖς οὐρανοῖς. ¹⁷μὴ νομίσητε ὅτι ἦλθον καταλῦσαι τὸν νόμον ἢ τοὺς προφήτας· οὐκ ἦλθον καταλῦσαι ἀλλὰ πληρῶσαι. ¹⁸ἀμὴν γὰρ λέγω ὑμῖν, ἕως ἂν παρέλθῃ ὁ οὐρανὸς καὶ ἡ γῆ, ἰῶτα ἓν ἢ μία κεραία οὐ μὴ παρέλθῃ ἀπὸ τοῦ νόμου ἕως ἂν πάντα γένηται. ¹⁹ὃς ἐὰν οὖν λύσῃ μίαν τῶν ἐντολῶν τούτων τῶν ἐλαχίστων καὶ διδάξῃ οὕτως τοὺς ἀνθρώπους, ἐλάχιστος κληθήσεται ἐν τῇ βασιλείᾳ τῶν οὐρανῶν· ὃς δ᾽ ἂν ποιήσῃ καὶ διδάξῃ, οὗτος μέγας κληθήσεται ἐν τῇ βασιλείᾳ τῶν οὐρανῶν. ²⁰λέγω γὰρ ὑμῖν ὅτι ἐὰν μὴ περισσεύσῃ ὑμῶν ἡ δικαιοσύνη πλεῖον τῶν γραμματέων καὶ Φαρισαίων, οὐ μὴ εἰσέλθητε εἰς τὴν βασιλείαν τῶν οὐρανῶν.

ἅλας -ατος n salt
μωρανθῇ aor pass subj 3 sg μωραίνω lit make blunt hence pass here become tasteless
ἁλισθήσεται fut pass 3 sg ἁλίζω salt, make salty
εἰς οὐδὲν ἰσχύει it is good for nothing
εἰ μή but, except
βληθέν aor pass pple βάλλω
καταπατέω trample underfoot
κρυβῆναι aor pass inf κρύπτω hide
ἐπάνω + gen upon
κεῖμαι here stand
15 καίω light
λύχνος -ου m lamp
μόδιος -ου m bucket, measuring-bowl
λυχνία -ας f lampstand
λάμπω shine, give light
λαμψάτω aor impv 3 sg λάμπω
ἔμπροσθεν + gen before, in the sight of

ἴδωσιν aor subj 3 pl ὁράω
δοξάσωσιν aor subj 3 pl δοξάζω
μή + aor subj do not
νομίσητε aor subj 2 pl νομίζω think, suppose
καταλῦσαι aor inf καταλύω abolish, annul
πληρῶσαι aor inf πληρόω fulfil, complete
ἕως ἄν + subj until
παρέλθῃ aor subj 3 sg παρέρχομαι pass, disappear
ἰῶτα n iota (repr yod, smallest letter of Hebrew alphabet)
κεραία -ας f lit little horn hence stroke on Hebrew letter
οὐ μή + subj emphatic neg (ref fut)
ὃς ἐάν + subj whoever
λύσῃ aor subj 3 sg λύω loose, relax
ἐλάχιστος -η -ον least

διδάξῃ *aor subj 3 sg* διδάσκω
κληθήσεται *fut pass 3 sg* καλέω
ποιήσῃ *aor subj 3 sg* ποιέω
20 ἐὰν μή unless

περισσεύσῃ *aor subj 3 sg* περισσεύω
  exceed, surpass
πλεῖον more
εἰσέλθητε *aor subj 2 pl* εἰσέρχομαι

Verses 21–32: Teaching about anger, adultery and divorce

²¹ἠκούσατε ὅτι ἐρρέθη τοῖς ἀρχαίοις, οὐ φονεύσεις· ὃς δ' ἂν φονεύσῃ, ἔνοχος ἔσται τῇ κρίσει. ²²ἐγὼ δὲ λέγω ὑμῖν ὅτι πᾶς ὁ ὀργιζόμενος τῷ ἀδελφῷ αὐτοῦ ἔνοχος ἔσται τῇ κρίσει· ὃς δ' ἂν εἴπῃ τῷ ἀδελφῷ αὐτοῦ, ῥακά, ἔνοχος ἔσται τῷ συνεδρίῳ· ὃς δ' ἂν εἴπῃ, μωρέ, ἔνοχος ἔσται εἰς τὴν γέενναν τοῦ πυρός. ²³ἐὰν οὖν προσφέρῃς τὸ δῶρόν σου ἐπὶ τὸ θυσιαστήριον κἀκεῖ μνησθῇς ὅτι ὁ ἀδελφός σου ἔχει τι κατὰ σοῦ, ²⁴ἄφες ἐκεῖ τὸ δῶρόν σου ἔμπροσθεν τοῦ θυσιαστηρίου, καὶ ὕπαγε πρῶτον διαλλάγηθι τῷ ἀδελφῷ σου, καὶ τότε ἐλθὼν πρόσφερε τὸ δῶρόν σου. ²⁵ἴσθι εὐνοῶν τῷ ἀντιδίκῳ σου ταχὺ ἕως ὅτου εἶ μετ' αὐτοῦ ἐν τῇ ὁδῷ, μήποτέ σε παραδῷ ὁ ἀντίδικος τῷ κριτῇ, καὶ ὁ κριτὴς τῷ ὑπηρέτῃ, καὶ εἰς φυλακὴν βληθήσῃ· ²⁶ἀμὴν λέγω σοι, οὐ μὴ ἐξέλθῃς ἐκεῖθεν ἕως ἂν ἀποδῷς τὸν ἔσχατον κοδράντην. ²⁷ἠκούσατε ὅτι ἐρρέθη, οὐ μοιχεύσεις. ²⁸ἐγὼ δὲ λέγω ὑμῖν ὅτι πᾶς ὁ βλέπων γυναῖκα πρὸς τὸ ἐπιθυμῆσαι αὐτὴν ἤδη ἐμοίχευσεν αὐτὴν ἐν τῇ καρδίᾳ αὐτοῦ. ²⁹εἰ δὲ ὁ ὀφθαλμός σου ὁ δεξιὸς σκανδαλίζει σε, ἔξελε αὐτὸν καὶ βάλε ἀπὸ σοῦ· συμφέρει γάρ σοι ἵνα ἀπόληται ἓν τῶν μελῶν σου καὶ μὴ ὅλον τὸ σῶμά σου βληθῇ εἰς γέενναν. ³⁰καὶ εἰ ἡ δεξιά σου χεὶρ σκανδαλίζει σε, ἔκκοψον αὐτὴν καὶ βάλε ἀπὸ σοῦ· συμφέρει γάρ σοι ἵνα ἀπόληται ἓν τῶν μελῶν σου καὶ μὴ ὅλον τὸ σῶμά σου εἰς γέενναν ἀπέλθῃ. ³¹ἐρρέθη δέ, ὃς ἂν ἀπολύσῃ τὴν γυναῖκα αὐτοῦ, δότω αὐτῇ ἀποστάσιον. ³²ἐγὼ δὲ λέγω ὑμῖν ὅτι πᾶς ὁ ἀπολύων τὴν γυναῖκα αὐτοῦ παρεκτὸς λόγου πορνείας ποιεῖ αὐτὴν μοιχευθῆναι, καὶ ὃς ἐὰν ἀπολελυμένην γαμήσῃ μοιχᾶται.

ἐρρέθη aor pass 3 sg λέγω
ἀρχαῖος -α -ον of old
οὐ φονεύσεις is a quotation from Exodus 20.13
οὐ + fut strong prohibition
φονεύω murder, kill
φονεύσῃ aor subj 3 sg φονεύω
ἔνοχος -ον liable, answerable
κρίσις -εως f judgement
ὀργίζομαι be angry (with + dat)
εἴπῃ aor subj 3 sg λέγω
ῥακά empty-headed fool

συνεδρίον -ου n Sanhedrin (highest Jewish council in religious and civil matters)
μωρός -ά -όν foolish
γέεννα -ης f hell with τοῦ πυρός hell fire
προσφέρω bring, offer
δῶρον -ου n gift, offering
θυσιαστήριον -ου n altar
κἀκεῖ = καὶ ἐκεῖ (crasis)
μνησθῇς aor subj 3 sg μιμνῄσκομαι remember

ἄφες aor impv 2 sg ἀφίημι leave
διαλλάγηθι aor pass impv 2 sg
  διαλλάσσω reconcile
25 ἴσθι impv 2 sg εἰμί
εὐνοέω have good will, be on good terms
ἀντίδικος -ου m opponent in lawsuit
ταχύ quickly
ἕως ὅτου while
μήποτε + subj lest
παραδῷ aor subj 3 sg παραδίδωμι
  hand over
κριτής -ου m judge
ὑπηρέτης -οῦ m officer
φυλακή -ῆς f prison
βληθήσῃ fut pass 2 sg βάλλω
ἐξέλθῃς aor subj 2 sg ἐξέρχομαι
ἐκεῖθεν from there
ἀποδῷς aor subj 2 sg ἀποδίδωμι give
  back, repay
ἔσχατος -η -ον last
κοδράντης -ου m quadrans (very small
  Roman coin = $\frac{1}{64}$ denarius)
οὐ μοιχεύσεις is a quotation from
  Exodus 20.14
μοιχεύω commit adultery (with + acc)
ἐπιθυμῆσαι aor inf ἐπιθυμέω desire

σκανδαλίζω cause to sin
ἔξελε aor impv 2 sg ἐξαιρέω take out
συμφέρει it is an advantage
ἵνα here that
ἀπόληται aor subj 3 sg ἀπόλλυμι
  destroy mid perish, be lost
μέλος -ους n part of the body
καὶ μή here rather than
βληθῇ aor pass subj 3 sg βάλλω
30 ἔκκοψον aor impv 2 sg ἐκκόπτω cut off
ἀπέλθῃ aor subj 3 sg ἀπέρχομαι
ὃς ἂν ... ἀποστάσιον is a quotation
  from Deuteronomy 24.1
ἀπολύσῃ aor subj 3 sg ἀπολύω send
  away, divorce
δότω aor impv 3 sg δίδωμι
ἀποστάσιον -ου n written notice of
  divorce
παρεκτός + gen apart from, except
πορνεία -ας f unfaithfulness
μοιχευθῆναι aor pass inf
  μοιχεύω transl to be led into adultery
ἀπολελυμένην pf pass pple ἀπολύω
γαμήσῃ aor subj 3 sg γαμέω marry
μοιχάομαι commit adultery

Verses 33–48: Teaching about oaths and retaliation; love for enemies

³³πάλιν ἠκούσατε ὅτι ἐρρέθη τοῖς ἀρχαίοις, οὐκ ἐπιορκήσεις, ἀποδώσεις δὲ τῷ κυρίῳ τοὺς ὅρκους σου. ³⁴ἐγὼ δὲ λέγω ὑμῖν μὴ ὀμόσαι ὅλως· μήτε ἐν τῷ οὐρανῷ, ὅτι θρόνος ἐστὶν τοῦ θεοῦ· ³⁵μήτε ἐν τῇ γῇ, ὅτι ὑποπόδιόν ἐστιν τῶν ποδῶν αὐτοῦ· μήτε εἰς Ἱεροσόλυμα, ὅτι πόλις ἐστὶν τοῦ μεγάλου βασιλέως· ³⁶μήτε ἐν τῇ κεφαλῇ σου ὀμόσῃς, ὅτι οὐ δύνασαι μίαν τρίχα λευκὴν ποιῆσαι ἢ μέλαιναν. ³⁷ἔστω δὲ ὁ λόγος ὑμῶν ναὶ ναί, οὒ οὔ· τὸ δὲ περισσὸν τούτων ἐκ τοῦ πονηροῦ ἐστιν. ³⁸ἠκούσατε ὅτι ἐρρέθη, ὀφθαλμὸν ἀντὶ ὀφθαλμοῦ καὶ ὀδόντα ἀντὶ ὀδόντος. ³⁹ἐγὼ δὲ λέγω ὑμῖν μὴ ἀντιστῆναι τῷ πονηρῷ· ἀλλ' ὅστις σε ῥαπίζει εἰς τὴν δεξιὰν σιαγόνα σου, στρέψον αὐτῷ καὶ τὴν ἄλλην· ⁴⁰καὶ τῷ θέλοντί σοι κριθῆναι καὶ τὸν χιτῶνά σου λαβεῖν, ἄφες αὐτῷ καὶ τὸ ἱμάτιον· ⁴¹καὶ ὅστις σε ἀγγαρεύσει μίλιον ἕν, ὕπαγε μετ' αὐτοῦ δύο. ⁴²τῷ αἰτοῦντί σε δός, καὶ τὸν θέλοντα ἀπὸ σοῦ δανίσασθαι μὴ ἀποστραφῇς. ⁴³ἠκούσατε ὅτι ἐρρέθη, ἀγαπήσεις τὸν πλησίον σου καὶ μισήσεις τὸν ἐχθρόν σου. ⁴⁴ἐγὼ δὲ λέγω ὑμῖν, ἀγαπᾶτε τοὺς ἐχθροὺς ὑμῶν καὶ προσεύχεσθε ὑπὲρ τῶν διωκόντων ὑμᾶς, ⁴⁵ὅπως γένησθε υἱοὶ τοῦ πατρὸς ὑμῶν τοῦ ἐν οὐρανοῖς, ὅτι τὸν ἥλιον αὐτοῦ ἀνατέλλει ἐπὶ πονηροὺς καὶ ἀγαθοὺς καὶ βρέχει ἐπὶ δικαίους καὶ ἀδίκους. ⁴⁶ἐὰν γὰρ ἀγαπήσητε τοὺς ἀγαπῶντας ὑμᾶς, τίνα μισθὸν ἔχετε; οὐχὶ καὶ οἱ τελῶναι τὸ αὐτὸ ποιοῦσιν; ⁴⁷καὶ ἐὰν ἀσπάσησθε τοὺς ἀδελφοὺς ὑμῶν μόνον, τί περισσὸν ποιεῖτε; οὐχὶ καὶ οἱ ἐθνικοὶ τὸ αὐτὸ ποιοῦσιν; ⁴⁸ἔσεσθε οὖν ὑμεῖς τέλειοι ὡς ὁ πατὴρ ὑμῶν ὁ οὐράνιος τέλειός ἐστιν.

οὐκ ... σου is a quotation from Leviticus
    19.12
ἐπιορκέω break one's oath
ἀποδίδωμι here keep
ὀμόσαι aor inf ὀμνύω swear
    (by + ἐν + dat, or + εἰς + acc)
ὅλως here at all
θρόνος -ου m throne
35 ὑποπόδιον -ου n footstool
ὀμόσῃς aor subj 2 sg ὀμνύω
θρίξ, τριχός f hair

λευκός -ή -όν white
μέλας -αινα -αν black
ἔστω impv 3 sg εἰμί
ναί yes
οὔ here no
περισσός -ή -όν going beyond
πονηρός -οῦ m the Evil One
ὀφθαλμὸν ... ὀδόντος is a quotation
    from Exodus 21.24
ἀντί + gen in exchange for, in place of
ὀδούς -όντος m tooth

ἀντιστῆναι aor (intr) inf
 ἀνθίστημι resist
ῥαπίζω slap
σιαγών -όνος f cheek
στρέψον aor impv 2 sg στρέφω turn
40 κριθῆναι aor pass inf κρίνω pass here
 sue + dat
χιτών -ῶνος m shirt
ἄφες αὐτῷ transl phrase let him have
ἀγγαρεύω press into service
μίλιον -ου n mile
δός aor impv 2 sg δίδωμι
δανίσασθαι aor mid inf δανείζω
 lend mid borrow
ἀποστραφῇς aor pass subj 2 sg
 ἀποστρέφω turn away pass turn one's
 back on
ἀγαπήσεις ... σου is a quotation from

 Leviticus 19.18
ὁ πλησίον neighbour
μισέω hate
ἐχθρός -ά -όν enemy
45 γένησθε aor subj 2 pl γίνομαι
ἥλιος -ου m sun
ἀνατέλλω cause to rise
βρέχω send rain
ἄδικος -ον unjust
ἀγαπήσητε aor subj 2 pl ἀγαπάω
τελώνης -ου m tax-collector
ἀσπάσησθε aor subj 2 pl ἀσπάζομαι
 greet
περισσός -ή -όν here exceptional,
 extraordinary
ἐθνικός -ή -όν pagan
ἔσεσθε fut 2 pl εἰμί for impv
τέλειος -α -ον perfect

Chapter 6

Verses 1–15: Teaching about almsgiving and prayer

¹προσέχετε δὲ τὴν δικαιοσύνην ὑμῶν μὴ ποιεῖν ἔμπροσθεν τῶν ἀνθρώπων πρὸς τὸ θεαθῆναι αὐτοῖς· εἰ δὲ μή γε, μισθὸν οὐκ ἔχετε παρὰ τῷ πατρὶ ὑμῶν τῷ ἐν τοῖς οὐρανοῖς. ²ὅταν οὖν ποιῇς ἐλεημοσύνην, μὴ σαλπίσῃς ἔμπροσθέν σου, ὥσπερ οἱ ὑποκριταὶ ποιοῦσιν ἐν ταῖς συναγωγαῖς καὶ ἐν ταῖς ῥύμαις, ὅπως δοξασθῶσιν ὑπὸ τῶν ἀνθρώπων· ἀμὴν λέγω ὑμῖν, ἀπέχουσιν τὸν μισθὸν αὐτῶν. ³σοῦ δὲ ποιοῦντος ἐλεημοσύνην μὴ γνώτω ἡ ἀριστερά σου τί ποιεῖ ἡ δεξιά σου, ⁴ὅπως ᾖ σου ἡ ἐλεημοσύνη ἐν τῷ κρυπτῷ· καὶ ὁ πατήρ σου ὁ βλέπων ἐν τῷ κρυπτῷ ἀποδώσει σοι. ⁵καὶ ὅταν προσεύχησθε, οὐκ ἔσεσθε ὡς οἱ ὑποκριταί· ὅτι φιλοῦσιν ἐν ταῖς συναγωγαῖς καὶ ἐν ταῖς γωνίαις τῶν πλατειῶν ἑστῶτες προσεύχεσθαι, ὅπως φανῶσιν τοῖς ἀνθρώποις· ἀμὴν λέγω ὑμῖν, ἀπέχουσιν τὸν μισθὸν αὐτῶν. ⁶σὺ δὲ ὅταν προσεύχῃ, εἴσελθε εἰς τὸ ταμεῖόν σου καὶ κλείσας τὴν θύραν σου πρόσευξαι τῷ πατρί σου τῷ ἐν τῷ κρυπτῷ· καὶ ὁ πατήρ σου ὁ βλέπων ἐν τῷ κρυπτῷ ἀποδώσει σοι. ⁷προσευχόμενοι δὲ μὴ βατταλογήσητε ὥσπερ οἱ ἐθνικοί, δοκοῦσιν γὰρ ὅτι ἐν τῇ πολυλογίᾳ αὐτῶν εἰσακουσθήσονται. ⁸μὴ οὖν ὁμοιωθῆτε αὐτοῖς, οἶδεν γὰρ ὁ πατὴρ ὑμῶν ὧν χρείαν ἔχετε πρὸ τοῦ ὑμᾶς αἰτῆσαι αὐτόν. ⁹οὕτως οὖν προσεύχεσθε ὑμεῖς· πάτερ ἡμῶν ὁ ἐν τοῖς οὐρανοῖς, ἁγιασθήτω τὸ ὄνομά σου, ¹⁰ἐλθέτω ἡ βασιλεία σου, γενηθήτω τὸ θέλημά σου, ὡς ἐν οὐρανῷ καὶ ἐπὶ γῆς. ¹¹τὸν ἄρτον ἡμῶν τὸν ἐπιούσιον δὸς ἡμῖν σήμερον· ¹²καὶ ἄφες ἡμῖν τὰ ὀφειλήματα ἡμῶν, ὡς καὶ ἡμεῖς ἀφήκαμεν τοῖς ὀφειλέταις ἡμῶν· ¹³καὶ μὴ εἰσενέγκῃς ἡμᾶς εἰς πειρασμόν, ἀλλὰ ῥῦσαι ἡμᾶς ἀπὸ τοῦ πονηροῦ. ¹⁴ἐὰν γὰρ ἀφῆτε τοῖς ἀνθρώποις τὰ παραπτώματα αὐτῶν, ἀφήσει καὶ ὑμῖν ὁ πατὴρ ὑμῶν ὁ οὐράνιος· ¹⁵ἐὰν δὲ μὴ ἀφῆτε τοῖς ἀνθρώποις, οὐδὲ ὁ πατὴρ ὑμῶν ἀφήσει τὰ παραπτώματα ὑμῶν.

προσέχω + μή + inf be careful not to
πρὸς τό + inf in order to
θεαθῆναι aor pass inf θεάομαι look at, observe
αὐτοῖς for ὑπ' αὐτῶν
εἰ δὲ μή γε otherwise

ἐλεημοσύνη -ης f almsgiving
σαλπίσῃς aor subj 2 sg σαλπίζω sound a trumpet
ὑποκριτής -οῦ m hypocrite
ῥύμη -ης f street
δοξασθῶσιν aor pass subj 3 pl δοξάζω

ἀπέχω have already, have in full
γνώτω aor impv 3 sg γινώσκω
ἀριστερά (supply χείρ) f left hand
ᾖ subj 3 sg εἰμί
ἐν τῷ κρυπτῷ secretly
ἀποδίδωμι reward, restore
5 φιλέω love
γωνία -ας f corner
πλατεῖα -ας f square, broad street
ἑστῶτες pf (intr, pres sense) pple ἵστημι
φανῶσιν aor pass subj 3 pl φαίνω show
   pass be seen, appear
ταμεῖον -ου n inner room, private room
κλείσας aor pple κλείω close
θύρα -ας f door
πρόσευξαι aor impv 2 sg προσεύχομαι
βατταλογήσητε aor subj 2 pl
   βατταλογέω babble, use many words
ἐν + dat here because of
πολυλογία -ας f wordiness
εἰσακουσθήσονται fut pass 3 pl
   εἰσακούω hear
ὁμοιωθῆτε aor pass subj 2 pl ὁμοιόω

make like pass become like + dat
χρεία -ας f need
πρὸ τοῦ + acc + inf before
ἁγιασθήτω aor pass impv 3 sg ἁγιάζω
   hallow, treat as holy
10 ἐλθέτω aor impv 3 sg ἔρχομαι
γενηθήτω aor pass (act sense) impv 3 sg
   γίνομαι
ἐπιούσιος -ον for today
σήμερον today
ἄφες aor impv 2 sg ἀφίημι forgive
ὀφείλημα -ατος n wrong, sin, debt
ἀφήκαμεν aor 1 pl ἀφίημι
ὀφειλέτης -ου m debtor
εἰσενέγκῃς aor subj 2 sg εἰσφέρω lead
   into
πειρασμός -οῦ m trial, temptation
ῥῦσαι aor impv 2 sg ῥύομαι save,
   rescue
ἀφῆτε aor subj 2 pl ἀφίημι
παράπτωμα -ατος n wrong-doing,
   lapse
ἀφήσει fut 3 sg ἀφίημι

Verses 16–24: Teaching about fasting; treasure in heaven; the light of the body; God and money

¹⁶ὅταν δὲ νηστεύητε, μὴ γίνεσθε ὡς οἱ ὑποκριταὶ σκυθρωποί, ἀφανίζουσιν γὰρ τὰ πρόσωπα αὐτῶν ὅπως φανῶσιν τοῖς ἀνθρώποις νηστεύοντες· ἀμὴν λέγω ὑμῖν, ἀπέχουσιν τὸν μισθὸν αὐτῶν. ¹⁷σὺ δὲ νηστεύων ἄλειψαί σου τὴν κεφαλὴν καὶ τὸ πρόσωπόν σου νίψαι, ¹⁸ὅπως μὴ φανῇς τοῖς ἀνθρώποις νηστεύων ἀλλὰ τῷ πατρί σου τῷ ἐν τῷ κρυφαίῳ· καὶ ὁ πατήρ σου ὁ βλέπων ἐν τῷ κρυφαίῳ ἀποδώσει σοι. ¹⁹μὴ θησαυρίζετε ὑμῖν θησαυροὺς ἐπὶ τῆς γῆς, ὅπου σὴς καὶ βρῶσις ἀφανίζει, καὶ ὅπου κλέπται διορύσσουσιν καὶ κλέπτουσιν· ²⁰θησαυρίζετε δὲ ὑμῖν θησαυροὺς ἐν οὐρανῷ, ὅπου οὔτε σὴς οὔτε βρῶσις ἀφανίζει, καὶ ὅπου κλέπται οὐ διορύσσουσιν οὐδὲ κλέπτουσιν· ²¹ὅπου γάρ ἐστιν ὁ θησαυρός σου, ἐκεῖ ἔσται καὶ ἡ καρδία σου. ²²ὁ λύχνος τοῦ σώματός ἐστιν ὁ ὀφθαλμός. ἐὰν οὖν ᾖ ὁ ὀφθαλμός σου ἁπλοῦς, ὅλον τὸ σῶμά σου φωτεινὸν ἔσται· ²³ἐὰν δὲ ὁ ὀφθαλμός σου πονηρὸς ᾖ, ὅλον τὸ σῶμά σου σκοτεινὸν ἔσται. εἰ οὖν τὸ φῶς τὸ ἐν σοὶ σκότος ἐστίν, τὸ σκότος πόσον. ²⁴οὐδεὶς δύναται δυσὶ κυρίοις δουλεύειν· ἢ γὰρ τὸν ἕνα μισήσει καὶ τὸν ἕτερον ἀγαπήσει, ἢ ἑνὸς ἀνθέξεται καὶ τοῦ ἑτέρου καταφρονήσει· οὐ δύνασθε θεῷ δουλεύειν καὶ μαμωνᾷ.

νηστεύω fast
σκυθρωπός -ή -όν gloomy, sad
ἀφανίζω disfigure
ἄλειψαι aor mid impv 2 sg ἀλείφω anoint
νίψαι aor mid impv 2 sg νίπτω wash
ἐν τῷ κρυφαίῳ in secret
θησαυρίζω store up
θησαυρός -οῦ m treasure
σής, σητός m moth
βρῶσις -εως f rust, corrosion
ἀφανίζω here destroy
κλέπτης -ου m thief

διορύσσω break in
κλέπτω steal
20 ἁπλοῦς -ῆ -οῦν here clear-sighted
φωτεινός -ή -όν full of light
σκοτεινός -ή -όν dark
σκότος -ους n darkness
πόσος -η -ον here how great!
δυσί dat δύο
δουλεύω serve + dat
ἀνθέξεται fut 3 sg ἀντέχομαι be attached to + gen
καταφρονέω despise + gen
μαμωνᾶς -ᾶ m money, wealth

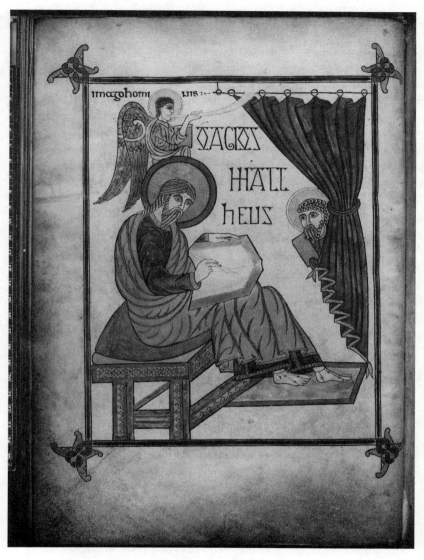

St Matthew: Lindisfarne Gospels (eighth century)

Verses 25–34: Care and anxiety

²⁵διὰ τοῦτο λέγω ὑμῖν, μὴ μεριμνᾶτε τῇ ψυχῇ ὑμῶν τί
φάγητε ἢ τί πίητε, μηδὲ τῷ σώματι ὑμῶν τί ἐνδύσησθε· οὐχὶ ἡ ψυχὴ
πλεῖόν ἐστιν τῆς τροφῆς καὶ τὸ σῶμα τοῦ ἐνδύματος; ²⁶ἐμβλέψατε εἰς
τὰ πετεινὰ τοῦ οὐρανοῦ ὅτι οὐ σπείρουσιν οὐδὲ θερίζουσιν οὐδὲ συ-
νάγουσιν εἰς ἀποθήκας, καὶ ὁ πατὴρ ὑμῶν ὁ οὐράνιος τρέφει αὐτά· οὐχ
ὑμεῖς μᾶλλον διαφέρετε αὐτῶν; ²⁷τίς δὲ ἐξ ὑμῶν μεριμνῶν δύναται
προσθεῖναι ἐπὶ τὴν ἡλικίαν αὐτοῦ πῆχυν ἕνα; ²⁸καὶ περὶ ἐνδύματος τί
μεριμνᾶτε; καταμάθετε τὰ κρίνα τοῦ ἀγροῦ πῶς αὐξάνουσιν· οὐ κο-
πιῶσιν οὐδὲ νήθουσιν· ²⁹λέγω δὲ ὑμῖν ὅτι οὐδὲ Σολομὼν ἐν πάσῃ τῇ
δόξῃ αὐτοῦ περιεβάλετο ὡς ἓν τούτων. ³⁰εἰ δὲ τὸν χόρτον τοῦ ἀγροῦ
σήμερον ὄντα καὶ αὔριον εἰς κλίβανον βαλλόμενον ὁ θεὸς οὕτως ἀμ-
φιέννυσιν, οὐ πολλῷ μᾶλλον ὑμᾶς, ὀλιγόπιστοι; ³¹μὴ οὖν μεριμνήσητε
λέγοντες, τί φάγωμεν; ἤ, τί πίωμεν; ἤ, τί περιβαλώμεθα; ³²πάντα γὰρ
ταῦτα τὰ ἔθνη ἐπιζητοῦσιν· οἶδεν γὰρ ὁ πατὴρ ὑμῶν ὁ οὐράνιος ὅτι
χρῄζετε τούτων ἁπάντων. ³³ζητεῖτε δὲ πρῶτον τὴν βασιλείαν τοῦ
θεοῦ καὶ τὴν δικαιοσύνην αὐτοῦ, καὶ ταῦτα πάντα προστεθήσεται
ὑμῖν. ³⁴μὴ οὖν μεριμνήσητε εἰς τὴν αὔριον, ἡ γὰρ αὔριον μεριμνήσει
ἑαυτῆς· ἀρκετὸν τῇ ἡμέρᾳ ἡ κακία αὐτῆς.

---

²⁵ διὰ τοῦτο therefore
μεριμνάω be anxious, worry
φάγητε aor subj 2 pl ἐσθίω
πίητε aor subj 2 pl πίνω
ἐνδύσησθε aor subj 2 pl ἐνδύομαι put
  on, wear
τροφή -ῆς f food, nourishment
ἔνδυμα -ατος n clothing
ἐμβλέψατε aor impv 2 pl ἐμβλέπω look
  at
πετεινόν -οῦ n bird
σπείρω sow
θερίζω reap
συνάγω gather
ἀποθήκη -ης f barn
καί here yet
τρέφω feed
μᾶλλον here much

διαφέρω differ from, be more valuable
  than + gen
προσθεῖναι aor inf προστίθημι add
ἡλικία -ας f age, span of life
πῆχυς -εως m lit cubit (about 0.46 m)
  here metaph day
καταμάθετε aor impv 2 pl
  καταμανθάνω consider
κρίνον -ου n lily
ἀγρός -οῦ m field
αὐξάνω grow
κοπιάω labour
νήθω spin
Σολομών -ῶνος m Solomon
περιεβάλετο aor 3 sg περιβάλλομαι
  clothe oneself
³⁰ χόρτος -ου m grass
αὔριον tomorrow

κλίβανος -ου *m* oven, furnace
ἀμφιέννυμι clothe
πολλῷ μᾶλλον much more
ὀλιγόπιστος -ον of little faith
μεριμνήσητε *aor subj 2 pl* μεριμνάω
φάγωμεν *aor subj 1 pl* ἐσθίω
πίωμεν *aor subj 1 pl* πίνω
περιβαλώμεθα *aor subj 1 pl*
  περιβάλλομαι

ἐπιζητέω seek, pursue
χρῄζω have need (of + *gen*)
προστεθήσεται *fut pass 3 sg*
  προστίθημι
ἡ αὔριον *supply* ἡμέρα tomorrow
ἀρκέτον it is enough
κακία -ας *f* trouble

Chapter 7

Verses 1–12: Judging others; ask, seek, knock

¹μὴ κρίνετε, ἵνα μὴ κριθῆτε· ²ἐν ᾧ γὰρ κρίματι κρίνετε κριθήσεσθε, καὶ ἐν ᾧ μέτρῳ μετρεῖτε μετρηθήσεται ὑμῖν. ³τί δὲ βλέπεις τὸ κάρφος τὸ ἐν τῷ ὀφθαλμῷ τοῦ ἀδελφοῦ σου, τὴν δὲ ἐν τῷ σῷ ὀφθαλμῷ δοκὸν οὐ κατανοεῖς; ⁴ἢ πῶς ἐρεῖς τῷ ἀδελφῷ σου, ἄφες ἐκβάλω τὸ κάρφος ἐκ τοῦ ὀφθαλμοῦ σου, καὶ ἰδοὺ ἡ δοκὸς ἐν τῷ ὀφθαλμῷ σοῦ; ⁵ὑποκριτά, ἔκβαλε πρῶτον ἐκ τοῦ ὀφθαλμοῦ σοῦ τὴν δοκόν, καὶ τότε διαβλέψεις ἐκβαλεῖν τὸ κάρφος ἐκ τοῦ ὀφθαλμοῦ τοῦ ἀδελφοῦ σου. ⁶μὴ δῶτε τὸ ἅγιον τοῖς κυσίν, μηδὲ βάλητε τοὺς μαργαρίτας ὑμῶν ἔμπροσθεν τῶν χοίρων, μήποτε καταπατήσουσιν αὐτοὺς ἐν τοῖς ποσὶν αὐτῶν καὶ στραφέντες ῥήξωσιν ὑμᾶς. ⁷αἰτεῖτε, καὶ δοθήσεται ὑμῖν· ζητεῖτε, καὶ εὑρήσετε· κρούετε, καὶ ἀνοιγήσεται ὑμῖν. ⁸πᾶς γὰρ ὁ αἰτῶν λαμβάνει καὶ ὁ ζητῶν εὑρίσκει καὶ τῷ κρούοντι ἀνοιγήσεται. ⁹ἢ τίς ἐστιν ἐξ ὑμῶν ἄνθρωπος, ὃν αἰτήσει ὁ υἱὸς αὐτοῦ ἄρτον, μὴ λίθον ἐπιδώσει αὐτῷ; ¹⁰ἢ καὶ ἰχθὺν αἰτήσει, μὴ ὄφιν ἐπιδώσει αὐτῷ; ¹¹εἰ οὖν ὑμεῖς πονηροὶ ὄντες οἴδατε δόματα ἀγαθὰ διδόναι τοῖς τέκνοις ὑμῶν, πόσῳ μᾶλλον ὁ πατὴρ ὑμῶν ὁ ἐν τοῖς οὐρανοῖς δώσει ἀγαθὰ τοῖς αἰτοῦσιν αὐτόν. ¹²πάντα οὖν ὅσα ἐὰν θέλητε ἵνα ποιῶσιν ὑμῖν οἱ ἄνθρωποι, οὕτως καὶ ὑμεῖς ποιεῖτε αὐτοῖς· οὗτος γάρ ἐστιν ὁ νόμος καὶ οἱ προφῆται.

κριθῆτε aor pass subj 2 pl κρίνω
ἐν ᾧ transl with what
κρίμα -ατος n judgement
κριθήσεσθε fut pass 2 pl κρίνω
μέτρον -ου n measure
μετρέω measure, deal out
μετρηθήσεται fut pass 3 sg μετρέω
κάρφος -ους n splinter
δοκός -οῦ m beam, log
κατανοέω take notice of
ἐρεῖς fut 2 sg λέγω
ἄφες aor impv 2 sg ἀφίημι here allow
    (+ subj)
ἐκβάλω aor subj 1 sg ἐκβάλλω
⁵ ὑποκριτής -οῦ m hypocrite

διαβλέπω see clearly
δῶτε aor subj 2 pl δίδωμι
κύων, κυνός m dog
βάλητε aor subj 2 pl βάλλω
μαργαρίτης -ου m pearl
χοῖρος -ου m pig
μήποτε + fut or subj lest
καταπατέω trample underfoot
στραφέντες aor pass (refl sense) pple
    στρέφω turn
ῥήξωσιν aor subj 3 pl ῥήγνυμι tear in
    pieces
δοθήσεται fut pass 3 sg δίδωμι
κρούω knock
ἀνοιγήσεται fut pass 3 sg ἀνοίγω

μή; *here* surely not?
λίθος -ου *m* stone
ἐπιδίδωμι give
10 ἰχθύς -ύος *m* fish

ὄφις -εως *m* snake
δόμα -ατος *n* gift
πόσῳ μᾶλλον; how much more?
ὅσα ἐάν *transl* all that, whatever

Verses 13–29: The narrow gate; a tree known by its fruit;
I never knew you; the two foundations

¹³εἰσέλθατε διὰ τῆς στενῆς πύλης· ὅτι πλατεῖα ἡ πύλη καὶ
εὐρύχωρος ἡ ὁδὸς ἡ ἀπάγουσα εἰς τὴν ἀπώλειαν, καὶ πολλοί εἰσιν οἱ
εἰσερχόμενοι δι' αὐτῆς· ¹⁴τί στενὴ ἡ πύλη καὶ τεθλιμμένη ἡ ὁδὸς ἡ
ἀπάγουσα εἰς τὴν ζωήν, καὶ ὀλίγοι εἰσὶν οἱ εὑρίσκοντες αὐτήν.
¹⁵προσέχετε ἀπὸ τῶν ψευδοπροφητῶν, οἵτινες ἔρχονται πρὸς ὑμᾶς ἐν
ἐνδύμασιν προβάτων, ἔσωθεν δέ εἰσιν λύκοι ἅρπαγες. ¹⁶ἀπὸ τῶν
καρπῶν αὐτῶν ἐπιγνώσεσθε αὐτούς· μήτι συλλέγουσιν ἀπὸ ἀκανθῶν
σταφυλὰς ἢ ἀπὸ τριβόλων σῦκα; ¹⁷οὕτως πᾶν δένδρον ἀγαθὸν καρ-
ποὺς καλοὺς ποιεῖ, τὸ δὲ σαπρὸν δένδρον καρποὺς πονηροὺς ποιεῖ·
¹⁸οὐ δύναται δένδρον ἀγαθὸν καρποὺς πονηροὺς ποιεῖν, οὐδὲ δένδρον
σαπρὸν καρποὺς καλοὺς ποιεῖν. ¹⁹πᾶν δένδρον μὴ ποιοῦν καρπὸν κα-
λὸν ἐκκόπτεται καὶ εἰς πῦρ βάλλεται. ²⁰ἄρα γε ἀπὸ τῶν καρπῶν
αὐτῶν ἐπιγνώσεσθε αὐτούς. ²¹οὐ πᾶς ὁ λέγων μοι, κύριε κύριε, εἰσε-
λεύσεται εἰς τὴν βασιλείαν τῶν οὐρανῶν, ἀλλ' ὁ ποιῶν τὸ θέλημα τοῦ
πατρός μου τοῦ ἐν τοῖς οὐρανοῖς. ²²πολλοὶ ἐροῦσίν μοι ἐν ἐκείνῃ τῇ
ἡμέρᾳ, κύριε κύριε, οὐ τῷ σῷ ὀνόματι ἐπροφητεύσαμεν, καὶ τῷ σῷ
ὀνόματι δαιμόνια ἐξεβάλομεν, καὶ τῷ σῷ ὀνόματι δυνάμεις πολλὰς
ἐποιήσαμεν; ²³καὶ τότε ὁμολογήσω αὐτοῖς ὅτι οὐδέποτε ἔγνων ὑμᾶς·
ἀποχωρεῖτε ἀπ' ἐμοῦ οἱ ἐργαζόμενοι τὴν ἀνομίαν. ²⁴πᾶς οὖν ὅστις
ἀκούει μου τοὺς λόγους τούτους καὶ ποιεῖ αὐτοὺς ὁμοιωθήσεται ἀν-
δρὶ φρονίμῳ, ὅστις ᾠκοδόμησεν αὐτοῦ τὴν οἰκίαν ἐπὶ τὴν πέτραν.
²⁵καὶ κατέβη ἡ βροχὴ καὶ ἦλθον οἱ ποταμοὶ καὶ ἔπνευσαν οἱ ἄνεμοι
καὶ προσέπεσαν τῇ οἰκίᾳ ἐκείνῃ, καὶ οὐκ ἔπεσεν, τεθεμελίωτο γὰρ
ἐπὶ τὴν πέτραν. ²⁶καὶ πᾶς ὁ ἀκούων μου τοὺς λόγους τούτους καὶ μὴ
ποιῶν αὐτοὺς ὁμοιωθήσεται ἀνδρὶ μωρῷ, ὅστις ᾠκοδόμησεν αὐτοῦ
τὴν οἰκίαν ἐπὶ τὴν ἄμμον. ²⁷καὶ κατέβη ἡ βροχὴ καὶ ἦλθον οἱ ποταμοὶ
καὶ ἔπνευσαν οἱ ἄνεμοι καὶ προσέκοψαν τῇ οἰκίᾳ ἐκείνῃ, καὶ ἔπεσεν,
καὶ ἦν ἡ πτῶσις αὐτῆς μεγάλη. ²⁸καὶ ἐγένετο ὅτε ἐτέλεσεν ὁ Ἰησοῦς
τοὺς λόγους τούτους ἐξεπλήσσοντο οἱ ὄχλοι ἐπὶ τῇ διδαχῇ αὐτοῦ·
²⁹ἦν γὰρ διδάσκων αὐτοὺς ὡς ἐξουσίαν ἔχων καὶ οὐχ ὡς οἱ γραμμα-
τεῖς αὐτῶν.

εἰσέλθατε = εἰσέλθετε aor impv 2 pl
εἰσέρχομαι
στενός -ή -όν narrow
πύλη -ης f gate
πλατύς -εῖα -ύ broad
εὐρύχωρος -ον wide
ἀπάγω lead
ἀπώλεια -ας f destruction
τί στενή transl how narrow!
τεθλιμμένη pf pass pple θλίβω
    compress hence confined, narrow
15 προσέχω ἀπό be on one's guard
    against + gen
ψευδοπροφήτης -ου m false prophet
ἔνδυμα -ατος n clothing
πρόβατον -ου n sheep
ἔσωθεν inside
λύκος -ου m wolf
ἅρπαξ -αγος rapacious
ἐπιγινώσκω recognise
μήτι; surely not?
συλλέγω gather
ἄκανθα -ης f thorn-bush
σταφυλή -ῆς f bunch of grapes
τρίβολος -ου m thistle
σῦκον -ου n fig
σαπρός -ά -όν rotten, bad
ἐκκόπτω cut off, cut down
20 ἄρα γε transl as a result
πᾶς ὁ + pple everyone who

προφητεύω prophesy
ὁμολογέω here declare publicly
ἀποχωρέω go away
ἐργάζομαι work, accomplish
ἀνομία -ας f lawlessness, wrong
πᾶς ὅστις everyone who
ὁμοιωθήσεται fut pass 3 sg ὁμοιόω
    make like pass be like
φρόνιμος -ον wise, sensible
ᾠκοδόμησεν aor 3 sg οἰκοδομέω build
πέτρα -ας f rock
25 βροχή -ῆς f rain
ποταμός -οῦ m river hence torrent,
    flood
ἔπνευσαν aor 3 pl πνέω blow
ἄνεμος -ου m wind
προσέπεσαν = προσέπεσον aor 3 pl
    προσπίπτω strike against
τεθεμελίωτο plpf pass 3 sg θεμελιόω
    found
μωρός -ά -όν foolish
ἄμμος -ου f sand
προσέκοψαν aor 3 pl προσκόπτω beat
    against
πτῶσις -εως f fall, collapse
ἐγένετο ὅτε transl it happened that
    when
ἐτέλεσεν aor 3 sg τελέω finish
ἐκπλήσσω astound
διδαχή -ῆς f teaching

Section Four

Taking up a theme from his prologue, John shows Jesus as the light of humanity, restoring physical sight but also conferring spiritual insight through faith. The treatment here of the theme of literal and metaphorical blindness and role-reversal within it has striking (though no doubt coincidental) parallels with Sophocles' tragedy *Oedipus Tyrannus*. The quarrel with the Pharisees over keeping the Sabbath recalls the account of the Galilean ministry in Mark's gospel (the scene in John is mainly Jerusalem and Judea). The story of the sheepfold uses imagery familiar from all the gospels, but is untypical of John in being described as a parable. It leads up however to a characteristically Johannine 'I am' saying. John's religious interpretation of the life of Jesus presents a series of such sayings and also a series of signs, culminating in the resurrection of Lazarus which in turn anticipates his own.

Chapter 9

Verses 1-12: The healing of a man born blind

¹καὶ παράγων εἶδεν ἄνθρωπον τυφλὸν ἐκ γενετῆς. ²καὶ ἠρώτησαν αὐτὸν οἱ μαθηταὶ αὐτοῦ λέγοντες, ῥαββί, τίς ἥμαρτεν, οὗτος ἢ οἱ γονεῖς αὐτοῦ, ἵνα τυφλὸς γεννηθῇ; ³ἀπεκρίθη Ἰησοῦς, οὔτε οὗτος ἥμαρτεν οὔτε οἱ γονεῖς αὐτοῦ, ἀλλ᾽ ἵνα φανερωθῇ τὰ ἔργα τοῦ θεοῦ ἐν αὐτῷ. ⁴ἡμᾶς δεῖ ἐργάζεσθαι τὰ ἔργα τοῦ πέμψαντός με ἕως ἡμέρα ἐστίν· ἔρχεται νὺξ ὅτε οὐδεὶς δύναται ἐργάζεσθαι. ⁵ὅταν ἐν τῷ κόσμῳ ὦ, φῶς εἰμι τοῦ κόσμου. ⁶ταῦτα εἰπὼν ἔπτυσεν χαμαὶ καὶ ἐποίησεν πηλὸν ἐκ τοῦ πτύσματος, καὶ ἐπέχρισεν αὐτοῦ τὸν πηλὸν ἐπὶ τοὺς ὀφθαλμοὺς ⁷καὶ εἶπεν αὐτῷ, ὕπαγε νίψαι εἰς τὴν κολυμβήθραν τοῦ Σιλωάμ ὃ ἑρμηνεύεται ἀπεσταλμένος. ἀπῆλθεν οὖν

καὶ ἐνίψατο, καὶ ἦλθεν βλέπων. ⁸οἱ οὖν γείτονες καὶ οἱ θεωροῦντες αὐτὸν τὸ πρότερον ὅτι προσαίτης ἦν ἔλεγον, οὐχ οὗτός ἐστιν ὁ καθήμενος καὶ προσαιτῶν; ⁹ἄλλοι ἔλεγον ὅτι οὗτός ἐστιν· ἄλλοι ἔλεγον, οὐχί, ἀλλὰ ὅμοιος αὐτῷ ἐστιν. ἐκεῖνος ἔλεγεν ὅτι ἐγώ εἰμι. ¹⁰ἔλεγον οὖν αὐτῷ, πῶς οὖν ἠνεῴχθησάν σου οἱ ὀφθαλμοί; ¹¹ἀπεκρίθη ἐκεῖνος, ὁ ἄνθρωπος ὁ λεγόμενος Ἰησοῦς πηλὸν ἐποίησεν καὶ ἐπέχρισέν μου τοὺς ὀφθαλμοὺς καὶ εἶπέν μοι ὅτι ὕπαγε εἰς τὸν Σιλωάμ καὶ νίψαι· ἀπελθὼν οὖν καὶ νιψάμενος ἀνέβλεψα. ¹²καὶ εἶπαν αὐτῷ, ποῦ ἐστιν ἐκεῖνος; λέγει, οὐκ οἶδα.

παράγω pass by
τυφλός -ή -όν blind
γενετή -ῆς f birth
ἠρώτησαν aor 3 pl ἐρωτάω
ῥαββί rabbi, teacher
ἥμαρτεν aor 3 sg ἁμαρτάνω sin
γονεύς -έως m parent
ἵνα here so that
γεννηθῇ aor pass subj 3 sg γεννάω pass
   be born
ἀπεκρίθη aor 3 sg ἀποκρίνομαι
φανερωθῇ aor pass subj 3 sg
   φανερόω reveal
ἐργάζομαι work, perform
5 ὦ subj 1 sg εἰμί
πτύω spit
χαμαί on the ground
πηλός -οῦ m mud, paste
πτύσμα -ατος n spittle

ἐπιχρίω smear on, spread on
νίψαι aor mid impv 2 sg νίπτω wash
κολυμβήθρα -ας f pool
Σιλοάμ m Siloam
ἑρμηνεύω interpret pass mean
ἀπεσταλμένος pf pass pple ἀποστέλλω
ἐνίψατο aor mid 3 sg νίπτω
γείτων -ονος m/f neighbour
τὸ πρότερον formerly
προσαίτης -ου m beggar
προσαιτέω beg
ὅμοιος -α -ον similar to, like + dat
10 ἠνεῴχθησαν aor pass 3 pl ἀνοίγω open
λεγόμενος here called
νιψάμενος aor mid pple νίπτω
ἀνέβλεψα aor 1 sg ἀναβλέπω see again
εἶπαν = εἶπον
ποῦ where?

Verses 13–23: The Pharisees investigate the healing (1)

¹³ἄγουσιν αὐτὸν πρὸς τοὺς Φαρισαίους τόν ποτε τυφλόν. ¹⁴ἦν δὲ σάββατον ἐν ᾗ ἡμέρᾳ τὸν πηλὸν ἐποίησεν ὁ Ἰησοῦς καὶ ἀνέῳξεν αὐτοῦ τοὺς ὀφθαλμούς. ¹⁵πάλιν οὖν ἠρώτων αὐτὸν καὶ οἱ Φαρισαῖοι πῶς ἀνέβλεψεν. ὁ δὲ εἶπεν αὐτοῖς, πηλὸν ἐπέθηκέν μου ἐπὶ τοὺς ὀφθαλμούς, καὶ ἐνιψάμην, καὶ βλέπω. ¹⁶ἔλεγον οὖν ἐκ τῶν Φαρισαίων τινές, οὐκ ἔστιν οὗτος παρὰ θεοῦ ὁ ἄνθρωπος, ὅτι τὸ σάββατον οὐ τηρεῖ. ἄλλοι δὲ ἔλεγον, πῶς δύναται ἄνθρωπος ἁμαρτωλὸς τοιαῦτα σημεῖα ποιεῖν; καὶ σχίσμα ἦν ἐν αὐτοῖς. ¹⁷λέγουσιν οὖν τῷ τυφλῷ πάλιν, τί σὺ λέγεις περὶ αὐτοῦ, ὅτι ἠνέῳξέν σου τοὺς ὀφθαλμούς; ὁ δὲ εἶπεν ὅτι προφήτης ἐστίν. ¹⁸οὐκ ἐπίστευσαν οὖν οἱ Ἰουδαῖοι περὶ αὐτοῦ ὅτι ἦν τυφλὸς καὶ ἀνέβλεψεν, ἕως ὅτου ἐφώνησαν τοὺς γονεῖς αὐτοῦ τοῦ ἀναβλέψαντος ¹⁹καὶ ἠρώτησαν αὐτοὺς λέγοντες, οὗτός ἐστιν ὁ υἱὸς ὑμῶν, ὃν ὑμεῖς λέγετε ὅτι τυφλὸς ἐγεννήθη; πῶς οὖν βλέπει ἄρτι; ²⁰ἀπεκρίθησαν οὖν οἱ γονεῖς αὐτοῦ καὶ εἶπαν, οἴδαμεν ὅτι οὗτός ἐστιν ὁ υἱὸς ἡμῶν καὶ ὅτι τυφλὸς ἐγεννήθη· ²¹πῶς δὲ νῦν βλέπει οὐκ οἴδαμεν, ἢ τίς ἤνοιξεν αὐτοῦ τοὺς ὀφθαλμοὺς ἡμεῖς οὐκ οἴδαμεν· αὐτὸν ἐρωτήσατε, ἡλικίαν ἔχει, αὐτὸς περὶ ἑαυτοῦ λαλήσει. ²²ταῦτα εἶπαν οἱ γονεῖς αὐτοῦ ὅτι ἐφοβοῦντο τοὺς Ἰουδαίους, ἤδη γὰρ συνετέθειντο οἱ Ἰουδαῖοι ἵνα ἐάν τις αὐτὸν ὁμολογήσῃ Χριστόν, ἀποσυνάγωγος γένηται. ²³διὰ τοῦτο οἱ γονεῖς αὐτοῦ εἶπαν ὅτι ἡλικίαν ἔχει, αὐτὸν ἐπερωτήσατε.

ποτέ once, formerly
ἐν ᾗ ἡμέρᾳ lit on which day hence the
   day on which (antecedent attracted
   into rel clause)
¹⁵ ἐπέθηκεν aor 3 sg ἐπιτίθημι put on
   ὅτι here for, seeing that
   ἁμαρτωλός -όν sinful
   σχίσμα -ατος n split, division
   ἠνέῳξεν aor 3 sg ἀνοίγω
   ἕως ὅτου until (the time when)
   φωνέω call, summon
   ἠρώτησαν aor 3 pl ἐρωτάω
   ἐγεννήθη aor pass 3 sg γεννάω pass be

   born
   ἄρτι now
²⁰ ἐρωτήσατε aor impv 2 pl ἐρωτάω
   ἡλικίαν ἔχω be of age
   συνετέθειντο plpf mid 3 pl
   συντίθημι here make an agreement
   ὁμολογήσῃ aor subj 3 sg
   ὁμολογέω acknowledge, declare
   ἀποσυνάγωγος -ον banished from the
   synagogue, excommunicated
   γένηται aor subj 3 sg γίνομαι
   ἐπερωτήσατε aor impv 2 pl
   ἐπερωτάω question

Verses 24–34: The Pharisees investigate the healing (2)

[24]ἐφώνησαν οὖν τὸν ἄνθρωπον ἐκ δευτέρου ὃς ἦν τυφλὸς καὶ
εἶπαν αὐτῷ, δὸς δόξαν τῷ θεῷ· ἡμεῖς οἴδαμεν ὅτι οὗτος ὁ ἄνθρωπος
ἁμαρτωλός ἐστιν. [25]ἀπεκρίθη οὖν ἐκεῖνος, εἰ ἁμαρτωλός ἐστιν οὐκ
οἶδα· ἓν οἶδα, ὅτι τυφλὸς ὢν ἄρτι βλέπω. [26]εἶπον οὖν αὐτῷ, τί ἐποίη-
σέν σοι; πῶς ἤνοιξέν σου τοὺς ὀφθαλμούς; [27]ἀπεκρίθη αὐτοῖς, εἶπον
ὑμῖν ἤδη καὶ οὐκ ἠκούσατε· τί πάλιν θέλετε ἀκούειν; μὴ καὶ ὑμεῖς θέ-
λετε αὐτοῦ μαθηταὶ γενέσθαι; [28]καὶ ἐλοιδόρησαν αὐτὸν καὶ εἶπον, σὺ
μαθητὴς εἶ ἐκείνου, ἡμεῖς δὲ τοῦ Μωϋσέως ἐσμὲν μαθηταί· [29]ἡμεῖς
οἴδαμεν ὅτι Μωϋσεῖ λελάληκεν ὁ θεός, τοῦτον δὲ οὐκ οἴδαμεν πόθεν
ἐστίν. [30]ἀπεκρίθη ὁ ἄνθρωπος καὶ εἶπεν αὐτοῖς, ἐν τούτῳ γὰρ τὸ
θαυμαστόν ἐστιν ὅτι ὑμεῖς οὐκ οἴδατε πόθεν ἐστίν, καὶ ἤνοιξέν μου
τοὺς ὀφθαλμούς. [31]οἴδαμεν ὅτι ἁμαρτωλῶν ὁ θεὸς οὐκ ἀκούει, ἀλλ'
ἐάν τις θεοσεβὴς ᾖ καὶ τὸ θέλημα αὐτοῦ ποιῇ τούτου ἀκούει. [32]ἐκ τοῦ
αἰῶνος οὐκ ἠκούσθη ὅτι ἠνέῳξέν τις ὀφθαλμοὺς τυφλοῦ γεγεννημέ-
νου· [33]εἰ μὴ ἦν οὗτος παρὰ θεοῦ, οὐκ ἠδύνατο ποιεῖν οὐδέν. [34]ἀπεκ-
ρίθησαν καὶ εἶπαν αὐτῷ, ἐν ἁμαρτίαις σὺ ἐγεννήθης ὅλος, καὶ σὺ δι-
δάσκεις ἡμᾶς; καὶ ἐξέβαλον αὐτὸν ἔξω.

ἐκ δευτέρου a second time
δός *aor impv 2 sg* *δίδωμι*
25 *μή;* surely ... not?
λοιδορέω abuse
πόθεν from where
30 *ἐν τούτῳ ... τὸ θαυμαστόν ἐστιν* *transl* the remarkable thing about this is
θεοσεβής -ές devout, god-fearing
ᾖ *subj 3 sg* *εἰμί*
ἐκ τοῦ αἰῶνος from time immemorial
γεγεννημένου *pf pass pple* *γεννάω*
ἠδύνατο *impf 3 sg* *δύναμαι*
εἰ μή ... οὐκ ... *transl* if he were not ... he could not
οὐδέν *redundant neg*
ἐγεννήθης *aor pass 2 sg* *γεννάω*
ὅλος -η -ον entirely, through and through

Verses 35–41: Spiritual blindness

³⁵ἤκουσεν Ἰησοῦς ὅτι ἐξέβαλον αὐτὸν ἔξω, καὶ εὑρὼν αὐτὸν εἶπεν, σὺ πιστεύεις εἰς τὸν υἱὸν τοῦ ἀνθρώπου; ³⁶ἀπεκρίθη ἐκεῖνος καὶ εἶπεν, καὶ τίς ἐστιν, κύριε, ἵνα πιστεύσω εἰς αὐτόν; ³⁷εἶπεν αὐτῷ ὁ Ἰησοῦς, καὶ ἑώρακας αὐτὸν καὶ ὁ λαλῶν μετὰ σοῦ ἐκεῖνός ἐστιν. ³⁸ὁ δὲ ἔφη, πιστεύω, κύριε· καὶ προσεκύνησεν αὐτῷ. ³⁹καὶ εἶπεν ὁ Ἰησοῦς, εἰς κρίμα ἐγὼ εἰς τὸν κόσμον τοῦτον ἦλθον, ἵνα οἱ μὴ βλέποντες βλέπωσιν καὶ οἱ βλέποντες τυφλοὶ γένωνται. ⁴⁰ἤκουσαν ἐκ τῶν Φαρισαίων ταῦτα οἱ μετ᾽ αὐτοῦ ὄντες, καὶ εἶπον αὐτῷ, μὴ καὶ ἡμεῖς τυφλοί ἐσμεν; ⁴¹εἶπεν αὐτοῖς ὁ Ἰησοῦς, εἰ τυφλοὶ ἦτε, οὐκ ἂν εἴχετε ἁμαρτίαν· νῦν δὲ λέγετε ὅτι βλέπομεν· ἡ ἁμαρτία ὑμῶν μένει.

---

35 εἰς + acc here in
  πιστεύσω aor subj 1 sg πιστεύω
  ἑώρακας pf 2 sg ὁράω
  εἰς κρίμα for judgement

γένωνται aor subj 3 pl γίνομαι
40 ἐκ τῶν some of
  εἰ ... οὐκ ἄν ... transl if you were ...
    you would not have

Chapter 10

Verses 1-6: The parable of the sheepfold

¹ἀμὴν ἀμὴν λέγω ὑμῖν, ὁ μὴ εἰσερχόμενος διὰ τῆς θύρας εἰς τὴν αὐλὴν τῶν προβάτων ἀλλὰ ἀναβαίνων ἀλλαχόθεν ἐκεῖνος κλέπτης ἐστὶν καὶ λῃστής· ²ὁ δὲ εἰσερχόμενος διὰ τῆς θύρας ποιμήν ἐστιν τῶν προβάτων. ³τούτῳ ὁ θυρωρὸς ἀνοίγει, καὶ τὰ πρόβατα τῆς φωνῆς αὐτοῦ ἀκούει, καὶ τὰ ἴδια πρόβατα φωνεῖ κατ᾽ ὄνομα καὶ ἐξάγει αὐτά. ⁴ὅταν τὰ ἴδια πάντα ἐκβάλῃ, ἔμπροσθεν αὐτῶν πορεύεται, καὶ τὰ πρόβατα αὐτῷ ἀκολουθεῖ, ὅτι οἴδασιν τὴν φωνὴν αὐτοῦ· ⁵ἀλλοτρίῳ δὲ οὐ μὴ ἀκολουθήσουσιν ἀλλὰ φεύξονται ἀπ᾽ αὐτοῦ, ὅτι οὐκ οἴδασιν τῶν ἀλλοτρίων τὴν φωνήν. ⁶ταύτην τὴν παροιμίαν εἶπεν αὐτοῖς ὁ Ἰησοῦς· ἐκεῖνοι δὲ οὐκ ἔγνωσαν τίνα ἦν ἃ ἐλάλει αὐτοῖς.

θύρα -ας f door
αὐλή -ῆς f fold
πρόβατον -ου n sheep
ἀλλαχόθεν by some other way
κλέπτης -ου m thief
λῃστής -οῦ m robber
ποιμήν -ένος m shepherd
θυρωρός -οῦ m doorkeeper
φωνέω call

κατ᾽ ὄνομα by name
ἐξάγω lead out
ἐκβάλῃ aor subj 3 sg ἐκβάλλω bring out
ἔμπροσθεν + gen ahead of
5 ἀλλότριος -ου m stranger
οὐ μή + fut emphatic neg
φεύξονται fut 3 pl φεύγω escape, run away
παροιμία -ας f parable

Verses 7–21: Jesus the Good Shepherd

⁷εἶπεν οὖν πάλιν ὁ Ἰησοῦς, ἀμὴν ἀμὴν λέγω ὑμῖν ὅτι ἐγώ εἰμι ἡ θύρα τῶν προβάτων. ⁸πάντες ὅσοι ἦλθον πρὸ ἐμοῦ κλέπται εἰσὶν καὶ λησταί· ἀλλ᾽ οὐκ ἤκουσαν αὐτῶν τὰ πρόβατα. ⁹ἐγώ εἰμι ἡ θύρα· δι᾽ ἐμοῦ ἐάν τις εἰσέλθῃ σωθήσεται καὶ εἰσελεύσεται καὶ ἐξελεύσεται καὶ νομὴν εὑρήσει. ¹⁰ὁ κλέπτης οὐκ ἔρχεται εἰ μὴ ἵνα κλέψῃ καὶ θύσῃ καὶ ἀπολέσῃ· ἐγὼ ἦλθον ἵνα ζωὴν ἔχωσιν καὶ περισσὸν ἔχωσιν. ¹¹ἐγώ εἰμι ὁ ποιμὴν ὁ καλός· ὁ ποιμὴν ὁ καλὸς τὴν ψυχὴν αὐτοῦ τίθησιν ὑπὲρ τῶν προβάτων· ¹²ὁ μισθωτὸς καὶ οὐκ ὢν ποιμήν, οὗ οὐκ ἔστιν τὰ πρόβατα ἴδια, θεωρεῖ τὸν λύκον ἐρχόμενον καὶ ἀφίησιν τὰ πρόβατα καὶ φεύγει – καὶ ὁ λύκος ἁρπάζει αὐτὰ καὶ σκορπίζει – ¹³ὅτι μισθωτός ἐστιν καὶ οὐ μέλει αὐτῷ περὶ τῶν προβάτων. ¹⁴ἐγώ εἰμι ὁ ποιμὴν ὁ καλός, καὶ γινώσκω τὰ ἐμὰ καὶ γινώσκουσί με τὰ ἐμά, ¹⁵καθὼς γινώσκει με ὁ πατὴρ κἀγὼ γινώσκω τὸν πατέρα· καὶ τὴν ψυχήν μου τίθημι ὑπὲρ τῶν προβάτων. ¹⁶καὶ ἄλλα πρόβατα ἔχω ἃ οὐκ ἔστιν ἐκ τῆς αὐλῆς ταύτης· κἀκεῖνα δεῖ με ἀγαγεῖν, καὶ τῆς φωνῆς μου ἀκούσουσιν, καὶ γενήσονται μία ποίμνη, εἷς ποιμήν. ¹⁷διὰ τοῦτό με ὁ πατὴρ ἀγαπᾷ ὅτι ἐγὼ τίθημι τὴν ψυχήν μου, ἵνα πάλιν λάβω αὐτήν. ¹⁸οὐδεὶς αἴρει αὐτὴν ἀπ᾽ ἐμοῦ, ἀλλ᾽ ἐγὼ τίθημι αὐτὴν ἀπ᾽ ἐμαυτοῦ. ἐξουσίαν ἔχω θεῖναι αὐτήν, καὶ ἐξουσίαν ἔχω πάλιν λαβεῖν αὐτήν· ταύτην τὴν ἐντολὴν ἔλαβον παρὰ τοῦ πατρός μου. ¹⁹σχίσμα πάλιν ἐγένετο ἐν τοῖς Ἰουδαίοις διὰ τοὺς λόγους τούτους. ²⁰ἔλεγον δὲ πολλοὶ ἐξ αὐτῶν, δαιμόνιον ἔχει καὶ μαίνεται· τί αὐτοῦ ἀκούετε; ²¹ἄλλοι ἔλεγον, ταῦτα τὰ ῥήματα οὐκ ἔστιν δαιμονιζομένου· μὴ δαιμόνιον δύναται τυφλῶν ὀφθαλμοὺς ἀνοῖξαι;

πρό + gen before
εἰσέλθῃ aor subj 3 sg εἰσέρχομαι
σωθήσεται fut pass 3 sg σῴζω
εἰσελεύσεται fut 3 sg εἰσέρχομαι
νομή -ῆς f pasture
¹⁰ οὐκ ... εἰ μή not ... except, only
κλέψῃ aor subj 3 sg κλέπτω steal
θύσῃ aor subj 3 sg θύω slaughter
ἀπολέσῃ aor subj 3 sg ἀπόλλυμι
περισσόν to the full, abundantly

τίθημι here lay down, give
μισθωτός -οῦ m hired man
λύκος -ου m wolf
ἁρπάζω seize and carry off
σκορπίζω scatter
οὐ μέλει αὐτῷ it is not a concern to
    him, he does not care
¹⁵ κἀκεῖνα = καὶ ἐκεῖνα (crasis)
ἀγαγεῖν aor inf ἄγω
γενήσονται fut 3 pl γίνομαι

ποίμνη -ης f flock
λάβω aor subj 1 sg λαμβάνω here take up
ἀπ' ἐμαυτοῦ of my own free will

` θεῖναι aor inf τίθημι
20 μαίνομαι be insane
δαιμονίζομαι be possessed by a demon
μή; surely ... not?

The Good Shepherd: fourth-century fresco. Catacomb of
Marcellinus and Peter, Rome

Verses 22-30: Jesus rejected by the Jews (1)

²²ἐγένετο τότε τὰ ἐγκαίνια ἐν τοῖς Ἱεροσολύμοις· χειμὼν ἦν, ²³καὶ περιεπάτει ὁ Ἰησοῦς ἐν τῷ ἱερῷ ἐν τῇ στοᾷ τοῦ Σολομῶνος. ²⁴ἐκύκλωσαν οὖν αὐτὸν οἱ Ἰουδαῖοι καὶ ἔλεγον αὐτῷ, ἕως πότε τὴν ψυχὴν ἡμῶν αἴρεις; εἰ σὺ εἶ ὁ Χριστός, εἰπὲ ἡμῖν παρρησίᾳ. ²⁵ἀπεκρίθη αὐτοῖς ὁ Ἰησοῦς, εἶπον ὑμῖν καὶ οὐ πιστεύετε· τὰ ἔργα ἃ ἐγὼ ποιῶ ἐν τῷ ὀνόματι τοῦ πατρός μου ταῦτα μαρτυρεῖ περὶ ἐμοῦ· ²⁶ἀλλὰ ὑμεῖς οὐ πιστεύετε, ὅτι οὐκ ἐστὲ ἐκ τῶν προβάτων τῶν ἐμῶν. ²⁷τὰ πρόβατα τὰ ἐμὰ τῆς φωνῆς μου ἀκούουσιν, κἀγὼ γινώσκω αὐτά, καὶ ἀκολουθοῦσίν μοι, ²⁸κἀγὼ δίδωμι αὐτοῖς ζωὴν αἰώνιον, καὶ οὐ μὴ ἀπόλωνται εἰς τὸν αἰῶνα, καὶ οὐχ ἁρπάσει τις αὐτὰ ἐκ τῆς χειρός μου. ²⁹ὁ πατήρ μου ὃ δέδωκέν μοι πάντων μεῖζόν ἐστιν, καὶ οὐδεὶς δύναται ἁρπάζειν ἐκ τῆς χειρὸς τοῦ πατρός. ³⁰ἐγὼ καὶ ὁ πατὴρ ἕν ἐσμεν.

ἐγκαίνια -ων n Jewish Feast of Dedication, Hanukkah (celebrating rededication of the Temple in 165 BC after profanation by Antiochus Epiphanes)
χειμών -ῶνος m winter
στοά -ᾶς f portico, colonnade
Σολομών -ῶνος m Solomon
κυκλόω surround, gather round
ἕως πότε; how long?
αἴρω τὴν ψυχήν keep in suspense

παρρησίᾳ openly, plainly
25 ἀπεκρίθη aor 3 sg ἀποκρίνομαι
κἀγώ = καὶ ἐγώ (crasis)
οὐ μή + aor subj emphatic neg
ἀπόλωνται aor subj 3 pl ἀπόλλυμι
οὐκ ... εἰς τὸν αἰῶνα not ... to eternity, never
ἁρπάσει fut 3 sg ἁρπάζω vs 12
ὁ πατήρ μου belongs in rel clause after ὅ
μείζων -ον greater

Verses 31–42: Jesus rejected by the Jews (2)

³¹ἐβάστασαν πάλιν λίθους οἱ Ἰουδαῖοι ἵνα λιθάσωσιν αὐτόν.
³²ἀπεκρίθη αὐτοῖς ὁ Ἰησοῦς, πολλὰ ἔργα καλὰ ἔδειξα ὑμῖν ἐκ τοῦ
πατρός· διὰ ποῖον αὐτῶν ἔργον ἐμὲ λιθάζετε; ³³ἀπεκρίθησαν αὐτῷ οἱ
Ἰουδαῖοι, περὶ καλοῦ ἔργου οὐ λιθάζομέν σε ἀλλὰ περὶ βλασφημίας,
καὶ ὅτι σὺ ἄνθρωπος ὢν ποιεῖς σεαυτὸν θεόν. ³⁴ἀπεκρίθη αὐτοῖς ὁ
Ἰησοῦς, οὐκ ἔστιν γεγραμμένον ἐν τῷ νόμῳ ὑμῶν ὅτι ἐγὼ εἶπα, θεοί
ἐστε; ³⁵εἰ ἐκείνους εἶπεν θεοὺς πρὸς οὓς ὁ λόγος τοῦ θεοῦ ἐγένετο, καὶ
οὐ δύναται λυθῆναι ἡ γραφή, ³⁶ὃν ὁ πατὴρ ἡγίασεν καὶ ἀπέστειλεν εἰς
τὸν κόσμον ὑμεῖς λέγετε ὅτι βλασφημεῖς, ὅτι εἶπον, υἱὸς τοῦ θεοῦ
εἰμι; ³⁷εἰ οὐ ποιῶ τὰ ἔργα τοῦ πατρός μου, μὴ πιστεύετέ μοι· ³⁸εἰ δὲ
ποιῶ, κἂν ἐμοὶ μὴ πιστεύητε, τοῖς ἔργοις πιστεύετε, ἵνα γνῶτε καὶ
γινώσκητε ὅτι ἐν ἐμοὶ ὁ πατὴρ κἀγὼ ἐν τῷ πατρί. ³⁹ἐζήτουν οὖν αὐ-
τὸν πάλιν πιάσαι· καὶ ἐξῆλθεν ἐκ τῆς χειρὸς αὐτῶν. ⁴⁰καὶ ἀπῆλθεν
πάλιν πέραν τοῦ Ἰορδάνου εἰς τὸν τόπον ὅπου ἦν Ἰωάννης τὸ πρῶτον
βαπτίζων, καὶ ἔμεινεν ἐκεῖ. ⁴¹καὶ πολλοὶ ἦλθον πρὸς αὐτὸν καὶ ἔλεγον
ὅτι Ἰωάννης μὲν σημεῖον ἐποίησεν οὐδέν, πάντα δὲ ὅσα εἶπεν Ἰωάννης
περὶ τούτου ἀληθῆ ἦν. ⁴²καὶ πολλοὶ ἐπίστευσαν εἰς αὐτὸν ἐκεῖ.

ἐβάστασαν aor 3 pl βαστάζω pick up
λιθάσωσιν aor subj 3 pl λιθάζω stone
ἔδειξα aor 1 sg δείκνυμι show
ποῖος -α -ον which?
βλασφημία -ας f blasphemy, speaking
    against God
γεγραμμένον pf pass pple γράφω
ἐγώ … ἐστε is a quotation from Psalm
    82.6
εἶπα = εἶπον
35 λυθῆναι aor pass inf λύω here annul
ἡγίασεν aor 3 sg ἁγιάζω consecrate
βλασφημέω blaspheme, speak against

God
κἄν = καὶ ἐάν (crasis) even if
γνῶτε aor subj 2 pl γινώσκω with foll
    pres subj transl know and continue to
    know
πιάσαι aor inf πιάζω seize
40 πέραν + gen across
Ἰορδάνης -ου m Jordan River
Ἰωάννης -ου m John (the Baptist)
τὸ πρῶτον at first
ἔμεινεν aor 3 sg μένω
ἀληθής -ές true
εἰς + acc here in

Chapter 11

Verses 1-16: The death of Lazarus

¹ἦν δέ τις ἀσθενῶν, Λάζαρος ἀπὸ Βηθανίας, ἐκ τῆς κώμης Μαρίας καὶ Μάρθας τῆς ἀδελφῆς αὐτῆς. ²ἦν δὲ Μαριὰμ ἡ ἀλείψασα τὸν κύριον μύρῳ καὶ ἐκμάξασα τοὺς πόδας αὐτοῦ ταῖς θριξὶν αὐτῆς, ἧς ὁ ἀδελφὸς Λάζαρος ἠσθένει. ³ἀπέστειλαν οὖν αἱ ἀδελφαὶ πρὸς αὐτὸν λέγουσαι, κύριε, ἴδε ὃν φιλεῖς ἀσθενεῖ. ⁴ἀκούσας δὲ ὁ Ἰησοῦς εἶπεν, αὕτη ἡ ἀσθένεια οὐκ ἔστιν πρὸς θάνατον ἀλλ' ὑπὲρ τῆς δόξης τοῦ θεοῦ, ἵνα δοξασθῇ ὁ υἱὸς τοῦ θεοῦ δι' αὐτῆς. ⁵ἠγάπα δὲ ὁ Ἰησοῦς τὴν Μάρθαν καὶ τὴν ἀδελφὴν αὐτῆς καὶ τὸν Λάζαρον. ⁶ὡς οὖν ἤκουσεν ὅτι ἀσθενεῖ, τότε μὲν ἔμεινεν ἐν ᾧ ἦν τόπῳ δύο ἡμέρας· ⁷ἔπειτα μετὰ τοῦτο λέγει τοῖς μαθηταῖς, ἄγωμεν εἰς τὴν Ἰουδαίαν πάλιν. ⁸λέγουσιν αὐτῷ οἱ μαθηταί, ῥαββί, νῦν ἐζήτουν σε λιθάσαι οἱ Ἰουδαῖοι, καὶ πάλιν ὑπάγεις ἐκεῖ; ⁹ἀπεκρίθη Ἰησοῦς, οὐχὶ δώδεκα ὧραί εἰσιν τῆς ἡμέρας; ἐάν τις περιπατῇ ἐν τῇ ἡμέρᾳ, οὐ προσκόπτει, ὅτι τὸ φῶς τοῦ κόσμου τούτου βλέπει· ¹⁰ἐὰν δέ τις περιπατῇ ἐν τῇ νυκτί, προσκόπτει, ὅτι τὸ φῶς οὐκ ἔστιν ἐν αὐτῷ. ¹¹ταῦτα εἶπεν, καὶ μετὰ τοῦτο λέγει αὐτοῖς, Λάζαρος ὁ φίλος ἡμῶν κεκοίμηται, ἀλλὰ πορεύομαι ἵνα ἐξυπνίσω αὐτόν. ¹²εἶπαν οὖν οἱ μαθηταὶ αὐτῷ, κύριε, εἰ κεκοίμηται σωθήσεται. ¹³εἰρήκει δὲ ὁ Ἰησοῦς περὶ τοῦ θανάτου αὐτοῦ, ἐκεῖνοι δὲ ἔδοξαν ὅτι περὶ τῆς κοιμήσεως τοῦ ὕπνου λέγει. ¹⁴τότε οὖν εἶπεν αὐτοῖς ὁ Ἰησοῦς παρρησίᾳ, Λάζαρος ἀπέθανεν, ¹⁵καὶ χαίρω δι' ὑμᾶς, ἵνα πιστεύσητε, ὅτι οὐκ ἤμην ἐκεῖ· ἀλλὰ ἄγωμεν πρὸς αὐτόν. ¹⁶εἶπεν οὖν Θωμᾶς ὁ λεγόμενος Δίδυμος τοῖς συμμαθηταῖς, ἄγωμεν καὶ ἡμεῖς ἵνα ἀποθάνωμεν μετ' αὐτοῦ.

ἀσθενέω be ill
Λάζαρος -ου m Lazarus
Βηθανία -ας f Bethany
κώμη -ης f village
Μαρία or Μαριάμ -ας f Mary
Μάρθα -ας f Martha
ἀδελφή -ῆς f sister
ἀλείψασα aor pple ἀλείφω anoint
μύρον -ου n perfumed ointment
ἐκμάξασα aor pple ἐκμάσσω wipe dry

θρίξ, τριχός f hair
ἀπέστειλαν aor 3 pl ἀποστέλλω
ἴδε aor impv 2 sg ὁράω
ὅν he whom, the one
φιλέω love
ἀσθένεια -ας f sickness
πρὸς θάνατον leading to death, fatal
δοξασθῇ aor pass subj 3 sg δοξάζω
⁵ ἄγωμεν subj 1 pl ἄγω transl let us go
Ἰουδαία -ας f Judea

ῥαββί rabbi, teacher
λιθάσαι aor inf λιθάζω stone
προσκόπτω stumble
10 κεκοίμηται pf 3 sg κοιμάομαι fall
 asleep
ἐξυπνίσω aor subj 1 sg ἐξυπνίζω wake
 X acc out of sleep
εἶπαν = εἶπον
σωθήσεται fut pass 3 sg σῴζω transl he
 will get well
εἰρήκει plpf 3 sg λέγω
ἔδοξαν aor 3 pl δοκέω

κοίμησις -εως f sleep with τοῦ
 ὕπνου transl natural sleep
παρρησίᾳ openly, plainly
ἀπέθανεν aor 3 sg ἀποθνῄσκω
15 πιστεύσητε aor subj 2 pl πιστεύω
ἤμην impf 1 sg εἰμί
Θωμᾶς -ᾶ m Thomas
λεγόμενος here called
Δίδυμος -ου m Didymus (meaning
 twin)
συμμαθητής -οῦ m fellow disciple
ἀποθάνωμεν aor subj 1 pl ἀποθνῄσκω

Verses 17–27: Jesus the Resurrection and the Life

¹⁷ἐλθὼν οὖν ὁ Ἰησοῦς εὗρεν αὐτὸν τέσσαρας ἤδη ἡμέρας ἔχοντα ἐν τῷ μνημείῳ. ¹⁸ἦν δὲ ἡ Βηθανία ἐγγὺς τῶν Ἱεροσολύμων ὡς ἀπὸ σταδίων δεκαπέντε. ¹⁹πολλοὶ δὲ ἐκ τῶν Ἰουδαίων ἐληλύθεισαν πρὸς τὴν Μάρθαν καὶ Μαριὰμ ἵνα παραμυθήσωνται αὐτὰς περὶ τοῦ ἀδελφοῦ. ²⁰ἡ οὖν Μάρθα ὡς ἤκουσεν ὅτι Ἰησοῦς ἔρχεται ὑπήντησεν αὐτῷ· Μαριὰμ δὲ ἐν τῷ οἴκῳ ἐκαθέζετο. ²¹εἶπεν οὖν ἡ Μάρθα πρὸς τὸν Ἰησοῦν, κύριε, εἰ ἦς ὧδε οὐκ ἂν ἀπέθανεν ὁ ἀδελφός μου· ²²ἀλλὰ καὶ νῦν οἶδα ὅτι ὅσα ἂν αἰτήσῃ τὸν θεὸν δώσει σοι ὁ θεός. ²³λέγει αὐτῇ ὁ Ἰησοῦς, ἀναστήσεται ὁ ἀδελφός σου. ²⁴λέγει αὐτῷ ἡ Μάρθα, οἶδα ὅτι ἀναστήσεται ἐν τῇ ἀναστάσει ἐν τῇ ἐσχάτῃ ἡμέρᾳ. ²⁵εἶπεν αὐτῇ ὁ Ἰησοῦς, ἐγώ εἰμι ἡ ἀνάστασις καὶ ἡ ζωή· ὁ πιστεύων εἰς ἐμὲ κἂν ἀποθάνῃ ζήσεται, ²⁶καὶ πᾶς ὁ ζῶν καὶ πιστεύων εἰς ἐμὲ οὐ μὴ ἀποθάνῃ εἰς τὸν αἰῶνα· πιστεύεις τοῦτο; ²⁷λέγει αὐτῷ, ναί, κύριε· ἐγὼ πεπίστευκα ὅτι σὺ εἶ ὁ Χριστὸς ὁ υἱὸς τοῦ θεοῦ ὁ εἰς τὸν κόσμον ἐρχόμενος.

τέσσαρες -α four
ἔχω here be
μνημεῖον -ου n tomb
ἐγγύς + gen near
ὡς ἀπό about ... away
στάδιοι -ων m stades (each about 200 m)
δεκαπέντε fifteen
ἐληλύθεισαν plpf 3 pl ἔρχομαι
παραμυθήσωνται aor subj 3 pl
   παραμυθέομαι comfort, console
²⁰ ὑπήντησεν aor 3 sg ὑπαντάω go to meet + dat
καθέζομαι sit, remain
εἰ ἦς ... οὐκ ἄν transl if you had been ... he would not have
ὅσα ἄν + subj whatever

αἰτήσῃ aor subj 2 sg αἰτέω ask X acc for Y acc
δώσει fut 3 sg δίδωμι
ἀναστήσεται fut mid 3 sg
   ἀνίστημι transl he will rise
ἀνάστασις -εως f resurrection
ἔσχατος -η -ον last
²⁵ κἂν = καὶ ἐάν (crasis) even if
ἀποθάνῃ aor subj 3 sg ἀποθνῄσκω
πᾶς ὁ + pple everyone who
οὐ μή + aor subj emphatic neg
οὐ ... εἰς τὸν αἰῶνα not ... to eternity, never
ναί yes, certainly
πεπίστευκα pf 1 sg πιστεύω transl I firmly believe

Verses 28–37: Jesus weeps

²⁸καὶ τοῦτο εἰποῦσα ἀπῆλθεν καὶ ἐφώνησεν Μαριὰμ τὴν ἀδελφὴν αὐτῆς λάθρᾳ εἰποῦσα, ὁ διδάσκαλος πάρεστιν καὶ φωνεῖ σε. ²⁹ἐκείνη δὲ ὡς ἤκουσεν ἠγέρθη ταχὺ καὶ ἤρχετο πρὸς αὐτόν· ³⁰οὔπω δὲ ἐληλύθει ὁ Ἰησοῦς εἰς τὴν κώμην, ἀλλ᾽ ἦν ἔτι ἐν τῷ τόπῳ ὅπου ὑπήντησεν αὐτῷ ἡ Μάρθα. ³¹οἱ οὖν Ἰουδαῖοι οἱ ὄντες μετ᾽ αὐτῆς ἐν τῇ οἰκίᾳ καὶ παραμυθούμενοι αὐτήν, ἰδόντες τὴν Μαριὰμ ὅτι ταχέως ἀνέστη καὶ ἐξῆλθεν, ἠκολούθησαν αὐτῇ, δόξαντες ὅτι ὑπάγει εἰς τὸ μνημεῖον ἵνα κλαύσῃ ἐκεῖ. ³²ἡ οὖν Μαριὰμ ὡς ἦλθεν ὅπου ἦν Ἰησοῦς ἰδοῦσα αὐτὸν ἔπεσεν αὐτοῦ πρὸς τοὺς πόδας, λέγουσα αὐτῷ, κύριε, εἰ ἦς ὧδε οὐκ ἄν μου ἀπέθανεν ὁ ἀδελφός. ³³Ἰησοῦς οὖν ὡς εἶδεν αὐτὴν κλαίουσαν καὶ τοὺς συνελθόντας αὐτῇ Ἰουδαίους κλαίοντας, ἐνεβριμήσατο τῷ πνεύματι καὶ ἐτάραξεν ἑαυτόν, ³⁴καὶ εἶπεν, ποῦ τεθείκατε αὐτόν; λέγουσιν αὐτῷ, κύριε, ἔρχου καὶ ἴδε. ³⁵ἐδάκρυσεν ὁ Ἰησοῦς. ³⁶ἔλεγον οὖν οἱ Ἰουδαῖοι, ἴδε πῶς ἐφίλει αὐτόν. ³⁷τινὲς δὲ ἐξ αὐτῶν εἶπαν, οὐκ ἐδύνατο οὗτος ὁ ἀνοίξας τοὺς ὀφθαλμοὺς τοῦ τυφλοῦ ποιῆσαι ἵνα καὶ οὗτος μὴ ἀποθάνῃ;

ἐφώνησεν aor 3 sg φωνέω call
λάθρᾳ here aside
πάρειμι be here
ἠγέρθη aor pass (intr) 3 sg
  ἐγείρω transl she got up
ταχύ quickly
30 οὔπω not yet
ἐληλύθει plpf 3 sg ἔρχομαι
ἰδόντες τὴν Μαριὰμ ὅτι transl when
  they saw that Mary
ταχέως quickly
ἀνέστη aor (intr) 3 sg ἀνίστημι
δόξαντες aor pple δοκέω
κλαύσῃ aor subj 3 sg κλαίω weep

εἰ ἦς ... οὐκ ἄν transl if you had been
  ... he would not have
συνελθόντας aor pple συνέρχομαι come
  with + dat
ἐνεβριμήσατο aor 3 sg ἐμβριμάομαι be
  deeply moved or be very indignant
ἐτάραξεν aor 3 sg ταράσσω stir up,
  disturb
τεθείκατε pf 2 pl τίθημι
ἴδε aor impv 2 sg ὁράω
35 ἐδάκρυσεν aor 3 sg δακρύω cry, weep
ἀνοίξας aor pple ἀνοίγω
ποιῆσαι aor inf ποιέω here bring it
  about
ἵνα here that

Verses 38–44: Lazarus brought to life

³⁸Ἰησοῦς οὖν πάλιν ἐμβριμώμενος ἐν ἑαυτῷ ἔρχεται εἰς τὸ μνημεῖον· ἦν δὲ σπήλαιον, καὶ λίθος ἐπέκειτο ἐπ᾽ αὐτῷ. ³⁹λέγει ὁ Ἰησοῦς, ἄρατε τὸν λίθον. λέγει αὐτῷ ἡ ἀδελφὴ τοῦ τετελευτηκότος Μάρθα, κύριε, ἤδη ὄζει, τεταρταῖος γάρ ἐστιν. ⁴⁰λέγει αὐτῇ ὁ Ἰησοῦς, οὐκ εἶπόν σοι ὅτι ἐὰν πιστεύσῃς ὄψῃ τὴν δόξαν τοῦ θεοῦ; ⁴¹ἦραν οὖν τὸν λίθον. ὁ δὲ Ἰησοῦς ἦρεν τοὺς ὀφθαλμοὺς ἄνω καὶ εἶπεν, πάτερ, εὐχαριστῶ σοι ὅτι ἤκουσάς μου. ⁴²ἐγὼ δὲ ᾔδειν ὅτι πάντοτέ μου ἀκούεις· ἀλλὰ διὰ τὸν ὄχλον τὸν περιεστῶτα εἶπον, ἵνα πιστεύσωσιν ὅτι σύ με ἀπέστειλας. ⁴³καὶ ταῦτα εἰπὼν φωνῇ μεγάλῃ ἐκραύγασεν, Λάζαρε, δεῦρο ἔξω. ⁴⁴ἐξῆλθεν ὁ τεθνηκὼς δεδεμένος τοὺς πόδας καὶ τὰς χεῖρας κειρίαις, καὶ ἡ ὄψις αὐτοῦ σουδαρίῳ περιεδέδετο. λέγει αὐτοῖς ὁ Ἰησοῦς, λύσατε αὐτὸν καὶ ἄφετε αὐτὸν ὑπάγειν.

ἐμβριμώμενος ἐν ἑαυτῷ transl indignation welling up within him
σπήλαιον -ου n cave
ἐπίκειμαι lie against, be placed against
ἄρατε aor impv 2 pl αἴρω
τετελευτηκότος pf pple τελευτάω die
ὄζω smell bad, stink
τεταρταῖος -α -ον of the fourth day here dead four days
⁴⁰ πιστεύσῃς aor subj 2 sg πιστεύω
ὄψῃ fut 2 sg ὁράω
ἦραν aor 3 pl αἴρω
ἄνω upwards
εὐχαριστέω thank + dat
ᾔδειν plpf (impf sense) 1 sg οἶδα
πάντοτε always
διά + acc here for the sake of
περιεστῶτα pf (pres sense, intr) pple

περιΐστημι stand around
πιστεύσωσιν aor subj 3 pl πιστεύω
ἀπέστειλας aor 2 sg ἀποστέλλω
ἐκραύγασεν aor 3 sg κραυγάζω cry out
δεῦρο ἔξω come out!
τεθνήκως pf pple θνήσκω die
δεδεμένος pf pass pple δέω bind
τοὺς πόδας ... lit bound as to his feet ... (acc of respect) i.e. with his feet ... bound
κειρία -ας f bandage
ὄψις -εως f face
σουδάριον -ου n facecloth (used for the dead)
περιεδέδετο plpf pass 3 sg περιδέω bind round, wrap
λύσατε aor impv 2 pl λύω loose, untie
ἄφετε aor impv 2 pl ἀφίημι

STAB. D. ANDERSO █ 27468 - RAVENNA - La Resurrezione di Lazzaro - mussico secolo VI - S. Apollinare nuovo - Ripr. interdetta

The raising of Lazarus: sixth-century mosaic. S. Apollinare Nuovo, Ravenna

Verses 45–57: The plot to kill Jesus

⁴⁵πολλοὶ οὖν ἐκ τῶν Ἰουδαίων, οἱ ἐλθόντες πρὸς τὴν Μαριὰμ καὶ θεασάμενοι ἃ ἐποίησεν, ἐπίστευσαν εἰς αὐτόν· ⁴⁶τινὲς δὲ ἐξ αὐτῶν ἀπῆλθον πρὸς τοὺς Φαρισαίους καὶ εἶπαν αὐτοῖς ἃ ἐποίησεν Ἰησοῦς. ⁴⁷συνήγαγον οὖν οἱ ἀρχιερεῖς καὶ οἱ Φαρισαῖοι συνέδριον, καὶ ἔλεγον, τί ποιοῦμεν, ὅτι οὗτος ὁ ἄνθρωπος πολλὰ ποιεῖ σημεῖα; ⁴⁸ἐὰν ἀφῶμεν αὐτὸν οὕτως, πάντες πιστεύσουσιν εἰς αὐτόν, καὶ ἐλεύσονται οἱ Ῥωμαῖοι καὶ ἀροῦσιν ἡμῶν καὶ τὸν τόπον καὶ τὸ ἔθνος. ⁴⁹εἷς δέ τις ἐξ αὐτῶν Καϊάφας, ἀρχιερεὺς ὢν τοῦ ἐνιαυτοῦ ἐκείνου, εἶπεν αὐτοῖς, ὑμεῖς οὐκ οἴδατε οὐδέν, ⁵⁰οὐδὲ λογίζεσθε ὅτι συμφέρει ὑμῖν ἵνα εἷς ἄνθρωπος ἀποθάνῃ ὑπὲρ τοῦ λαοῦ καὶ μὴ ὅλον τὸ ἔθνος ἀπόληται. ⁵¹τοῦτο δὲ ἀφ' ἑαυτοῦ οὐκ εἶπεν, ἀλλὰ ἀρχιερεὺς ὢν τοῦ ἐνιαυτοῦ ἐκείνου ἐπροφήτευσεν ὅτι ἔμελλεν Ἰησοῦς ἀποθνήσκειν ὑπὲρ τοῦ ἔθνους, ⁵²καὶ οὐχ ὑπὲρ τοῦ ἔθνους μόνον ἀλλ' ἵνα καὶ τὰ τέκνα τοῦ θεοῦ τὰ διεσκορπισμένα συναγάγῃ εἰς ἕν. ⁵³ἀπ' ἐκείνης οὖν τῆς ἡμέρας ἐβουλεύσαντο ἵνα ἀποκτείνωσιν αὐτόν. ⁵⁴ὁ οὖν Ἰησοῦς οὐκέτι παρρησίᾳ περιεπάτει ἐν τοῖς Ἰουδαίοις, ἀλλὰ ἀπῆλθεν ἐκεῖθεν εἰς τὴν χώραν ἐγγὺς τῆς ἐρήμου, εἰς Ἐφραὶμ λεγομένην πόλιν, κἀκεῖ ἔμεινεν μετὰ τῶν μαθητῶν. ⁵⁵ἦν δὲ ἐγγὺς τὸ πάσχα τῶν Ἰουδαίων, καὶ ἀνέβησαν πολλοὶ εἰς Ἱεροσόλυμα ἐκ τῆς χώρας πρὸ τοῦ πάσχα ἵνα ἁγνίσωσιν ἑαυτούς. ⁵⁶ἐζήτουν οὖν τὸν Ἰησοῦν καὶ ἔλεγον μετ' ἀλλήλων ἐν τῷ ἱερῷ ἑστηκότες, τί δοκεῖ ὑμῖν; ὅτι οὐ μὴ ἔλθῃ εἰς τὴν ἑορτήν; ⁵⁷δεδώκεισαν δὲ οἱ ἀρχιερεῖς καὶ οἱ Φαρισαῖοι ἐντολὰς ἵνα ἐάν τις γνῷ ποῦ ἐστιν μηνύσῃ, ὅπως πιάσωσιν αὐτόν.

---

⁴⁵ θεασάμενοι aor pple θεάομαι watch
συνήγαγον aor 3 pl συνάγω bring together, convene
συνέδριον -ου n Sanhedrin (highest Jewish council in religious and civil matters)
τί ποιοῦμεν ὅτι ...; transl what are we doing about the fact that ...?
ἀφῶμεν aor subj 1 pl ἀφίημι
ἐλεύσονται fut 3 pl ἔρχομαι
ἀροῦσιν fut 3 pl αἴρω
τόπος here refers to the Temple

Καϊάφας -α m Caiaphas
ἐνιαυτός -οῦ m year
οὐδέν redundant neg
⁵⁰ λογίζομαι take into account, consider
συμφέρει it is an advantage, it is expedient
ἀποθάνῃ aor subj 3 sg ἀποθνήσκω
ἀπόληται aor mid subj 3 sg ἀπόλλυμι
ἀφ' ἑαυτοῦ of his own accord
προφητεύω prophesy
διεσκορπισμένα pf pass pple διασκορπίζω scatter, disperse

John 11

συναγάγῃ *aor subj 3 sg* συνάγω
ἐβουλεύσαντο *aor 3 pl*
  βουλεύομαι plan
ἀποκτείνωσιν *aor subj 3 pl* ἀποκτείνω
οὐκέτι no longer
παρρησίᾳ openly, publicly
ἐκεῖθεν from there
χώρα -ας *f* country, region
ἐγγύς + *gen* near
ἔρημος -ου *f* desert
Ἐφραίμ *m* Ephraim
λεγομένην *here* called
κἀκεῖ = καὶ ἐκεῖ *(crasis)*
55 πάσχα *n* Passover
ἀνέβησαν *aor 3 pl* ἀναβαίνω
πρό + *gen* before

ἁγνίσωσιν *aor subj 3 pl* ἁγνίζω purify,
  cleanse (ceremonially)
μετ᾽ ἀλλήλων among themselves
ἑστηκότες *pf (pres sense, intr) pple*
  ἵστημι
τί δοκεῖ ὑμῖν; what do you think?
οὐ μή + *aor subj* emphatic neg
ἔλθῃ *aor subj 3 sg* ἔρχομαι
ἑορτή -ῆς *f* festival
δεδώκεισαν *plpf 3 pl* δίδωμι
γνῷ *aor subj 3 sg* γινώσκω
μηνύσῃ *aor subj 3 sg* μηνύω disclose,
  give information
ὅπως = ἵνα
πιάσωσιν *aor subj 3 pl* πιάζω seize,
  arrest

Section Five

LUKE 22–24

The passion narrative, the story of the final conflict, appears in all four gospels in broadly similar form, suggesting that it acquired a fixed shape at an early date. And whereas much of the material in the synoptic gospels seems to have been constructed (variously, and artfully) from individual units of tradition, the story of the events leading to the death of Jesus has in each version a notable unity and sense of inevitable onward movement. Characteristically however Luke's account shows the most skilful arrangement. The story of the Emmaus road is in Luke alone. It has some features in common with recognition scenes in classical literature. It also renews the emphasis of Luke's opening chapters on scripture and the fulfilment of prophecy.

Chapter 22

Verses 1–13: The plot to kill Jesus; the preparation of the Passover

¹ἤγγιζεν δὲ ἡ ἑορτὴ τῶν ἀζύμων ἡ λεγομένη πάσχα. ²καὶ ἐζήτουν οἱ ἀρχιερεῖς καὶ οἱ γραμματεῖς τὸ πῶς ἀνέλωσιν αὐτόν, ἐφοβοῦντο γὰρ τὸν λαόν. ³εἰσῆλθεν δὲ Σατανᾶς εἰς Ἰούδαν τὸν καλούμενον Ἰσκαριώτην, ὄντα ἐκ τοῦ ἀριθμοῦ τῶν δώδεκα· ⁴καὶ ἀπελθὼν συνελάλησεν τοῖς ἀρχιερεῦσιν καὶ στρατηγοῖς τὸ πῶς αὐτοῖς παραδῷ αὐτόν. ⁵καὶ ἐχάρησαν καὶ συνέθεντο αὐτῷ ἀργύριον δοῦναι. ⁶καὶ ἐξωμολόγησεν, καὶ ἐζήτει εὐκαιρίαν τοῦ παραδοῦναι αὐτὸν ἄτερ ὄχλου αὐτοῖς. ⁷ἦλθεν δὲ ἡ ἡμέρα τῶν ἀζύμων, ἐν ᾗ ἔδει θύεσθαι τὸ πάσχα. ⁸καὶ ἀπέστειλεν Πέτρον καὶ Ἰωάννην εἰπών, πορευθέντες ἑτοιμάσατε ἡμῖν τὸ πάσχα ἵνα φάγωμεν. ⁹οἱ δὲ εἶπαν αὐτῷ, ποῦ θέλεις ἑτοιμάσωμεν; ¹⁰ὁ δὲ εἶπεν αὐτοῖς, ἰδοὺ εἰσελθόντων ὑμῶν εἰς τὴν πόλιν συναντήσει ὑμῖν ἄνθρωπος

κεράμιον ὕδατος βαστάζων· ἀκολουθήσατε αὐτῷ εἰς τὴν οἰκίαν εἰς ἣν
εἰσπορεύεται. ¹¹καὶ ἐρεῖτε τῷ οἰκοδεσπότῃ τῆς οἰκίας, λέγει σοι ὁ δι-
δάσκαλος, ποῦ ἐστιν τὸ κατάλυμα ὅπου τὸ πάσχα μετὰ τῶν μαθητῶν
μου φάγω; ¹²κἀκεῖνος ὑμῖν δείξει ἀνάγαιον μέγα ἐστρωμένον· ἐκεῖ
ἑτοιμάσατε. ¹³ἀπελθόντες δὲ εὗρον καθὼς εἰρήκει αὐτοῖς, καὶ ἡτοίμα-
σαν τὸ πάσχα.

ἐγγίζω draw near
ἑορτή -ῆς f festival
ἄζυμα -ων n Jewish Feast of
  Unleavened Bread
λεγομένη here called
πάσχα n Passover
τὸ πῶς how introd indirect qu
ἀνέλωσιν aor subj 3 pl
  ἀναιρέω remove, kill
Σατανᾶς -ᾶ m Satan
Ἰούδας -α m Judas
Ἰσκαριώτης -ου m Iscariot
ἀριθμός -οῦ m number
συνελάλησεν aor 3 sg συλλαλέω speak
  to + dat
στρατηγός -οῦ m here captain of
  Temple guard
παραδῷ aor subj 3 sg παραδίδωμι
5 ἐχάρησαν aor 3 pl χαίρω be delighted
συνέθεντο aor 3 pl συντίθεμαι agree
ἀργύριον -ου n silver, money
δοῦναι aor inf δίδωμι
ἐξωμολόγησεν aor 3 sg ἐξομολογέω
  consent
εὐκαιρία -ας f opportunity
τοῦ + inf expresses purpose
παραδοῦναι aor inf παραδίδωμι
ἄτερ + gen without, apart from

θύω sacrifice
πάσχα here Paschal lamb
Ἰωάννης -ου m John
πορευθέντες aor pple πορεύομαι
ἑτοιμάσατε aor impv 2 pl ἑτοιμάζω
  prepare
φάγωμεν aor subj 1 pl ἐσθίω
εἶπαν = εἶπον
ἑτοιμάσωμεν aor subj 1 pl ἑτοιμάζω
10 εἰσελθόντων aor pple εἰσέρχομαι
συναντάω meet
κεράμιον -ου n jar
βαστάζω carry
ἀκολουθήσατε aor impv 2 pl
  ἀκολουθέω
εἰσπορεύομαι go in
ἐρεῖτε fut 2 pl λέγω
οἰκοδεσπότης -ου m master of the
  house
κατάλυμα -ατος n room, guest room
φάγω aor subj 1 sg ἐσθίω
κἀκεῖνος = καὶ ἐκεῖνος (crasis)
δείξει fut 3 sg δείκνυμι show
ἀνάγαιον -ου n upstairs room
ἐστρωμένον pf pass pple
  στρώννυμι spread, set out
εἰρήκει plpf 3 sg λέγω
ἡτοίμασαν aor 3 pl ἑτοιμάζω

Verses 14–23: The institution of the Lord's Supper

¹⁴καὶ ὅτε ἐγένετο ἡ ὥρα, ἀνέπεσεν καὶ οἱ ἀπόστολοι σὺν αὐτῷ. ¹⁵καὶ εἶπεν πρὸς αὐτούς, ἐπιθυμίᾳ ἐπεθύμησα τοῦτο τὸ πάσχα φαγεῖν μεθ' ὑμῶν πρὸ τοῦ με παθεῖν· ¹⁶λέγω γὰρ ὑμῖν ὅτι οὐ μὴ φάγω αὐτὸ ἕως ὅτου πληρωθῇ ἐν τῇ βασιλείᾳ τοῦ θεοῦ. ¹⁷καὶ δεξάμενος ποτήριον εὐχαριστήσας εἶπεν, λάβετε τοῦτο καὶ διαμερίσατε εἰς ἑαυτούς· ¹⁸λέγω γὰρ ὑμῖν ὅτι οὐ μὴ πίω ἀπὸ τοῦ νῦν ἀπὸ τοῦ γενήματος τῆς ἀμπέλου ἕως οὗ ἡ βασιλεία τοῦ θεοῦ ἔλθῃ. ¹⁹καὶ λαβὼν ἄρτον εὐχαριστήσας ἔκλασεν καὶ ἔδωκεν αὐτοῖς λέγων, τοῦτό ἐστιν τὸ σῶμά μου τὸ ὑπὲρ ὑμῶν διδόμενον· τοῦτο ποιεῖτε εἰς τὴν ἐμὴν ἀνάμνησιν. ²⁰καὶ τὸ ποτήριον ὡσαύτως μετὰ τὸ δειπνῆσαι, λέγων, τοῦτο τὸ ποτήριον ἡ καινὴ διαθήκη ἐν τῷ αἵματί μου, τὸ ὑπὲρ ὑμῶν ἐκχυννόμενον. ²¹πλὴν ἰδοὺ ἡ χεὶρ τοῦ παραδιδόντος με μετ' ἐμοῦ ἐπὶ τῆς τραπέζης· ²²ὅτι ὁ υἱὸς μὲν τοῦ ἀνθρώπου κατὰ τὸ ὡρισμένον πορεύεται, πλὴν οὐαὶ τῷ ἀνθρώπῳ ἐκείνῳ δι' οὗ παραδίδοται. ²³καὶ αὐτοὶ ἤρξαντο συζητεῖν πρὸς ἑαυτοὺς τὸ τίς ἄρα εἴη ἐξ αὐτῶν ὁ τοῦτο μέλλων πράσσειν.

ἀνέπεσεν aor 3 sg ἀναπίπτω sit at table, recline
15 ἐπιθυμία -ας f desire, longing
  ἐπεθύμησα aor 1 sg ἐπιθυμέω desire, long cognate noun strengthens vb
  φαγεῖν aor inf ἐσθίω
  πρὸ τοῦ + acc + inf before
  παθεῖν aor inf πάσχω suffer
  οὐ μή + subj emphatic neg
  φάγω aor subj 1 sg ἐσθίω
  ἕως ὅτου + aor subj until such time as
  πληρωθῇ aor pass subj 3 sg πληρόω complete, fulfil
  δεξάμενος aor pple δέχομαι
  ποτήριον -ου n cup
  εὐχαριστήσας aor pple εὐχαριστέω give thanks
  λάβετε aor impv 2 pl λαμβάνω
  διαμερίσατε aor impv 2 pl διαμερίζω share out
  ἑαυτούς here for ὑμᾶς αὐτούς
  πίω aor subj 1 sg πίνω
  ἀπὸ τοῦ νῦν from this time
  γένημα -ατος n fruit

ἄμπελος -ου f vine
ἕως οὗ like ἕως ὅτου vs 16
ἔλθῃ aor subj 3 sg ἔρχομαι
ἔκλασεν aor 3 sg κλάω break
διδόμενον pass pple δίδωμι
ἀνάμνησις -εως f remembrance
20 ὡσαύτως in the same way
  μετὰ τό + inf after
  δειπνῆσαι aor inf δειπνέω eat a meal, dine
  καινός -ή -όν new
  διαθήκη -ης f covenant, testament
  ἐκχύννω pour out
  πλήν here but
  παραδιδόντος pple παραδίδωμι
  τράπεζα -ης f table
  ὡρισμένον pf pass pple ὁρίζω appoint, determine
  οὐαί alas!
  συζητέω discuss
  πρός here among
  ἄρα then inferential
  εἴη opt 3 sg εἰμί
  πράσσω do

Verses 24–34: The dispute about greatness; Peter's denial foretold

²⁴ἐγένετο δὲ καὶ φιλονεικία ἐν αὐτοῖς, τὸ τίς αὐτῶν δοκεῖ εἶναι μείζων. ²⁵ὁ δὲ εἶπεν αὐτοῖς, οἱ βασιλεῖς τῶν ἐθνῶν κυριεύουσιν αὐτῶν καὶ οἱ ἐξουσιάζοντες αὐτῶν εὐεργέται καλοῦνται. ²⁶ὑμεῖς δὲ οὐχ οὕτως, ἀλλ' ὁ μείζων ἐν ὑμῖν γινέσθω ὡς ὁ νεώτερος, καὶ ὁ ἡγούμενος ὡς ὁ διακονῶν. ²⁷τίς γὰρ μείζων, ὁ ἀνακείμενος ἢ ὁ διακονῶν; οὐχὶ ὁ ἀνακείμενος; ἐγὼ δὲ ἐν μέσῳ ὑμῶν εἰμι ὡς ὁ διακονῶν. ²⁸ὑμεῖς δέ ἐστε οἱ διαμεμενηκότες μετ' ἐμοῦ ἐν τοῖς πειρασμοῖς μου· ²⁹κἀγὼ διατίθεμαι ὑμῖν καθὼς διέθετό μοι ὁ πατήρ μου βασιλείαν ³⁰ἵνα ἔσθητε καὶ πίνητε ἐπὶ τῆς τραπέζης μου ἐν τῇ βασιλείᾳ μου, καὶ καθήσεσθε ἐπὶ θρόνων τὰς δώδεκα φυλὰς κρίνοντες τοῦ Ἰσραήλ. ³¹Σίμων Σίμων, ἰδοὺ ὁ Σατανᾶς ἐξῃτήσατο ὑμᾶς τοῦ σινιάσαι ὡς τὸν σῖτον· ³²ἐγὼ δὲ ἐδεήθην περὶ σοῦ ἵνα μὴ ἐκλίπῃ ἡ πίστις σου· καὶ σύ ποτε ἐπιστρέψας στήρισον τοὺς ἀδελφούς σου. ³³ὁ δὲ εἶπεν αὐτῷ, κύριε, μετὰ σοῦ ἕτοιμός εἰμι καὶ εἰς φυλακὴν καὶ εἰς θάνατον πορεύεσθαι. ³⁴ὁ δὲ εἶπεν, λέγω σοι, Πέτρε, οὐ φωνήσει σήμερον ἀλέκτωρ ἕως τρίς με ἀπαρνήσῃ εἰδέναι.

φιλονεικία -ας f dispute
μείζων -ον here greatest
25 κυριεύω lord it over + gen
ἐξουσιάζω wield authority over + gen
εὐεργέτης -ου m benefactor
γινέσθω impv 3 sg γίνομαι
νεώτερος -α -ον here youngest
ἡγέομαι lead, be in authority
διακονέω serve
ἀνάκειμαι sit at table
διαμεμενήκοτες pf pple
  διαμένω remain throughout
πειρασμός -οῦ m temptation, trial
κἀγώ = καὶ ἐγώ (crasis)
διατίθεμαι appoint, entrust
διέθετο aor 3 sg διατίθεμαι
30 ἔσθω = ἐσθίω
καθήσεσθε fut 2 pl κάθημαι sit
θρόνος -ου m throne
φυλή -ῆς f tribe

ἐξῃτήσατο aor 3 sg ἐξαιτέομαι ask permission, demand
σινιάσαι aor inf σινιάζω sift, sieve
σῖτος -ου m wheat
ἐδεήθην aor 3 sg δέομαι beg, pray
περί + gen here for
ἐκλίπῃ aor subj 3 sg ἐκλείπω fail
ἐπιστρέψας aor pple ἐπιστρέφω turn back, come to oneself
στήρισον aor impv 2 sg
  στηρίζω strengthen, support
ἕτοιμος -η -ον ready
φυλακή -ῆς f prison
φωνέω here crow
σήμερον here tonight
ἀλέκτωρ -ορος m cock
τρίς three times
ἀπαρνήσῃ aor subj 2 sg ἀπαρνέομαι deny
εἰδέναι inf οἶδα

Verses 35–46: Purse, bag and sword; the prayer on the Mount of Olives

³⁵καὶ εἶπεν αὐτοῖς, ὅτε ἀπέστειλα ὑμᾶς ἄτερ βαλλαντίου καὶ πήρας καὶ ὑποδημάτων, μή τινος ὑστερήσατε; οἱ δὲ εἶπαν, οὐθενός. ³⁶εἶπεν δὲ αὐτοῖς, ἀλλὰ νῦν ὁ ἔχων βαλλάντιον ἀράτω, ὁμοίως καὶ πήραν, καὶ ὁ μὴ ἔχων πωλησάτω τὸ ἱμάτιον αὐτοῦ καὶ ἀγορασάτω μάχαιραν. ³⁷λέγω γὰρ ὑμῖν ὅτι τοῦτο τὸ γεγραμμένον δεῖ τελεσθῆναι ἐν ἐμοί, τὸ καὶ μετὰ ἀνόμων ἐλογίσθη· καὶ γὰρ τὸ περὶ ἐμοῦ τέλος ἔχει. ³⁸οἱ δὲ εἶπαν, κύριε, ἰδοὺ μάχαιραι ὧδε δύο. ὁ δὲ εἶπεν αὐτοῖς, ἱκανόν ἐστιν. ³⁹καὶ ἐξελθὼν ἐπορεύθη κατὰ τὸ ἔθος εἰς τὸ Ὄρος τῶν Ἐλαιῶν· ἠκολούθησαν δὲ αὐτῷ καὶ οἱ μαθηταί. ⁴⁰γενόμενος δὲ ἐπὶ τοῦ τόπου εἶπεν αὐτοῖς, προσεύχεσθε μὴ εἰσελθεῖν εἰς πειρασμόν. ⁴¹καὶ αὐτὸς ἀπεσπάσθη ἀπ' αὐτῶν ὡσεὶ λίθου βολήν, καὶ θεὶς τὰ γόνατα προσηύχετο ⁴²λέγων, πάτερ, εἰ βούλει παρένεγκε τοῦτο τὸ ποτήριον ἀπ' ἐμοῦ· πλὴν μὴ τὸ θέλημά μου ἀλλὰ τὸ σὸν γινέσθω. ⁴³ὤφθη δὲ αὐτῷ ἄγγελος ἀπ' οὐρανοῦ ἐνισχύων αὐτόν. ⁴⁴καὶ γενόμενος ἐν ἀγωνίᾳ ἐκτενέστερον προσηύχετο· καὶ ἐγένετο ὁ ἱδρὼς αὐτοῦ ὡσεὶ θρόμβοι αἵματος καταβαίνοντες ἐπὶ τὴν γῆν. ⁴⁵καὶ ἀναστὰς ἀπὸ τῆς προσευχῆς ἐλθὼν πρὸς τοὺς μαθητὰς εὗρεν κοιμωμένους αὐτοὺς ἀπὸ τῆς λύπης, ⁴⁶καὶ εἶπεν αὐτοῖς, τί καθεύδετε; ἀναστάντες προσεύχεσθε, ἵνα μὴ εἰσέλθητε εἰς πειρασμόν.

³⁵ ἄτερ + gen without
βαλλάντιον -ου n purse
πήρα -ας f bag
ὑπόδημα -ατος n sandal
μή here surely not?
ὑστερήσατε aor 2 pl ὑστερέω lack, be short of + gen
οὐθέν = οὐδέν
ἀράτω aor impv 3 sg αἴρω
ὁμοίως likewise
ὁ μὴ ἔχων he who does not have obj is μάχαιραν
πωλησάτω aor impv 3 sg πωλέω sell
ἱμάτιον -ου n cloak
ἀγορασάτω aor impv 3 sg ἀγοράζω buy
μάχαιρα -ας f sword

γεγραμμένον pf pass pple γράφω
τελεσθῆναι aor pass inf τελέω fulfil, accomplish
καὶ ... ἐλογίσθη is a quotation from Isaiah 53.12
ἄνομος -ον lawless
ἐλογίσθη aor pass 3 sg λογίζομαι reckon among, class with
καὶ γάρ for in fact
τέλος -ους n fulfilment
ἱκανός -ή -όν enough
ἔθος -ους n custom
ἐλαία -ας f olive, olive-tree
⁴⁰ ἀπεσπάσθη aor pass 3 sg ἀποσπάω draw away pass be parted
ὡσεί as it were, about
βολή -ῆς f throw

θείς *aor pple* τίθημι
γόνυ -ατος *n* knee
παρένεγκε *aor impv 2 sg* παραφέρω
   cause to pass, take away
τὸ σόν *supply* θέλημα
γινέσθω *impv 3 sg* γίνομαι
ὤφθη *aor pass 3 sg* ὁράω *pass* appear
ἐνισχύω strengthen
ἀγωνία -ας *f* agony, dread
ἐκτενέστερον more earnestly

ἱδρῶς -ῶτος *m* sweat
ὡσεί *here* like
θρόμβος -ου *m* clot
45 ἀναστάς *aor (intr) pple* ἀνίστημι
προσευχή -ῆς *f* prayer
κοιμάομαι sleep
ἀπό + *gen here* because of
λύπη -ης *f* sorrow
καθεύδω sleep
εἰσέλθητε *aor subj 2 pl* εἰσέρχομαι

Verses 47–62: The betrayal and arrest of Jesus; Peter's denial

⁴⁷ἔτι αὐτοῦ λαλοῦντος ἰδοὺ ὄχλος, καὶ ὁ λεγόμενος Ἰούδας εἷς τῶν δώδεκα προήρχετο αὐτούς, καὶ ἤγγισεν τῷ Ἰησοῦ φιλῆσαι αὐτόν. ⁴⁸Ἰησοῦς δὲ εἶπεν αὐτῷ, Ἰούδα, φιλήματι τὸν υἱὸν τοῦ ἀνθρώπου παραδίδως; ⁴⁹ἰδόντες δὲ οἱ περὶ αὐτὸν τὸ ἐσόμενον εἶπαν, κύριε, εἰ πατάξομεν ἐν μαχαίρῃ; ⁵⁰καὶ ἐπάταξεν εἷς τις ἐξ αὐτῶν τοῦ ἀρχιερέως τὸν δοῦλον καὶ ἀφεῖλεν τὸ οὖς αὐτοῦ τὸ δεξιόν. ⁵¹ἀποκριθεὶς δὲ ὁ Ἰησοῦς εἶπεν, ἐᾶτε ἕως τούτου· καὶ ἁψάμενος τοῦ ὠτίου ἰάσατο αὐτόν. ⁵²εἶπεν δὲ Ἰησοῦς πρὸς τοὺς παραγενομένους ἐπ᾽ αὐτὸν ἀρχιερεῖς καὶ στρατηγοὺς τοῦ ἱεροῦ καὶ πρεσβυτέρους, ὡς ἐπὶ λῃστὴν ἐξήλθατε μετὰ μαχαιρῶν καὶ ξύλων; ⁵³καθ᾽ ἡμέραν ὄντος μου μεθ᾽ ὑμῶν ἐν τῷ ἱερῷ οὐκ ἐξετείνατε τὰς χεῖρας ἐπ᾽ ἐμέ· ἀλλ᾽ αὕτη ἐστὶν ὑμῶν ἡ ὥρα καὶ ἡ ἐξουσία τοῦ σκότους. ⁵⁴συλλαβόντες δὲ αὐτὸν ἤγαγον καὶ εἰσήγαγον εἰς τὴν οἰκίαν τοῦ ἀρχιερέως· ὁ δὲ Πέτρος ἠκολούθει μακρόθεν. ⁵⁵περιαψάντων δὲ πῦρ ἐν μέσῳ τῆς αὐλῆς καὶ συγκαθισάντων ἐκάθητο ὁ Πέτρος μέσος αὐτῶν. ⁵⁶ἰδοῦσα δὲ αὐτὸν παιδίσκη τις καθήμενον πρὸς τὸ φῶς καὶ ἀτενίσασα αὐτῷ εἶπεν, καὶ οὗτος σὺν αὐτῷ ἦν· ⁵⁷ὁ δὲ ἠρνήσατο λέγων, οὐκ οἶδα αὐτόν, γύναι. ⁵⁸καὶ μετὰ βραχὺ ἕτερος ἰδὼν αὐτὸν ἔφη, καὶ σὺ ἐξ αὐτῶν εἶ· ὁ δὲ Πέτρος ἔφη, ἄνθρωπε, οὐκ εἰμί. ⁵⁹καὶ διαστάσης ὡσεὶ ὥρας μιᾶς ἄλλος τις διϊσχυρίζετο λέγων, ἐπ᾽ ἀληθείας καὶ οὗτος μετ᾽ αὐτοῦ ἦν, καὶ γὰρ Γαλιλαῖός ἐστιν· ⁶⁰εἶπεν δὲ ὁ Πέτρος, ἄνθρωπε, οὐκ οἶδα ὃ λέγεις. καὶ παραχρῆμα ἔτι λαλοῦντος αὐτοῦ ἐφώνησεν ἀλέκτωρ. ⁶¹καὶ στραφεὶς ὁ κύριος ἐνέβλεψεν τῷ Πέτρῳ, καὶ ὑπεμνήσθη ὁ Πέτρος τοῦ ῥήματος τοῦ κυρίου ὡς εἶπεν αὐτῷ ὅτι πρὶν ἀλέκτορα φωνῆσαι σήμερον ἀπαρνήσῃ με τρίς· ⁶²καὶ ἐξελθὼν ἔξω ἔκλαυσεν πικρῶς.

προέρχομαι walk at the head of
φιλῆσαι aor inf φιλέω here kiss
φίλημα -ατος n kiss
ἐσόμενον fut pple εἰμί
εἰ here introd qu
πατάξομεν fut 1 pl πατάσσω strike
ἐν + dat here with
⁵⁰ ἐπάταξεν aor 3 sg πατάσσω
ἀφεῖλεν aor 3 sg ἀφαιρέω take off
οὖς, ὠτός n ear

ἀποκριθείς aor pple ἀποκρίνομαι
ἐάω here let be, stop
ἕως τούτου lit up to here hence that is
  enough
ἁψάμενος aor pple
  ἅπτομαι touch + gen
ὠτίον -ου n ear
ἰάσατο aor 3 sg ἰάομαι heal
παραγίνομαι ἐπί + acc come to arrest
λῃστής -οῦ m robber, bandit

ξύλον -ου *n* club
καθ᾽ ἡμέραν daily, day after day
ἐξετείνατε *aor 2 pl* ἐκτείνω stretch out
σκότος -ους *n* darkness
συλλαμβάνω arrest
εἰσάγω bring in
μακρόθεν at a distance
55 περιαψάντων *aor pple* περιάπτω light
αὐλή -ῆς *f* courtyard
συγκαθισάντων *aor pple*
  συγκαθίζω sit down together
παιδίσκη -ης *f* maidservant
πρὸς τὸ φῶς *transl* in the firelight
ἀτενίσασα *aor pple* ἀτενίζω stare
  at + *dat*
ἠρνήσατο *aor 3 sg* ἀρνέομαι deny

μετὰ βραχύ after a short time
διαστάσης *aor (intr) pple* διΐστημι *lit*
  separate *hence* intervene, pass
διϊσχυρίζομαι insist
ἐπ᾽ ἀληθείας certainly, of course
Γαλιλαῖος -α -ον Galilean
60 παραχρῆμα immediately
στραφείς *aor pass pple* στρέφω turn
  here refl
ἐνέβλεψεν *aor 3 sg* ἐμβλέπω look
  straight at + *dat*
ὑπεμνήσθη *aor pass 3 sg* ὑπομιμνή-
  σκω remind *pass* remember + *gen*
φωνῆσαι *aor inf* φωνέω
ἔκλαυσεν *aor 3 sg* κλαίω weep
πικρῶς bitterly

Verses 63–71: The mocking and beating of Jesus

⁶³καὶ οἱ ἄνδρες οἱ συνέχοντες αὐτὸν ἐνέπαιζον αὐτῷ δέροντες, ⁶⁴καὶ περικαλύψαντες αὐτὸν ἐπηρώτων λέγοντες, προφήτευσον, τίς ἐστιν ὁ παίσας σε; ⁶⁵καὶ ἕτερα πολλὰ βλασφημοῦντες ἔλεγον εἰς αὐτόν. ⁶⁶καὶ ὡς ἐγένετο ἡμέρα, συνήχθη τὸ πρεσβυτέριον τοῦ λαοῦ, ἀρχιερεῖς τε καὶ γραμματεῖς, καὶ ἀπήγαγον αὐτὸν εἰς τὸ συνέδριον αὐτῶν, ⁶⁷λέγοντες, εἰ σὺ εἶ ὁ Χριστός, εἰπὸν ἡμῖν. εἶπεν δὲ αὐτοῖς, ἐὰν ὑμῖν εἴπω οὐ μὴ πιστεύσητε· ⁶⁸ἐὰν δὲ ἐρωτήσω οὐ μὴ ἀποκριθῆτε. ⁶⁹ἀπὸ τοῦ νῦν δὲ ἔσται ὁ υἱὸς τοῦ ἀνθρώπου καθήμενος ἐκ δεξιῶν τῆς δυνάμεως τοῦ θεοῦ. ⁷⁰εἶπαν δὲ πάντες, σὺ οὖν εἶ ὁ υἱὸς τοῦ θεοῦ; ὁ δὲ πρὸς αὐτοὺς ἔφη, ὑμεῖς λέγετε ὅτι ἐγώ εἰμι. ⁷¹οἱ δὲ εἶπαν, τί ἔτι ἔχομεν μαρτυρίας χρείαν; αὐτοὶ γὰρ ἠκούσαμεν ἀπὸ τοῦ στόματος αὐτοῦ.

συνέχω hold, guard
ἐμπαίζω mock, ridicule + dat
δέρω beat
περικαλύψαντες aor pple
  περικαλύπτω blindfold
προφήτευσον aor impv 2 sg
  προφητεύω prophesy
παίσας aor pple παίω strike
65 βλασφημέω here insult
συνήχθη aor pass 3 sg συνάγω gather
  together here refl
πρεσβυτέριον -ου n body of elders

ἀπάγω lead away
συνέδριον -ου n here council chamber
εἰπόν = εἰπέ aor impv 2 sg λέγω
εἴπω aor subj 1 sg λέγω
πιστεύσητε aor subj 2 pl πιστεύω
ἐρωτήσω aor subj 1 sg ἐρωτάω
ἀποκριθῆτε aor subj 2 pl ἀποκρίνομαι
ὁ υἱὸς ... θεοῦ is a quotation from
  Psalm 110.1
ἐκ δεξιῶν at the right hand
70 μαρτυρία -ας f evidence
χρεία -ας f need

Chapter 23

Verses 1–12: Jesus before Pilate, and before Herod

¹καὶ ἀναστὰν ἅπαν τὸ πλῆθος αὐτῶν ἤγαγον αὐτὸν ἐπὶ τὸν Πιλᾶτον. ²ἤρξαντο δὲ κατηγορεῖν αὐτοῦ λέγοντες, τοῦτον εὕραμεν διαστρέφοντα τὸ ἔθνος ἡμῶν καὶ κωλύοντα φόρους Καίσαρι διδόναι καὶ λέγοντα ἑαυτὸν Χριστὸν βασιλέα εἶναι. ³ὁ δὲ Πιλᾶτος ἠρώτησεν αὐτὸν λέγων, σὺ εἶ ὁ βασιλεὺς τῶν Ἰουδαίων; ὁ δὲ ἀποκριθεὶς αὐτῷ ἔφη, σὺ λέγεις. ⁴ὁ δὲ Πιλᾶτος εἶπεν πρὸς τοὺς ἀρχιερεῖς καὶ τοὺς ὄχλους, οὐδὲν εὑρίσκω αἴτιον ἐν τῷ ἀνθρώπῳ τούτῳ. ⁵οἱ δὲ ἐπίσχυον λέγοντες ὅτι ἀνασείει τὸν λαὸν διδάσκων καθ᾽ ὅλης τῆς Ἰουδαίας, καὶ ἀρξάμενος ἀπὸ τῆς Γαλιλαίας ἕως ὧδε. ⁶Πιλᾶτος δὲ ἀκούσας ἐπηρώτησεν εἰ ὁ ἄνθρωπος Γαλιλαῖός ἐστιν· ⁷καὶ ἐπιγνοὺς ὅτι ἐκ τῆς ἐξουσίας Ἡρώδου ἐστὶν ἀνέπεμψεν αὐτὸν πρὸς Ἡρώδην, ὄντα καὶ αὐτὸν ἐν Ἱεροσολύμοις ἐν ταύταις ταῖς ἡμέραις. ⁸ὁ δὲ Ἡρώδης ἰδὼν τὸν Ἰησοῦν ἐχάρη λίαν, ἦν γὰρ ἐξ ἱκανῶν χρόνων θέλων ἰδεῖν αὐτὸν διὰ τὸ ἀκούειν περὶ αὐτοῦ, καὶ ἤλπιζέν τι σημεῖον ἰδεῖν ὑπ᾽ αὐτοῦ γινόμενον. ⁹ἐπηρώτα δὲ αὐτὸν ἐν λόγοις ἱκανοῖς· αὐτὸς δὲ οὐδὲν ἀπεκρίνατο αὐτῷ. ¹⁰εἱστήκεισαν δὲ οἱ ἀρχιερεῖς καὶ οἱ γραμματεῖς εὐτόνως κατηγοροῦντες αὐτοῦ. ¹¹ἐξουθενήσας δὲ αὐτὸν καὶ ὁ Ἡρώδης σὺν τοῖς στρατεύμασιν αὐτοῦ καὶ ἐμπαίξας περιβαλὼν ἐσθῆτα λαμπρὰν ἀνέπεμψεν αὐτὸν τῷ Πιλάτῳ. ¹²ἐγένοντο δὲ φίλοι ὅ τε Ἡρώδης καὶ ὁ Πιλᾶτος ἐν αὐτῇ τῇ ἡμέρᾳ μετ᾽ ἀλλήλων· προϋπῆρχον γὰρ ἐν ἔχθρᾳ ὄντες πρὸς αὐτούς.

ἀναστάν aor (intr) pple ἀνίστημι
ἅπαν = πᾶν
ἤγαγον aor 3 pl ἄγω pl for the sense
Πιλᾶτος -ου m Pilate
ἤρξαντο aor 3 pl ἄρχομαι
κατηγορέω accuse + gen
διαστρέφω mislead
κωλύω hinder, oppose
φόρος -ου m tax
Καῖσαρ -ος m Caesar, Roman emperor
ἀποκριθείς aor pple ἀποκρίνομαι
αἴτιον -ου n guilt, crime
5 ἐπισχύω insist
ἀνασείω stir up

Ἰουδαία -ας f Judea
ἕως ὧδε as far as here
Γαλιλαῖος -α -ον Galilean
ἐπιγνούς aor pple ἐπιγινώσκω ascertain
ἐκ + gen here belonging to
Ἡρώδης -ου m Herod
ἀναπέμπω remit, send up (to higher court)
ἐχάρη aor pass (act sense) 3 sg χαίρω
ἐξ ἱκανῶν χρόνων for a long time
ἐλπίζω hope
ἰδεῖν aor inf ὁράω
10 εἱστήκεισαν plpf (impf sense, intr) 3 pl ἵστημι

εὐτόνως vigorously
ἐξουθενέω treat with contempt
στράτευμα -ατος n army *pl* troops
ἐμπαίξας aor *pple* ἐμπαίζω mock,
   ridicule + *dat*
περιβάλλω dress, put on
ἐσθής -ῆτος *f* robe

λαμπρός -ά -όν splendid
ἀναπέμπω *here* send back
φίλος -ου *m* friend
ἐν αὐτῇ τῇ ἡμέρᾳ that very day
προϋπάρχω be previously
ἔχθρα -ας *f* hostility

Verses 13–25: Jesus sentenced to die

¹³Πιλᾶτος δὲ συγκαλεσάμενος τοὺς ἀρχιερεῖς καὶ τοὺς ἄρ-
χοντας καὶ τὸν λαὸν ¹⁴εἶπεν πρὸς αὐτούς, προσηνέγκατέ μοι τὸν
ἄνθρωπον τοῦτον ὡς ἀποστρέφοντα τὸν λαόν, καὶ ἰδοὺ ἐγὼ ἐνώπιον
ὑμῶν ἀνακρίνας οὐθὲν εὗρον ἐν τῷ ἀνθρώπῳ τούτῳ αἴτιον ὧν κατη-
γορεῖτε κατ᾽ αὐτοῦ, ¹⁵ἀλλ᾽ οὐδὲ Ἡρῴδης· ἀνέπεμψεν γὰρ αὐτὸν πρὸς
ἡμᾶς· καὶ ἰδοὺ οὐδὲν ἄξιον θανάτου ἐστὶν πεπραγμένον αὐτῷ. ¹⁶παι-
δεύσας οὖν αὐτὸν ἀπολύσω. ¹⁸ἀνέκραγον δὲ παμπληθεὶ λέγοντες, αἶρε
τοῦτον, ἀπόλυσον δὲ ἡμῖν τὸν Βαραββᾶν· ¹⁹ὅστις ἦν διὰ στάσιν τινὰ
γενομένην ἐν τῇ πόλει καὶ φόνον βληθεὶς ἐν τῇ φυλακῇ. ²⁰πάλιν δὲ ὁ
Πιλᾶτος προσεφώνησεν αὐτοῖς, θέλων ἀπολῦσαι τὸν Ἰησοῦν. ²¹οἱ δὲ
ἐπεφώνουν λέγοντες, σταύρου, σταύρου αὐτόν. ²²ὁ δὲ τρίτον εἶπεν πρὸς
αὐτούς, τί γὰρ κακὸν ἐποίησεν οὗτος; οὐδὲν αἴτιον θανάτου εὗρον ἐν
αὐτῷ· παιδεύσας οὖν αὐτὸν ἀπολύσω. ²³οἱ δὲ ἐπέκειντο φωναῖς μεγά-
λαις αἰτούμενοι αὐτὸν σταυρωθῆναι, καὶ κατίσχυον αἱ φωναὶ αὐτῶν.
²⁴καὶ Πιλᾶτος ἐπέκρινεν γενέσθαι τὸ αἴτημα αὐτῶν· ²⁵ἀπέλυσεν δὲ τὸν
διὰ στάσιν καὶ φόνον βεβλημένον εἰς φυλακὴν ὃν ᾐτοῦντο, τὸν δὲ Ἰησοῦν
παρέδωκεν τῷ θελήματι αὐτῶν.

συγκαλεσάμενος aor mid pple
   συγκαλέω summon
ἄρχων -οντος m ruler pl leading men
προσηνέγκατε aor 2 pl προσφέρω
   bring to
ἀποστρέφω subvert
ἀνακρίνας aor pple ἀνακρίνω examine
οὐθέν = οὐδέν
¹⁵ ἄξιος -α -ον deserving, worthy
   (of + gen)
πεπραγμένον pf pass pple πράσσω do
αὐτῷ by him
παιδεύω here flog
ἀπολύω release
ἀνέκραγον aor 3 pl ἀνακράζω shout
παμπληθεί all together
ἀπόλυσον aor impv 2 sg ἀπολύω
Βαραββᾶς -ᾶ m Barabbas

στάσις -εως f riot
φόνος -ου m murder
βληθείς aor pass pple βάλλω
φυλακή -ῆς f prison
²⁰ προσφωνέω speak to + dat
ἀπολῦσαι aor inf ἀπολύω
ἐπιφωνέω call out
σταύρου impv 2 sg σταυρόω crucify
τρίτον a third time
κακός -ή -όν evil, harm
ἐπίκειμαι here insist
σταυρωθῆναι aor pass inf σταυρόω
κατισχύω be strong, prevail
ἀποκρίνω decide
γενέσθαι aor inf γίνομαι here be
   granted
αἴτημα -ατος n request
²⁵ βεβλημένον pf pass pple βάλλω

Verses 26–43: The crucifixion of Jesus

²⁶καὶ ὡς ἀπήγαγον αὐτόν, ἐπιλαβόμενοι Σίμωνά τινα Κυρη-
ναῖον ἐρχόμενον ἀπ᾽ ἀγροῦ ἐπέθηκαν αὐτῷ τὸν σταυρὸν φέρειν ὄπισθεν
τοῦ Ἰησοῦ. ²⁷ἠκολούθει δὲ αὐτῷ πολὺ πλῆθος τοῦ λαοῦ καὶ γυναικῶν αἳ
ἐκόπτοντο καὶ ἐθρήνουν αὐτόν. ²⁸στραφεὶς δὲ πρὸς αὐτὰς ὁ Ἰησοῦς
εἶπεν, θυγατέρες Ἰερουσαλήμ, μὴ κλαίετε ἐπ᾽ ἐμέ πλὴν ἐφ᾽ ἑαυτὰς
κλαίετε καὶ ἐπὶ τὰ τέκνα ὑμῶν, ²⁹ὅτι ἰδοὺ ἔρχονται ἡμέραι ἐν αἷς ἐροῦ-
σιν, μακάριαι αἱ στεῖραι καὶ αἱ κοιλίαι αἳ οὐκ ἐγέννησαν καὶ μαστοὶ οἳ
οὐκ ἔθρεψαν. ³⁰τότε ἄρξονται λέγειν τοῖς ὄρεσιν, πέσετε ἐφ᾽ ἡμᾶς, καὶ
τοῖς βουνοῖς, καλύψατε ἡμᾶς· ³¹ὅτι εἰ ἐν τῷ ὑγρῷ ξύλῳ ταῦτα ποιοῦσιν,
ἐν τῷ ξηρῷ τί γένηται; ³²ἤγοντο δὲ καὶ ἕτεροι κακοῦργοι δύο σὺν αὐτῷ
ἀναιρεθῆναι. ³³καὶ ὅτε ἦλθον ἐπὶ τὸν τόπον τὸν καλούμενον Κρανίον,
ἐκεῖ ἐσταύρωσαν αὐτὸν καὶ τοὺς κακούργους, ὃν μὲν ἐκ δεξιῶν ὃν δὲ ἐξ
ἀριστερῶν. ³⁴ὁ δὲ Ἰησοῦς ἔλεγεν, πάτερ, ἄφες αὐτοῖς, οὐ γὰρ οἴδασιν τί
ποιοῦσιν. διαμεριζόμενοι δὲ τὰ ἱμάτια αὐτοῦ ἔβαλον κλήρους. ³⁵καὶ
εἱστήκει ὁ λαὸς θεωρῶν. ἐξεμυκτήριζον δὲ καὶ οἱ ἄρχοντες λέγοντες,
ἄλλους ἔσωσεν, σωσάτω ἑαυτόν, εἰ οὗτός ἐστιν ὁ Χριστὸς τοῦ θεοῦ ὁ
ἐκλεκτός. ³⁶ἐνέπαιξαν δὲ αὐτῷ καὶ οἱ στρατιῶται προσερχόμενοι, ὄξος
προσφέροντες αὐτῷ ³⁷καὶ λέγοντες, εἰ σὺ εἶ ὁ βασιλεὺς τῶν Ἰουδαίων,
σῶσον σεαυτόν. ³⁸ἦν δὲ καὶ ἐπιγραφὴ ἐπ᾽ αὐτῷ, ὁ βασιλεὺς τῶν Ἰου-
δαίων οὗτος. ³⁹εἷς δὲ τῶν κρεμασθέντων κακούργων ἐβλασφήμει αὐτὸν
λέγων, οὐχὶ σὺ εἶ ὁ Χριστός; σῶσον σεαυτὸν καὶ ἡμᾶς. ⁴⁰ἀποκριθεὶς δὲ ὁ
ἕτερος ἐπιτιμῶν αὐτῷ ἔφη, οὐδὲ φοβῇ σὺ τὸν θεόν, ὅτι ἐν τῷ αὐτῷ
κρίματι εἶ; ⁴¹καὶ ἡμεῖς μὲν δικαίως, ἄξια γὰρ ὧν ἐπράξαμεν ἀπο-
λαμβάνομεν· οὗτος δὲ οὐδὲν ἄτοπον ἔπραξεν. ⁴²καὶ ἔλεγεν, Ἰησοῦ,
μνήσθητί μου ὅταν ἔλθῃς εἰς τὴν βασιλείαν σου. ⁴³καὶ εἶπεν αὐτῷ, ἀμήν
σοι λέγω, σήμερον μετ᾽ ἐμοῦ ἔσῃ ἐν τῷ παραδείσῳ.

ἀπήγαγον aor 3 pl ἀπάγω lead away
ἐπιλαβόμενοι aor pple ἐπιλαμβάνομαι
  seize, take hold of
Σίμων -ωνος m Simon
Κυρηναῖος -ου m of Cyrene
ἀγρός -οῦ m here countryside
ἐπέθηκαν aor 3 pl ἐπιτίθημι put X acc
  on Y dat
σταυρός -οῦ m cross

ὄπισθεν behind + gen
πλῆθος -ους n crowd
κόπτομαι mourn
θρηνέω lament
στραφείς aor pass (here refl) pple
  στρέφω turn
θυγάτηρ -τρος f daughter
κλαίω weep
πλήν here but

ἑαυτάς here yourselves
ἐροῦσιν fut 3 pl λέγω
μακάριος -α -ον happy, blessed
στεῖρα -ας f woman incapable of
   having children
κοιλία -ας f womb
ἐγέννησαν aor 3 pl γεννάω here bear
μαστός -οῦ m breast
ἔθρεψαν aor 3 pl τρέφω feed
30 λέγειν ... καλύψατε ἡμᾶς is a
   quotation from Hosea 10.8
πέσετε aor impv 2 pl πίπτω
βουνός -οῦ m hill
καλύψατε aor impv 2 pl καλύπτω cover
ὑγρός -ά -όν green
ξύλον -ου n wood
ξηρός -ά -όν dry
γένηται aor subj 3 sg γίνομαι
κακοῦργος -ου m criminal
ἀναιρεθῆναι aor pass inf ἀναιρέω kill
κρανίον -ου n skull here as proper name
ὅν μέν ... ὅν δέ one ... the other
ἀριστερός -ά -όν left
ἄφες aor impv 2 sg ἀφίημι
οἴδασιν 3 pl οἶδα
διαμερίζω divide, distribute
κλῆρος -ου m lot thrown to make
   decision

35 εἱστήκει plpf (impf sense, intr) 3 sg
   ἵστημι
ἐκμυκτηρίζω sneer
σωσάτω aor impv 3 sg σῴζω
ἐκλεκτός -ή -όν chosen, elect
ἐνέπαιξαν aor 3 pl ἐμπαίζω vs 11
στρατιώτης -ου m soldier
ὄξος -ους n sour wine
προσφέρω offer
σῶσον aor impv 2 sg σῴζω
ἐπιγραφή -ῆς f inscription
ἐπ᾽ αὐτῷ over him
κρεμασθέντων aor pass pple
κρεμάννυμι hang
βλασφημέω here taunt
40 ἐπιτιμάω rebuke + dat
κρίμα -ατος n sentence
δικαίως justly
ἄξιος -α -ον vs 15 here transl deserts,
   due reward
ὦν of the things which
ἐπράξαμεν aor 1 pl πράσσω do
ἀπολαμβάνω receive as one's due
ἄτοπος -ον wrong
μνήσθητι aor impv 2 sg μιμνῄσκομαι
   remember + gen
ἔλθῃς aor subj 2 sg ἔρχομαι
σήμερον today
παράδεισος -ου m paradise

Verses 44–56: The death and burial of Jesus

⁴⁴καὶ ἦν ἤδη ὡσεὶ ὥρα ἕκτη καὶ σκότος ἐγένετο ἐφ' ὅλην τὴν γῆν ἕως ὥρας ἐνάτης ⁴⁵τοῦ ἡλίου ἐκλιπόντος, ἐσχίσθη δὲ τὸ καταπέτασμα τοῦ ναοῦ μέσον. ⁴⁶καὶ φωνήσας φωνῇ μεγάλῃ ὁ Ἰησοῦς εἶπεν, πάτερ, εἰς χεῖράς σου παρατίθεμαι τὸ πνεῦμά μου· τοῦτο δὲ εἰπὼν ἐξέπνευσεν. ⁴⁷ἰδὼν δὲ ὁ ἑκατοντάρχης τὸ γενόμενον ἐδόξαζεν τὸν θεὸν λέγων, ὄντως ὁ ἄνθρωπος οὗτος δίκαιος ἦν. ⁴⁸καὶ πάντες οἱ συμπαραγενόμενοι ὄχλοι ἐπὶ τὴν θεωρίαν ταύτην, θεωρήσαντες τὰ γενόμενα, τύπτοντες τὰ στήθη ὑπέστρεφον. ⁴⁹εἱστήκεισαν δὲ πάντες οἱ γνωστοὶ αὐτῷ ἀπὸ μακρόθεν, καὶ γυναῖκες αἱ συνακολουθοῦσαι αὐτῷ ἀπὸ τῆς Γαλιλαίας, ὁρῶσαι ταῦτα. ⁵⁰καὶ ἰδοὺ ἀνὴρ ὀνόματι Ἰωσὴφ βουλευτὴς ὑπάρχων καὶ ἀνὴρ ἀγαθὸς καὶ δίκαιος ⁵¹(οὗτος οὐκ ἦν συγκατατεθειμένος τῇ βουλῇ καὶ τῇ πράξει αὐτῶν) ἀπὸ Ἀριμαθαίας πόλεως τῶν Ἰουδαίων, ὃς προσεδέχετο τὴν βασιλείαν τοῦ θεοῦ, ⁵²οὗτος προσελθὼν τῷ Πιλάτῳ ᾐτήσατο τὸ σῶμα τοῦ Ἰησοῦ ⁵³καὶ καθελὼν ἐνετύλιξεν αὐτὸ σινδόνι, καὶ ἔθηκεν αὐτὸν ἐν μνήματι λαξευτῷ οὗ οὐκ ἦν οὐδεὶς οὔπω κείμενος. ⁵⁴καὶ ἡμέρα ἦν παρασκευῆς, καὶ σάββατον ἐπέφωσκεν. ⁵⁵κατακολουθήσασαι δὲ αἱ γυναῖκες, αἵτινες ἦσαν συνεληλυθυῖαι ἐκ τῆς Γαλιλαίας αὐτῷ, ἐθεάσαντο τὸ μνημεῖον καὶ ὡς ἐτέθη τὸ σῶμα αὐτοῦ, ⁵⁶ὑποστρέψασαι δὲ ἡτοίμασαν ἀρώματα καὶ μύρα. καὶ τὸ μὲν σάββατον ἡσύχασαν κατὰ τὴν ἐντολήν.

ὡσεί about
ἕκτος -η -ον sixth
σκότος -ους n darkness
ἔνατος -η -ον ninth
45 ἥλιος -ου m sun
ἐκλείπω fail here be eclipsed
ἐσχίσθη aor pass 3 sg σχίζω split, tear
καταπέτασμα -ατος n curtain, veil
ναός -οῦ m temple
φωνέω call out
εἰς χεῖρας ... μου is a quotation from Psalm 31.5
παρατίθεμαι entrust, commit
ἐξέπνευσεν aor 3 sg ἐκπνέω die
ἑκατοντάρχης -ου m centurion
ὄντως certainly, indeed

συμπαραγίνομαι assemble
θεωρία -ας f sight, spectacle
θεωρήσαντες aor pple θεωρέω
τύπτω beat
στῆθος -ους n breast
ὑποστρέφω return, go home
εἱστήκεισαν vs 10
γνωστός -οῦ m friend, acquaintance
ἀπὸ μακρόθεν at a distance
συνακολουθέω follow
50 Ἰωσήφ m Joseph
βουλευτής -οῦ m councillor, member of the Sanhedrin
συγκατατεθειμένος pf pple (+ ἦν = plpf) συγκατατίθεμαι agree (with + dat)

βουλή -ῆς f decision, policy
πρᾶξις -εως f action
Ἀριμαθαία -ας f Arimathea
προσδέχομαι await eagerly
καθελών aor pple καθαιρέω take down
ἐνετύλιξεν aor 3 sg ἐντυλίσσω wrap
σινδών -όνος f linen cloth
ἔθηκεν aor 3 sg τίθημι
μνῆμα -ατος n tomb
λαξευτός -ή -όν cut out of rock
οὔπω not yet
κεῖμαι lie, be laid
παρασκευή -ῆς f preparation
ἐπιφώσκω draw near

55 κατακολουθήσασαι aor pple
    κατακολουθέω follow after
συνεληλυθυῖαι pf pple
    συνέρχομαι come with + dat
ἐθεάσαντο aor 3 pl θεάομαι look at
μνημεῖον -ου n tomb
ἐτέθη aor pass 3 sg τίθημι
ὑποστρέψασαι aor pple ὑποστρέφω vs
    48
ἡτοίμασαν aor 3 pl ἑτοιμάζω prepare
ἄρωμα -ατος n aromatic spice or oil
μύρον -ου n perfumed ointment
ἡσύχασαν aor 3 pl ἡσυχάζω rest

Chapter 24

Verses 1–12: The Resurrection of Jesus

¹τῇ δὲ μιᾷ τῶν σαββάτων ὄρθρου βαθέως ἐπὶ τὸ μνῆμα ἦλθον φέρουσαι ἃ ἡτοίμασαν ἀρώματα. ²εὗρον δὲ τὸν λίθον ἀποκεκυλισμένον ἀπὸ τοῦ μνημείου, ³εἰσελθοῦσαι δὲ οὐχ εὗρον τὸ σῶμα τοῦ κυρίου Ἰησοῦ. ⁴καὶ ἐγένετο ἐν τῷ ἀπορεῖσθαι αὐτὰς περὶ τούτου καὶ ἰδοὺ ἄνδρες δύο ἐπέστησαν αὐταῖς ἐν ἐσθῆτι ἀστραπτούσῃ. ⁵ἐμφόβων δὲ γενομένων αὐτῶν καὶ κλινουσῶν τὰ πρόσωπα εἰς τὴν γῆν εἶπαν πρὸς αὐτάς, τί ζητεῖτε τὸν ζῶντα μετὰ τῶν νεκρῶν; ⁶οὐκ ἔστιν ὧδε, ἀλλὰ ἠγέρθη. μνήσθητε ὡς ἐλάλησεν ὑμῖν ἔτι ὢν ἐν τῇ Γαλιλαίᾳ, ⁷λέγων τὸν υἱὸν τοῦ ἀνθρώπου ὅτι δεῖ παραδοθῆναι εἰς χεῖρας ἀνθρώπων ἁμαρτωλῶν καὶ σταυρωθῆναι καὶ τῇ τρίτῃ ἡμέρᾳ ἀναστῆναι. ⁸καὶ ἐμνήσθησαν τῶν ῥημάτων αὐτοῦ, ⁹καὶ ὑποστρέψασαι ἀπὸ τοῦ μνημείου ἀπήγγειλαν ταῦτα πάντα τοῖς ἕνδεκα καὶ πᾶσιν τοῖς λοιποῖς. ¹⁰ἦσαν δὲ ἡ Μαγδαληνὴ Μαρία καὶ Ἰωάννα καὶ Μαρία ἡ Ἰακώβου· καὶ αἱ λοιπαὶ σὺν αὐταῖς ἔλεγον πρὸς τοὺς ἀποστόλους ταῦτα. ¹¹καὶ ἐφάνησαν ἐνώπιον αὐτῶν ὡσεὶ λῆρος τὰ ῥήματα ταῦτα, καὶ ἠπίστουν αὐταῖς. ¹²ὁ δὲ Πέτρος ἀναστὰς ἔδραμεν ἐπὶ τὸ μνημεῖον, καὶ παρακύψας βλέπει τὰ ὀθόνια μόνα· καὶ ἀπῆλθεν πρὸς ἑαυτὸν θαυμάζων τὸ γεγονός.

τῇ δὲ μιᾷ τῶν σαββάτων *transl* on the first day of the week
ὄρθρος -ου *m* dawn
βαθύς -εῖα -ύ *lit* deep *hence* early
μνῆμα -ατος *n* tomb
ἡτοίμασαν *aor 3 pl* ἑτοιμάζω prepare
ἄρωμα -ατος *n* aromatic spice *or* oil
ἀποκεκυλισμένον *pf pass pple*
    ἀποκυλίω roll away
μνημεῖον -ου *n* tomb
εἰσελθοῦσαι *aor pple* εἰσέρχομαι
ἐν τῷ + *acc* + *inf* while, when
ἀπορέω be at a loss
ἐπέστησαν *aor (intr) 3 pl* ἐφίστημι
    come and stand by
ἐσθής -ῆτος *f* clothing
ἀστράπτω flash, dazzle

⁵ ἔμφοβος -ον terrified
κλίνω *here* bow, direct downwards
εἶπαν = εἶπον
ἠγέρθη *aor pass 3 sg* ἐγείρω
μνήσθητε *aor impv 2 pl* μιμνήσκομαι
    remember
παραδοθῆναι *aor pass inf* παραδίδωμι
    hand over, deliver up
ἁμαρτωλός -όν sinful
σταυρωθῆναι *aor pass inf* σταυρόω
    crucify
ἀναστῆναι *aor (intr) inf* ἀνίστημι
ἐμνήσθησαν *aor 3 pl* μιμνήσκομαι
ὑποστρέψασαι *aor pple* ὑποστρέφω
    return, go home
ἀπήγγειλαν *aor 3 pl* ἀπαγγέλλω report
ἕνδεκα eleven

¹⁰ Μαγδαληνή -ῆς f woman of Magdala
Μαρία -ας f Mary
Ἰωάννα -ας f Joanna
ἡ + gen transl the mother of
Ἰάκωβος -ου m James
ἐφάνησαν aor 3 pl φαίνομαι appear
ὡσεί as if, like
λῆρος -ου m nonsense
ἀπιστέω disbelieve + dat

ἀναστάς aor (intr) pple ἀνίστημι
ἔδραμεν aor 3 sg τρέχω run
παρακύψας aor pple παρακύπτω stoop
    to peep in
ὀθόνιον -ου n linen cloth, wrapping
πρὸς ἑαυτόν transl home
θαυμάζω wonder at
γεγονός pf pple γίνομαι

Verses 13–24: The walk to Emmaus (1)

¹³καὶ ἰδοὺ δύο ἐξ αὐτῶν ἐν αὐτῇ τῇ ἡμέρᾳ ἦσαν πορευόμενοι εἰς κώμην ἀπέχουσαν σταδίους ἑξήκοντα ἀπὸ Ἰερουσαλήμ, ᾗ ὄνομα Ἐμμαοῦς, ¹⁴καὶ αὐτοὶ ὡμίλουν πρὸς ἀλλήλους περὶ πάντων τῶν συμβεβηκότων τούτων. ¹⁵καὶ ἐγένετο ἐν τῷ ὁμιλεῖν αὐτοὺς καὶ συζητεῖν καὶ αὐτὸς Ἰησοῦς ἐγγίσας συνεπορεύετο αὐτοῖς, ¹⁶οἱ δὲ ὀφθαλμοὶ αὐτῶν ἐκρατοῦντο τοῦ μὴ ἐπιγνῶναι αὐτόν. ¹⁷εἶπεν δὲ πρὸς αὐτούς, τίνες οἱ λόγοι οὗτοι οὓς ἀντιβάλλετε πρὸς ἀλλήλους περιπατοῦντες; καὶ ἐστάθησαν σκυθρωποί. ¹⁸ἀποκριθεὶς δὲ εἷς ὀνόματι Κλεοπᾶς εἶπεν πρὸς αὐτόν, σὺ μόνος παροικεῖς Ἰερουσαλὴμ καὶ οὐκ ἔγνως τὰ γενόμενα ἐν αὐτῇ ἐν ταῖς ἡμέραις ταύταις; ¹⁹καὶ εἶπεν αὐτοῖς, ποῖα; οἱ δὲ εἶπαν αὐτῷ, τὰ περὶ Ἰησοῦ τοῦ Ναζαρηνοῦ, ὃς ἐγένετο ἀνὴρ προφήτης δυνατὸς ἐν ἔργῳ καὶ λόγῳ ἐναντίον τοῦ θεοῦ καὶ παντὸς τοῦ λαοῦ, ²⁰ὅπως τε παρέδωκαν αὐτὸν οἱ ἀρχιερεῖς καὶ οἱ ἄρχοντες ἡμῶν εἰς κρίμα θανάτου καὶ ἐσταύρωσαν αὐτόν. ²¹ἡμεῖς δὲ ἠλπίζομεν ὅτι αὐτός ἐστιν ὁ μέλλων λυτροῦσθαι τὸν Ἰσραήλ· ἀλλά γε καὶ σὺν πᾶσιν τούτοις τρίτην ταύτην ἡμέραν ἄγει ἀφ' οὗ ταῦτα ἐγένετο. ²²ἀλλὰ καὶ γυναῖκές τινες ἐξ ἡμῶν ἐξέστησαν ἡμᾶς· γενόμεναι ὀρθριναὶ ἐπὶ τὸ μνημεῖον ²³καὶ μὴ εὑροῦσαι τὸ σῶμα αὐτοῦ ἦλθον λέγουσαι καὶ ὀπτασίαν ἀγγέλων ἑωρακέναι, οἳ λέγουσιν αὐτὸν ζῆν. ²⁴καὶ ἀπῆλθόν τινες τῶν σὺν ἡμῖν ἐπὶ τὸ μνημεῖον, καὶ εὗρον οὕτως καθὼς καὶ αἱ γυναῖκες εἶπον, αὐτὸν δὲ οὐκ εἶδον.

κώμη -ης f village
ἀπέχω be distant
στάδιοι -ων m stades (each about 200 m)
ἑξήκοντα sixty
Ἐμμαοῦς f Emmaus
ὁμιλέω converse
συμβεβηκότων pf pple συνβαίνω happen
15 συζητέω discuss
ἐγγίσας aor pple ἐγγίζω approach
συμπορεύομαι walk with + dat
κρατέω here restrain
τοῦ μή + inf so as not to

ἐπιγνῶναι aor inf ἐπιγινώσκω recognise
ἀντιβάλλω exchange
ἐστάθησαν aor pass (act sense, intr) 3 pl ἵστημι transl they stood still
σκυθρωπός -ή -όν sad, gloomy
ἀποκριθείς aor pple ἀποκρίνομαι
Κλεοπᾶς -ᾶ m Cleopas
παροικέω stay in
ποῖος -α -ον what? what sort of?
Ναζαρηνός -οῦ m inhabitant of Nazareth
δυνατός -ή -όν powerful
ἐναντίον + gen before, in the presence of

²⁰ παρέδωκαν *aor 3 pl* παραδίδωμι
ἄρχων -οντος *m* ruler, official
κρίμα -ατος *n* sentence
ἐσταύρωσαν *aor 3 pl* σταυρόω *vs 7*
ἐλπίζω hope
λουτρόω liberate
ἀλλά γε καί whereas
σύν + *dat here* in addition to

τρίτην ταύτην ἡμέραν ἄγει ἀφ'
  οὗ *transl* this is the third day since
ἐξέστησαν *aor (tr) 3 pl* ἐξίστημι amaze
ὀρθινός -ή -όν early in the morning
ὀπτασία -ας *f* vision
ἑωρακέναι *pf inf* ὁράω
ζῆν *inf* ζάω

Verses 25–35: The walk to Emmaus (2)

²⁵καὶ αὐτὸς εἶπεν πρὸς αὐτούς, ὦ ἀνόητοι καὶ βραδεῖς τῇ καρ-
δίᾳ τοῦ πιστεύειν ἐπὶ πᾶσιν οἷς ἐλάλησαν οἱ προφῆται· ²⁶οὐχὶ ταῦτα ἔδει
παθεῖν τὸν Χριστὸν καὶ εἰσελθεῖν εἰς τὴν δόξαν αὐτοῦ; ²⁷καὶ ἀρξάμενος
ἀπὸ Μωϋσέως καὶ ἀπὸ πάντων τῶν προφητῶν διερμήνευσεν αὐτοῖς ἐν
πάσαις ταῖς γραφαῖς τὰ περὶ ἑαυτοῦ. ²⁸καὶ ἤγγισαν εἰς τὴν κώμην οὗ
ἐπορεύοντο, καὶ αὐτὸς προσεποιήσατο πορρώτερον πορεύεσθαι. ²⁹καὶ
παρεβιάσαντο αὐτὸν λέγοντες, μεῖνον μεθ' ἡμῶν, ὅτι πρὸς ἑσπέραν ἐσ-
τὶν καὶ κέκλικεν ἤδη ἡ ἡμέρα. καὶ εἰσῆλθεν τοῦ μεῖναι σὺν αὐτοῖς. ³⁰καὶ
ἐγένετο ἐν τῷ κατακλιθῆναι αὐτὸν μετ' αὐτῶν λαβὼν τὸν ἄρτον εὐλό-
γησεν καὶ κλάσας ἐπεδίδου αὐτοῖς· ³¹αὐτῶν δὲ διηνοίχθησαν οἱ ὀφθαλ-
μοὶ καὶ ἐπέγνωσαν αὐτόν· καὶ αὐτὸς ἄφαντος ἐγένετο ἀπ' αὐτῶν. ³²καὶ
εἶπαν πρὸς ἀλλήλους, οὐχὶ ἡ καρδία ἡμῶν καιομένη ἦν ἐν ἡμῖν ὡς ἐλά-
λει ἡμῖν ἐν τῇ ὁδῷ, ὡς διήνοιγεν ἡμῖν τὰς γραφάς; ³³καὶ ἀναστάντες
αὐτῇ τῇ ὥρᾳ ὑπέστρεψαν εἰς Ἰερουσαλήμ, καὶ εὗρον ἠθροισμένους τοὺς
ἕνδεκα καὶ τοὺς σὺν αὐτοῖς, ³⁴λέγοντας ὅτι ὄντως ἠγέρθη ὁ κύριος καὶ
ὤφθη Σίμωνι. ³⁵καὶ αὐτοὶ ἐξηγοῦντο τὰ ἐν τῇ ὁδῷ καὶ ὡς ἐγνώσθη
αὐτοῖς ἐν τῇ κλάσει τοῦ ἄρτου.

---

25 ἀνόητος -ον obtuse, dull
βραδύς -εῖα -ύ slow
ἐπὶ πᾶσιν οἷς transl in all that rel
    attracted into case of antecedent
παθεῖν aor inf πάσχω suffer
ἀρξάμενος aor pple ἄρχομαι
διερμήνευσεν aor 3 sg διερμηνεύω
    explain, interpret
ἤγγισαν aor 3 pl ἐγγίζω
προσεποιήσατο aor 3 sg προσποιέομαι
    act as if
πορρώτερον further
παρεβιάσαντο aor 3 pl παραβιάζομαι
    urge, press
μεῖνον aor impv 2 sg μένω
κέκλικεν pf 3 sg κλίνω here draw to an
    end
τοῦ + inf expresses purpose
30 κατακλιθῆναι aor inf κατακλίνομαι
    recline at table

ἐν τῷ + acc + aor inf transl when he had
εὐλόγησεν aor 3 sg εὐλογέω bless
κλάσας aor pple κλάω break
ἐπεδίδου impf 3 sg ἐπιδίδωμι hand
    over
διηνοίχθησαν aor pass 3 pl διανοίγω
    open
ἐπέγνωσαν aor 3 pl ἐπιγινώσκω vs 16
ἄφαντος -ον invisible
καίω burn
ἀναστάντες aor (intr) pple ἀνίστημι
ὑπέστρεψαν aor 3 pl ὑποστρέφω vs 9
ἠθροισμένους pf pass pple ἀθροίζω
    assemble
ὄντως in reality, indeed
ὤφθη aor pass 3 sg ὁράω transl he has
    appeared
35 ἐξηγέομαι explain
ἐγνώσθη aor pass 3 sg γινώσκω
κλάσις -εως f breaking

Christ at Emmaus: Rembrandt, *The Pilgrims of Emmaus* (1648).
Paris, Musée du Louvre, inv. 1739

Verses 36–53: The appearance to the disciples; the Ascension

³⁶ταῦτα δὲ αὐτῶν λαλούντων αὐτὸς ἔστη ἐν μέσῳ αὐτῶν καὶ λέγει αὐτοῖς, εἰρήνη ὑμῖν. ³⁷πτοηθέντες δὲ καὶ ἔμφοβοι γενόμενοι ἐδόκουν πνεῦμα θεωρεῖν. ³⁸καὶ εἶπεν αὐτοῖς, τί τεταραγμένοι ἐστέ, καὶ διὰ τί διαλογισμοὶ ἀναβαίνουσιν ἐν τῇ καρδίᾳ ὑμῶν; ³⁹ἴδετε τὰς χεῖράς μου καὶ τοὺς πόδας μου ὅτι ἐγώ εἰμι αὐτός· ψηλαφήσατέ με καὶ ἴδετε, ὅτι πνεῦμα σάρκα καὶ ὀστέα οὐκ ἔχει καθὼς ἐμὲ θεωρεῖτε ἔχοντα. ⁴⁰καὶ τοῦτο εἰπὼν ἔδειξεν αὐτοῖς τὰς χεῖρας καὶ τοὺς πόδας. ⁴¹ἔτι δὲ ἀπιστούντων αὐτῶν ἀπὸ τῆς χαρᾶς καὶ θαυμαζόντων εἶπεν αὐτοῖς, ἔχετέ τι βρώσιμον ἐνθάδε; ⁴²οἱ δὲ ἐπέδωκαν αὐτῷ ἰχθύος ὀπτοῦ μέρος· ⁴³καὶ λαβὼν ἐνώπιον αὐτῶν ἔφαγεν. ⁴⁴εἶπεν δὲ πρὸς αὐτούς, οὗτοι οἱ λόγοι μου οὓς ἐλάλησα πρὸς ὑμᾶς ἔτι ὢν σὺν ὑμῖν, ὅτι δεῖ πληρωθῆναι πάντα τὰ γεγραμμένα ἐν τῷ νόμῳ Μωϋσέως καὶ τοῖς προφήταις καὶ ψαλμοῖς περὶ ἐμοῦ. ⁴⁵τότε διήνοιξεν αὐτῶν τὸν νοῦν τοῦ συνιέναι τὰς γραφάς. ⁴⁶καὶ εἶπεν αὐτοῖς ὅτι οὕτως γέγραπται παθεῖν τὸν Χριστὸν καὶ ἀναστῆναι ἐκ νεκρῶν τῇ τρίτῃ ἡμέρᾳ, ⁴⁷καὶ κηρυχθῆναι ἐπὶ τῷ ὀνόματι αὐτοῦ μετάνοιαν εἰς ἄφεσιν ἁμαρτιῶν εἰς πάντα τὰ ἔθνη. ἀρξάμενοι ἀπὸ Ἰερουσαλὴμ ⁴⁸ὑμεῖς μάρτυρες τούτων. ⁴⁹καὶ ἰδοὺ ἐγὼ ἀποστέλλω τὴν ἐπαγγελίαν τοῦ πατρός μου ἐφ' ὑμᾶς· ὑμεῖς δὲ καθίσατε ἐν τῇ πόλει ἕως οὗ ἐνδύσησθε ἐξ ὕψους δύναμιν. ⁵⁰ἐξήγαγεν δὲ αὐτοὺς ἔξω ἕως πρὸς Βηθανίαν, καὶ ἐπάρας τὰς χεῖρας αὐτοῦ εὐλόγησεν αὐτούς. ⁵¹καὶ ἐγένετο ἐν τῷ εὐλογεῖν αὐτὸν αὐτοὺς διέστη ἀπ' αὐτῶν καὶ ἀνεφέρετο εἰς τὸν οὐρανόν. ⁵²καὶ αὐτοὶ προσκυνήσαντες αὐτὸν ὑπέστρεψαν εἰς Ἰερουσαλὴμ μετὰ χαρᾶς μεγάλης, ⁵³καὶ ἦσαν διὰ παντὸς ἐν τῷ ἱερῷ εὐλογοῦντες τὸν θεόν.

πτοηθέντες aor pass pple πτοέω terrify
τεταραγμένοι pf pass pple
  ταράσσω disturb, trouble
διαλογισμός -οῦ m questioning, doubt
ἴδετε aor impv 2 pl ὁράω
ψηλαφήσατε aor impv 2 pl ψηλαφάω
  touch, feel
ὀστέον -ου n bone
⁴⁰ ἔδειξεν aor 3 sg δείκνυμι show
ἀπιστέω be incredulous

θαυμάζω be amazed
βρώσιμος -ον eatable
ἐνθάδε here
ἐπέδωκαν aor 3 pl ἐπιδίδωμι
ἰχθύς -ύος m fish
ὀπτός -ή -όν grilled, baked
μέρος -ους n piece
ἔφαγεν aor 3 sg ἐσθίω
πληρωθῆναι aor pass inf πληρόω fulfil
γεγραμμένα pf pass pple γράφω

ψαλμός -οῦ m psalm
45 διήνοιξεν aor 3 sg διανοίγω
νοῦς, νοός m mind
συνιέναι inf συνίημι understand
γέγραπται pf pass 3 sg γράφω
κηρυχθῆναι aor pass inf κηρύσσω
μετάνοια -ας f repentance
εἰς + acc here for
ἄφεσις -εως f forgiveness
μάρτυς -υρος m/f witness
ἐπαγγελία -ας f what is promised
καθίσατε aor impv 2 pl καθίζω sit, stay
ἕως οὗ until

ἐνδύσησθε aor mid subj ἐνδύω put on
  mid be invested with
ὕψος -ους n height, heaven
50 ἐξήγαγεν aor 3 sg ἐξάγω lead out
ἕως πρός + acc as far as
Βηθανία -ας f Bethany
ἐπάρας aor pple ἐπαίρω lift up
διέστη aor (intr) 3 sg διΐστημι part,
  separate
ἀναφέρω carry up
ὑπέστρεψαν aor 3 pl ὑποστρέφω vs 9
διὰ παντός continually, always

Section Six

ACTS OF THE APOSTLES 1–2.21

Acts describes the birth of Christianity and the earliest history of the church. Starting as a small Jewish group centred in Jerusalem, the new movement spreads to the gentile world and reaches Rome. Jerusalem and Rome frame the narrative, but in between we are given portraits of many other cities. Acts is a work of great historical and cultural importance. It offers a usefully different view of the Roman empire from that of most contemporary historians. Though Acts fits no existing literary category, it follows many of the conventions of Greek historiography, notably the inclusion of set speeches. It is the second of the two parts of Luke's treatise, having the same dedicatee – and the same literary self-consciousness – as his gospel. In another sense however it is the third part of a threefold scheme, of which the Old Testament is the first. The story of the Day of Pentecost has been seen as reversing the curse of Babel (Genesis 11). But this can be true only in a symbolic way, for the Hellenistic world created in the wake of the conquests of Alexander the Great had in effect already reversed it, by making Greek the common language of the eastern Mediterranean world.

Chapter 1

Verses 1–11: *The promise of the Holy Spirit; the Ascension of Jesus*

¹Τὸν μὲν πρῶτον λόγον ἐποιησάμην περὶ πάντων, ὦ Θεόφιλε, ὧν ἤρξατο ὁ Ἰησοῦς ποιεῖν τε καὶ διδάσκειν, ²ἄχρι ἧς ἡμέρας ἐντειλάμενος τοῖς ἀποστόλοις διὰ πνεύματος ἁγίου οὓς ἐξελέξατο ἀνελήμφθη· ³οἷς καὶ παρέστησεν ἑαυτὸν ζῶντα μετὰ τὸ παθεῖν αὐτὸν ἐν πολλοῖς τεκμηρίοις, δι' ἡμερῶν τεσσεράκοντα ὀπτανόμενος αὐτοῖς

καὶ λέγων τὰ περὶ τῆς βασιλείας τοῦ θεοῦ. ⁴καὶ συναλιζόμενος
παρήγγειλεν αὐτοῖς ἀπὸ Ἱεροσολύμων μὴ χωρίζεσθαι, ἀλλὰ περι-
μένειν τὴν ἐπαγγελίαν τοῦ πατρὸς ἣν ἠκούσατέ μου· ⁵ὅτι Ἰωάννης μὲν
ἐβάπτισεν ὕδατι, ὑμεῖς δὲ ἐν πνεύματι βαπτισθήσεσθε ἁγίῳ οὐ μετὰ
πολλὰς ταύτας ἡμέρας. ⁶οἱ μὲν οὖν συνελθόντες ἠρώτων αὐτὸν λέ-
γοντες, κύριε, εἰ ἐν τῷ χρόνῳ τούτῳ ἀποκαθιστάνεις τὴν βασιλείαν
τῷ Ἰσραήλ; ⁷εἶπεν δὲ πρὸς αὐτούς, οὐχ ὑμῶν ἐστιν γνῶναι χρόνους ἢ
καιροὺς οὓς ὁ πατὴρ ἔθετο ἐν τῇ ἰδίᾳ ἐξουσίᾳ· ⁸ἀλλὰ λήμψεσθε δύνα-
μιν ἐπελθόντος τοῦ ἁγίου πνεύματος ἐφ᾽ ὑμᾶς, καὶ ἔσεσθέ μου μάρ-
τυρες ἔν τε Ἱερουσαλὴμ καὶ ἐν πάσῃ τῇ Ἰουδαίᾳ καὶ Σαμαρείᾳ καὶ
ἕως ἐσχάτου τῆς γῆς. ⁹καὶ ταῦτα εἰπὼν βλεπόντων αὐτῶν ἐπήρθη,
καὶ νεφέλη ὑπέλαβεν αὐτὸν ἀπὸ τῶν ὀφθαλμῶν αὐτῶν. ¹⁰καὶ ὡς ἀτε-
νίζοντες ἦσαν εἰς τὸν οὐρανὸν πορευομένου αὐτοῦ, καὶ ἰδοὺ ἄνδρες
δύο παρειστήκεισαν αὐτοῖς ἐν ἐσθήσεσι λευκαῖς, ¹¹οἳ καὶ εἶπαν, ἄν-
δρες Γαλιλαῖοι, τί ἑστήκατε ἐμβλέποντες εἰς τὸν οὐρανόν; οὗτος ὁ
Ἰησοῦς ὁ ἀναλημφθεὶς ἀφ᾽ ὑμῶν εἰς τὸν οὐρανὸν οὕτως ἐλεύσεται ὃν
τρόπον ἐθεάσασθε αὐτὸν πορευόμενον εἰς τὸν οὐρανόν.

Θεόφιλος -ου m Theophilus
ὧν for ἅ rel attracted into case of
   antecedent
ἤρξατο aor 3 sg ἄρχομαι
ἄχρι + gen until
ἧς ἡμέρας transl the day on which
ἐντειλάμενος aor pple ἐντέλλομαι give
   instructions
ἐξελέξατο aor 3 sg ἐκλέγομαι choose,
   select
ἀνελήμφθη aor pass 3 sg
   ἀναλαμβάνω take up
παρέστησεν aor (tr) 3 sg
   παρίστημι present
μετὰ τό + acc + inf after
παθεῖν aor inf πάσχω suffer
τεκμήριον -ου n sure sign
τεσσεράκοντα forty
ὀπτάνομαι be seen, appear
συναλίζομαι eat with, stay with
παρήγγειλεν aor 3 sg
   παραγγέλλω command, order

χωρίζω lit separate hence pass leave,
   depart
περιμένω wait for
ἐπαγγελία -ας f what is promised
5 Ἰωάννης -ου m John
βαπτισθήσεσθε fut pass 2 pl βαπτίζω
συνελθόντες aor pple συνέρχομαι come
   together
εἰ here introd qu
ἀποκαθιστάνω restore
οὐχ ὑμῶν ἐστιν transl it is not for you
γνῶναι aor inf γινώσκω
ἔθετο aor mid 3 sg τίθημι
λήμψεσθε fut 2 pl λαμβάνω
ἐπέρχομαι come upon
μάρτυς -υρος m witness
Ἰουδαία -ας f Judea
Σαμάρεια -ας f Samaria
ἕως ἐσχάτου τῆς γῆς transl to the ends
   of the earth
ἐπήρθη aor pass 3 sg ἐπαίρω lift up
νεφέλη -ης f cloud

ὑπολαμβάνω receive, take
10 ἀτενίζω gaze
παρειστήκεισαν plpf (impf sense, intr) 3
    pl παρίστημι stand by
ἐσθής -ῆτος f clothing oft pl
λευκός -ή -όν white
εἶπαν = εἶπον
Γαλιλαῖος -α -ον Galilean

ἑστήκατε pf (pres sense, intr) 2 pl
    ἵστημι
ἐμβλέπω look up into
ἀναλημφθείς aor pass pple
    ἀναλαμβάνω
ἐλεύσεται fut 3 sg ἔρχομαι
τρόπος -ου m way transl phrase in the
    same way as
θεάομαι watch

Verses 12–26: The choice of Judas' successor

¹²τότε ὑπέστρεψαν εἰς Ἰερουσαλὴμ ἀπὸ ὄρους τοῦ καλουμέ-
νου Ἐλαιῶνος, ὅ ἐστιν ἐγγὺς Ἰερουσαλὴμ σαββάτου ἔχον ὁδόν. ¹³καὶ
ὅτε εἰσῆλθον, εἰς τὸ ὑπερῷον ἀνέβησαν οὗ ἦσαν καταμένοντες, ὅ τε
Πέτρος καὶ Ἰωάννης καὶ Ἰάκωβος καὶ Ἀνδρέας, Φίλιππος καὶ
Θωμᾶς, Βαρθολομαῖος καὶ Μαθθαῖος, Ἰάκωβος Ἀλφαίου καὶ Σίμων
ὁ Ζηλωτὴς καὶ Ἰούδας Ἰακώβου. ¹⁴οὗτοι πάντες ἦσαν προσκαρτε-
ροῦντες ὁμοθυμαδὸν τῇ προσευχῇ σὺν γυναιξὶν καὶ Μαριὰμ τῇ μητρὶ
τοῦ Ἰησοῦ καὶ τοῖς ἀδελφοῖς αὐτοῦ. ¹⁵καὶ ἐν ταῖς ἡμέραις ταύταις
ἀναστὰς Πέτρος ἐν μέσῳ τῶν ἀδελφῶν εἶπεν· ἦν τε ὄχλος ὀνομάτων
ἐπὶ τὸ αὐτὸ ὡσεὶ ἑκατὸν εἴκοσι, ¹⁶ἄνδρες ἀδελφοί, ἔδει πληρωθῆναι
τὴν γραφὴν ἣν προεῖπεν τὸ πνεῦμα τὸ ἅγιον διὰ στόματος Δαυὶδ περὶ
Ἰούδα τοῦ γενομένου ὁδηγοῦ τοῖς συλλαβοῦσιν Ἰησοῦν, ¹⁷ὅτι κα-
τηριθμημένος ἦν ἐν ἡμῖν καὶ ἔλαχεν τὸν κλῆρον τῆς διακονίας
ταύτης. ¹⁸οὗτος μὲν οὖν ἐκτήσατο χωρίον ἐκ μισθοῦ τῆς ἀδικίας, καὶ
πρηνὴς γενόμενος ἐλάκησεν μέσος, καὶ ἐξεχύθη πάντα τὰ σπλάγχνα
αὐτοῦ. ¹⁹καὶ γνωστὸν ἐγένετο πᾶσι τοῖς κατοικοῦσιν Ἰερουσαλήμ,
ὥστε κληθῆναι τὸ χωρίον ἐκεῖνο τῇ ἰδίᾳ διαλέκτῳ αὐτῶν Ἀκελδα-
μάχ, τοῦτ' ἔστιν, Χωρίον Αἵματος. ²⁰γέγραπται γὰρ ἐν βίβλῳ
ψαλμῶν, γενηθήτω ἡ ἔπαυλις αὐτοῦ ἔρημος καὶ μὴ ἔστω ὁ κατοικῶν
ἐν αὐτῇ, καί, τὴν ἐπισκοπὴν αὐτοῦ λαβέτω ἕτερος. ²¹δεῖ οὖν τῶν συ-
νελθόντων ἡμῖν ἀνδρῶν ἐν παντὶ χρόνῳ ᾧ εἰσῆλθεν καὶ ἐξῆλθεν ἐφ'
ἡμᾶς ὁ κύριος Ἰησοῦς, ²²ἀρξάμενος ἀπὸ τοῦ βαπτίσματος Ἰωάννου
ἕως τῆς ἡμέρας ἧς ἀνελήμφθη ἀφ' ἡμῶν, μάρτυρα τῆς ἀναστάσεως
αὐτοῦ σὺν ἡμῖν γενέσθαι ἕνα τούτων. ²³καὶ ἔστησαν δύο, Ἰωσὴφ τὸν
καλούμενον Βαρσαββᾶν, ὃς ἐπεκλήθη Ἰοῦστος, καὶ Μαθθίαν. ²⁴καὶ
προσευξάμενοι εἶπαν, σὺ κύριε, καρδιογνῶστα πάντων, ἀνάδειξον ὃν
ἐξελέξω ἐκ τούτων τῶν δύο ἕνα ²⁵λαβεῖν τὸν τόπον τῆς διακονίας
ταύτης καὶ ἀποστολῆς, ἀφ' ἧς παρέβη Ἰούδας πορευθῆναι εἰς τὸν
τόπον τὸν ἴδιον. ²⁶καὶ ἔδωκαν κλήρους αὐτοῖς, καὶ ἔπεσεν ὁ κλῆρος
ἐπὶ Μαθθίαν, καὶ συγκατεψηφίσθη μετὰ τῶν ἕνδεκα ἀποστόλων.

ὑπέστρεψαν aor 3 pl   ἐγγύς near
  ὑποστρέφω return   σαββάτου ἔχον ὁδόν transl a sabbath
Ἐλαιών -ῶνος m Olivet i.e. olive grove   day's journey away

ὑπερῷον -ου n upper room
καταμένω stay
Ἰωάννης -ου m John
Ἰάκωβος -ου m James
Ἀνδρέας -ου m Andrew
Φίλιππος -ου m Philip
Θωμᾶς -ᾶ m Thomas
Βαρθολομαῖος -ου m Bartholomew
Μαθθαῖος -ου m Matthew
Ἀλφαῖος -ου m Alphaeus gen here
indicates son of
Σίμων -ωνος m Simon
Ζηλωτής -οῦ m Zealot (member of
Jewish nationalist sect)
Ἰούδας -α m Judas
προσκαρτερέω remain constant
ὁμοθυμαδόν with one accord
προσευχή -ῆς f prayer
Μαριάμ f Mary
15 ἀναστάς aor (intr) pple ἀνίστημι
ὄνομα -ατος n here person
ἐπὶ τὸ αὐτό at the same place, together
ὡσεί about
ἑκατόν 100
εἴκοσι twenty
πληρωθῆναι aor pass inf πληρόω
προεῖπεν aor 3 sg προλέγω foretell
ὁδηγός -οῦ m guide
συλλαμβάνω arrest
κατηριθμημένος pf pass pple
καταριθμέω number
ἔλαχεν aor 3 sg λαγχάνω receive by lot
κλῆρος -ου m lot, place
διακονία -ας f ministry
ἐκτήσατο aor 3 sg κτάομαι acquire,
buy
χωρίον -ου n plot of land
μισθός -οῦ m price, pay
ἀδικία -ας f wickedness
πρηνής -ές headlong
λακάω burst open
ἐξεχύθη aor pass 3 sg ἐκχέω pour out
σπλάγχνα -ων n pl entrails
γνωστός -ή -όν known

κατοικέω inhabit, live in
κληθῆναι aor pass inf καλέω
διάλεκτος -ου f language
Ἀκελδαμάχ Akeldama
20 γέγραπται pf pass 3 sg γράφω
βίβλος -ου f book
ψαλμός -οῦ m psalm
γενηθήτω ... αὐτῇ is a quotation from
Psalm 69.25
γενηθήτω aor impv 3 sg γίνομαι
ἔπαυλις -εως f house
ἔρημος -ον empty, desolate
ἔστω impv 3 sg εἰμί
τὴν ... ἕτερος is a quotation from Psalm
109.8
ἐπισκοπή -ῆς f charge, supervision
λαβέτω aor impv 3 sg λαμβάνω
εἰσῆλθεν καὶ ἐξῆλθεν transl went about
ἐφ' ἡμᾶς among us
βάπτισμα -ατος n baptism
ἀνάστασις -εως f resurrection
ἔστησαν aor (tr) 3 pl ἵστημι here put
forward for election
Ἰωσήφ m Joseph
Βαρσαββᾶς -ᾶ m Barsabbas
ἐπεκλήθη aor pass 3 sg ἐπικαλέω give
another name to pass be also known as
Ἰοῦστος -ου m Justus
Μαθθίας -ου m Matthias
καρδιογνώστης -ου m knower of
hearts
ἀνάδειξον aor impv 2 sg
ἀναδείκνυμι show clearly
ἐξελέξω aor 2 sg ἐκλέγομαι vs 2
25 ἀποστολή -ῆς f apostleship
παρέβη aor 3 sg παραβαίνω turn one's
back on + gen
πορευθῆναι aor inf πορεύομαι
εἰς τὸν τόπον τὸν ἴδιον lit to his own
place transl where he belonged
ἔδωκαν κλήρους transl they drew lots
συγκατεψηφίσθη aor pass 3 sg
συγκαταψηφίζομαι reckon together
ἕνδεκα eleven

Chapter 2

Verses 1–13: The coming of the Holy Spirit

¹καὶ ἐν τῷ συμπληροῦσθαι τὴν ἡμέραν τῆς πεντηκοστῆς ἦσαν πάντες ὁμοῦ ἐπὶ τὸ αὐτό. ²καὶ ἐγένετο ἄφνω ἐκ τοῦ οὐρανοῦ ἦχος ὥσπερ φερομένης πνοῆς βιαίας καὶ ἐπλήρωσεν ὅλον τὸν οἶκον οὗ ἦσαν καθήμενοι· ³καὶ ὤφθησαν αὐτοῖς διαμεριζόμεναι γλῶσσαι ὡσεὶ πυρός, καὶ ἐκάθισεν ἐφ᾽ ἕνα ἕκαστον αὐτῶν, ⁴καὶ ἐπλήσθησαν πάντες πνεύματος ἁγίου, καὶ ἤρξαντο λαλεῖν ἑτέραις γλώσσαις καθὼς τὸ πνεῦμα ἐδίδου ἀποφθέγγεσθαι αὐτοῖς. ⁵ἦσαν δὲ εἰς Ἰερουσαλὴμ κατοικοῦντες Ἰουδαῖοι, ἄνδρες εὐλαβεῖς ἀπὸ παντὸς ἔθνους τῶν ὑπὸ τὸν οὐρανόν· ⁶γενομένης δὲ τῆς φωνῆς ταύτης συνῆλθεν τὸ πλῆθος καὶ συνεχύθη, ὅτι ἤκουον εἷς ἕκαστος τῇ ἰδίᾳ διαλέκτῳ λαλούντων αὐτῶν. ⁷ἐξίσταντο δὲ καὶ ἐθαύμαζον λέγοντες, οὐχ ἰδοὺ ἅπαντες οὗτοί εἰσιν οἱ λαλοῦντες Γαλιλαῖοι; ⁸καὶ πῶς ἡμεῖς ἀκούομεν ἕκαστος τῇ ἰδίᾳ διαλέκτῳ ἡμῶν ἐν ᾗ ἐγεννήθημεν; ⁹Πάρθοι καὶ Μῆδοι καὶ Ἐλαμῖται, καὶ οἱ κατοικοῦντες τὴν Μεσοποταμίαν, Ἰουδαίαν τε καὶ Καππαδοκίαν, Πόντον καὶ τὴν Ἀσίαν, ¹⁰Φρυγίαν τε καὶ Παμφυλίαν, Αἴγυπτον καὶ τὰ μέρη τῆς Λιβύης τῆς κατὰ Κυρήνην, καὶ οἱ ἐπιδημοῦντες Ῥωμαῖοι, ¹¹Ἰουδαῖοί τε καὶ προσήλυτοι, Κρῆτες καὶ Ἄραβες, ἀκούομεν λαλούντων αὐτῶν ταῖς ἡμετέραις γλώσσαις τὰ μεγαλεῖα τοῦ θεοῦ. ¹²ἐξίσταντο δὲ πάντες καὶ διηπόρουν, ἄλλος πρὸς ἄλλον λέγοντες, τί θέλει τοῦτο εἶναι; ¹³ἕτεροι δὲ διαχλευάζοντες ἔλεγον ὅτι γλεύκους μεμεστωμένοι εἰσίν.

ἐν τῷ + acc + inf when
συμπληρόω duly come
πεντεκοστή -ῆς f Pentecost (Jewish festival, fiftieth day after Passover)
ὁμοῦ together
ἐπὶ τὸ αὐτό in the same place
ἄφνω suddenly
ἦχος -ους n sound, noise
ὥσπερ like
φερομένης pass pple φέρω pass here rush by
πνοή -ῆς f wind

βίαιος -α -ον strong
ὤφθησαν aor pass 3 pl ὁράω
διαμερίζω distribute, spread out
ἐκάθισεν aor 3 sg καθίζω here come to rest supply one (of the tongues) as sub
ἐπλήσθησαν aor pass 3 pl πίμπλημι fill
ἀποφθέγγομαι utter, speak
⁵ εἰς here for ἐν
κατοικέω dwell, live
εὐλαβής -ές devout, reverent
συνῆλθεν aor 3 sg συνέρχομαι come together, gather

πλῆθος -ους n crowd
συνεχύθη aor pass 3 sg
   συγχέω confuse, bewilder
διάλεκτος -ου f language
ἐξίσταντο impf 3 pl ἐξίσταμαι be
   amazed
θαυμάζω marvel
ἅπας = πᾶς
Γαλιλαῖος -α -ον Galilean
ἐγεννήθημεν aor pass 1 pl γεννάω pass
   be born
Πάρθοι -ων m Parthians
Μῆδος -ου m Mede
Ἐλαμίτης -ου m Elamite
Μεσοποταμία -ας f Mesopotamia
Ἰουδαία -ας f Judea
Καππαδοκία -ας f Cappadocia
Πόντος -ου m Pontus
Ἀσία -ας f Asia (Roman province of
   Asia Minor)

10 Φρυγία -ας f Phrygia
Παμφυλία -ας f Pamphylia
Αἴγυπτος -ου f Egypt
μέρος -ους n part
Λιβύη -ης f Libya
Κυρήνη -ης f Cyrene
ἐπιδημέω visit
προσήλυτος -ου m proselyte (convert to
   Judaism)
Κρής -ητός m Cretan
Ἄραψ -βος m Arab
μεγαλεῖον -ου n mighty deed
διαπορέω be very confused
τί θέλει τοῦτο εἶναι transl what does
   this mean?
διαχλευάζω jeer
γλεῦκος -ους n new wine
μεμεστωμένοι pf pass pple μεστόω fill

The coming of the Holy Spirit: from a thirteenth-century Psalter

Verses 14–21: Peter begins his speech at Pentecost

¹⁴σταθεὶς δὲ ὁ Πέτρος σὺν τοῖς ἔνδεκα ἐπῆρεν τὴν φωνὴν
αὐτοῦ καὶ ἀπεφθέγξατο αὐτοῖς, ἄνδρες Ἰουδαῖοι καὶ οἱ κατοικοῦντες
Ἰερουσαλὴμ πάντες, τοῦτο ὑμῖν γνωστὸν ἔστω καὶ ἐνωτίσασθε τὰ
ῥήματά μου. ¹⁵οὐ γὰρ ὡς ὑμεῖς ὑπολαμβάνετε οὗτοι μεθύουσιν, ἔστιν
γὰρ ὥρα τρίτη τῆς ἡμέρας, ¹⁶ἀλλὰ τοῦτό ἐστιν τὸ εἰρημένον διὰ τοῦ
προφήτου Ἰωήλ, ¹⁷καὶ ἔσται ἐν ταῖς ἐσχάταις ἡμέραις, λέγει ὁ θεός,
ἐκχεῶ ἀπὸ τοῦ πνεύματός μου ἐπὶ πᾶσαν σάρκα, καὶ προφητεύσουσιν
οἱ υἱοὶ ὑμῶν καὶ αἱ θυγατέρες ὑμῶν, καὶ οἱ νεανίσκοι ὑμῶν ὁράσεις
ὄψονται, καὶ οἱ πρεσβύτεροι ὑμῶν ἐνυπνίοις ἐνυπνιασθήσονται· ¹⁸καί
γε ἐπὶ τοὺς δούλους μου καὶ ἐπὶ τὰς δούλας μου ἐν ταῖς ἡμέραις
ἐκείναις ἐκχεῶ ἀπὸ τοῦ πνεύματός μου, καὶ προφητεύσουσιν. ¹⁹καὶ
δώσω τέρατα ἐν τῷ οὐρανῷ ἄνω καὶ σημεῖα ἐπὶ τῆς γῆς κάτω, αἷμα
καὶ πῦρ καὶ ἀτμίδα καπνοῦ· ²⁰ὁ ἥλιος μεταστραφήσεται εἰς σκότος
καὶ ἡ σελήνη εἰς αἷμα πρὶν ἐλθεῖν ἡμέραν κυρίου τὴν μεγάλην καὶ
ἐπιφανῆ. ²¹καὶ ἔσται πᾶς ὃς ἂν ἐπικαλέσηται τὸ ὄνομα κυρίου
σωθήσεται.

σταθείς aor pass (intr act sense) pple
  ἵστημι
ἔνδεκα eleven
ἐπῆρεν aor 3 sg ἐπαίρω raise
ἀπεφθέγξατο aor 3 sg ἀποφθέγγομαι
  vs 4
γνωστός -ή -όν known
ἔστω impv 3 sg εἰμί
ἐνωτίσασθε aor impv 2 pl ἐνωτίζω give
  ear to
15 ὑπολαμβάνω suppose, imagine
μεθύω be drunk
εἰρημένον pf pass pple λέγω
Ἰωήλ m Joel
καὶ ἔσται ... σωθήσεται is a quotation
  from Joel 2.28–32
ἔσχατος -η -ον last
ἐκχεῶ fut 1 sg ἐκχέω pour out
προφητεύω prophesy
θυγάτηρ -τρος f daughter
νεανίσκος -ου m young man
ὅρασις -εως f vision

πρεσβύτερος -ου m old man
ἐνύπνιον -ου n dream
ἐνυπνιασθήσονται fut 3 pl
  ἐνυπνιάζομαι dream
καί γε and indeed
δούλη -ης f female servant or slave
τέρας -ατος n portent
ἄνω above
κάτω below
ἀτμίς -ίδος f here cloud, pall
καπνός -οῦ m smoke
20 ἥλιος -ου m sun
μεταστραφήσεται fut pass 3 sg
  μεταστρέφω turn into
σκότος -ους n darkness
σελήνη -ης f moon
πρίν + acc + inf before
ἐπιφανής -ές glorious
ὃς ἄν + subj whoever
ἐπικαλέσηται aor subj 3 sg
  ἐπικαλέομαι call on
σωθήσεται fut pass 3 sg σῴζω

Section Seven

ACTS OF THE APOSTLES 16–19

The first half of Acts showed events in Jerusalem, then events controlled by the church from there or from Antioch. In the second half of Acts the focus is almost entirely on Paul, taking the new faith to the heart of the Graeco-Roman world. The detailed travel narrative has many points of similarity to accounts of journeys and voyages in classical literature. Roman administration is shown in a good light: Paul is generally treated well by officials, and taken seriously by important people. Gallio, the proconsul of Achaea, was brother of the philosopher and dramatist Seneca, and details of his appointment are known from an inscription at Delphi. The author constantly aims to show that Christianity is not a threat to civic order. This part of Acts gives a good illustration of travelling conditions under Roman rule: physically arduous at times, but – for Roman citizens – without political restriction. It also illustrates the characteristics of individual cities. In Athens the new faith first confronts Greek philosophy, and Paul on trial as a preacher of foreign gods (the plural suggests that 'Jesus and his Anastasis' were taken as a divine couple) is implicitly compared to Socrates. In Corinth Paul (unpaid as a Jewish scholar) plies his trade as a tent-maker. In Ephesus, the economic and administrative hub of the Roman province of Asia, he confronts an entrenched business monopoly dependent on the wealthy sanctuary of Artemis.

Chapter 16

Verses 1–15: Timothy accompanies Paul and Silas; Paul's vision of the Man of Macedonia; the conversion of Lydia

¹κατήντησεν δὲ καὶ εἰς Δέρβην καὶ εἰς Λύστραν. καὶ ἰδοὺ μαθητής τις ἦν ἐκεῖ ὀνόματι Τιμόθεος, υἱὸς γυναικὸς Ἰουδαίας πιστῆς

118

πατρὸς δὲ Ἕλληνος, ²ὃς ἐμαρτυρεῖτο ὑπὸ τῶν ἐν Λύστροις καὶ Ἰκονίῳ
ἀδελφῶν. ³τοῦτον ἠθέλησεν ὁ Παῦλος σὺν αὐτῷ ἐξελθεῖν, καὶ λαβὼν
περιέτεμεν αὐτὸν διὰ τοὺς Ἰουδαίους τοὺς ὄντας ἐν τοῖς τόποις ἐκείνοις,
ᾔδεισαν γὰρ ἅπαντες ὅτι Ἕλλην ὁ πατὴρ αὐτοῦ ὑπῆρχεν. ⁴ὡς δὲ διε-
πορεύοντο τὰς πόλεις, παρεδίδοσαν αὐτοῖς φυλάσσειν τὰ δόγματα τὰ
κεκριμένα ὑπὸ τῶν ἀποστόλων καὶ πρεσβυτέρων τῶν ἐν Ἱεροσολύμοις.
⁵αἱ μὲν οὖν ἐκκλησίαι ἐστερεοῦντο τῇ πίστει καὶ ἐπερίσσευον τῷ
ἀριθμῷ καθ' ἡμέραν. ⁶διῆλθον δὲ τὴν Φρυγίαν καὶ Γαλατικὴν χώραν,
κωλυθέντες ὑπὸ τοῦ ἁγίου πνεύματος λαλῆσαι τὸν λόγον ἐν τῇ Ἀσίᾳ·
⁷ἐλθόντες δὲ κατὰ τὴν Μυσίαν ἐπείραζον εἰς τὴν Βιθυνίαν πορευθῆναι,
καὶ οὐκ εἴασεν αὐτοὺς τὸ πνεῦμα Ἰησοῦ· ⁸παρελθόντες δὲ τὴν Μυσίαν
κατέβησαν εἰς Τρῳάδα. ⁹καὶ ὅραμα διὰ τῆς νυκτὸς τῷ Παύλῳ ὤφθη,
ἀνὴρ Μακεδών τις ἦν ἑστὼς καὶ παρακαλῶν αὐτὸν καὶ λέγων, διαβὰς
εἰς Μακεδονίαν βοήθησον ἡμῖν. ¹⁰ὡς δὲ τὸ ὅραμα εἶδεν, εὐθέως ἐζητή-
σαμεν ἐξελθεῖν εἰς Μακεδονίαν, συμβιβάζοντες ὅτι προσκέκληται ἡμᾶς
ὁ θεὸς εὐαγγελίσασθαι αὐτούς. ¹¹ἀναχθέντες δὲ ἀπὸ Τρῳάδος εὐθυ-
δρομήσαμεν εἰς Σαμοθράκην, τῇ δὲ ἐπιούσῃ εἰς Νέαν Πόλιν, ¹²κἀκεῖθεν
εἰς Φιλίππους, ἥτις ἐστὶν πρώτης μερίδος τῆς Μακεδονίας πόλις,
κολωνία. ἦμεν δὲ ἐν ταύτῃ τῇ πόλει διατρίβοντες ἡμέρας τινάς. ¹³τῇ τε
ἡμέρᾳ τῶν σαββάτων ἐξήλθομεν ἔξω τῆς πύλης παρὰ ποταμὸν οὗ ἐνο-
μίζομεν προσευχὴν εἶναι, καὶ καθίσαντες ἐλαλοῦμεν ταῖς συνελθούσαις
γυναιξίν. ¹⁴καί τις γυνὴ ὀνόματι Λυδία, πορφυρόπωλις πόλεως Θυα-
τείρων σεβομένη τὸν θεόν, ἤκουεν, ἧς ὁ κύριος διήνοιξεν τὴν καρδίαν
προσέχειν τοῖς λαλουμένοις ὑπὸ τοῦ Παύλου. ¹⁵ὡς δὲ ἐβαπτίσθη καὶ ὁ
οἶκος αὐτῆς, παρεκάλεσεν λέγουσα, εἰ κεκρίκατέ με πιστὴν τῷ κυρίῳ
εἶναι, εἰσελθόντες εἰς τὸν οἶκόν μου μένετε· καὶ παρεβιάσατο ἡμᾶς.

καταντάω εἰς + acc reach
Δέρβη -ης f Derbe
Λύστρα f sg/n pl Lystra
Τιμόθεος -ου m Timothy
Ἕλλην -ηνος Greek; non-Jewish
μαρτυρέω speak well of
Ἰκόνιον -ου n Iconium
περιέτεμεν aor 3 sg
  περιτέμνω circumcise
ᾔδεισαν plpf (impf sense) 3 pl οἶδα

ἅπαντες = πάντες
διαπορεύομαι travel through
παρεδίδοσαν impf 3 pl παραδίδωμι
φυλάσσω keep, observe
δόγμα -ατος n decision, decree
κεκριμένα pf pass pple κρίνω here
  determine, make
5 στερεόω strengthen
περισσεύω here increase
ἀριθμός -οῦ m number

καθ' ἡμέραν daily, day by day
διῆλθον aor 3 pl διέρχομαι travel
   through
Φρυγία -ας f Phrygia
Γαλατικός -ή -όν Galatian
χώρα -ας f region
κωλυθέντες aor pass pple
   κωλύω prevent
λαλῆσαι aor inf λαλέω
Ἀσία -ας f Asia (Roman province of
   Asia Minor)
κατά + acc here towards
Μυσία -ας f Mysia
πειράζω try
Βιθυνία -ας f Bithynia
πορευθῆναι aor inf πορεύομαι
εἴασεν aor 3 sg ἐάω allow
παρελθόντες aor pple παρέρχομαι by-
   pass
κατέβησαν aor 3 pl καταβαίνω
Τρῳάς -άδος f Troas
ὅραμα -ατος n vision
ὤφθη aor pass 3 sg ὁράω
Μακεδών -όνος m Macedonian
ἑστώς pf (pres sense, intr) pple ἵστημι
διαβάς aor pple διαβαίνω cross over
Μακεδονία -ας f Macedonia
βοήθησον aor impv 2 sg
   βοηθέω help + dat
10 εὐθέως immediately
συμβιβάζω here conclude
προσκέκληται pf 3 sg
   προσκαλέομαι call, summon

εὐαγγελίσασθαι aor mid inf
   εὐαγγελίζω
ἀναχθέντες aor pple ἀνάγομαι set sail
εὐθυδρομέω make a straight run
Σαμοθράκη -ης f Samothrace
τῇ ἐπιούσῃ supply ἡμέρᾳ the next day
Νέα Πόλις f Neapolis
κἀκεῖθεν = καὶ ἐκεῖθεν (crasis) and
   from there
Φίλιπποι -ων m Philippi
μερίς -ίδος f district
κολωνία -ας f (Roman) colony (city
   with special privileges)
διατρίβω remain, stay
πύλη -ης f gate
ποταμός -οῦ m river
νομίζω think, believe
προσευχή -ῆς f place of prayer
καθίσαντες aor pple καθίζω sit
συνελθούσαις aor pple
   συνέρχομαι gather
Λυδία -ας f Lydia
πορφυρόπωλις -ιδος f dealer in purple
   cloth
Θυάτιρα -ων n Thyatira
σέβομαι worship
διήνοιξεν aor 3 sg διανοίγω open
προσέχω pay attention
15 ἐβαπτίσθη aor pass 3 sg βαπτίζω
κεκρίκατε pf (pres sense) 2 pl κρίνω
παρεβιάσατο aor 3 sg
   παραβιάζομαι urge, press

Verses 16–24: The imprisonment at Philippi

¹⁶ἐγένετο δὲ πορευομένων ἡμῶν εἰς τὴν προσευχὴν παιδίσκην τινὰ ἔχουσαν πνεῦμα πύθωνα ὑπαντῆσαι ἡμῖν, ἥτις ἐργασίαν πολλὴν παρεῖχεν τοῖς κυρίοις αὐτῆς μαντευομένη. ¹⁷αὕτη κατακολουθοῦσα τῷ Παύλῳ καὶ ἡμῖν ἔκραζεν λέγουσα, οὗτοι οἱ ἄνθρωποι δοῦλοι τοῦ θεοῦ τοῦ ὑψίστου εἰσίν, οἵτινες καταγγέλλουσιν ὑμῖν ὁδὸν σωτηρίας. ¹⁸τοῦτο δὲ ἐποίει ἐπὶ πολλὰς ἡμέρας. διαπονηθεὶς δὲ Παῦλος καὶ ἐπιστρέψας τῷ πνεύματι εἶπεν, παραγγέλλω σοι ἐν ὀνόματι Ἰησοῦ Χριστοῦ ἐξελθεῖν ἀπ᾽ αὐτῆς· καὶ ἐξῆλθεν αὐτῇ τῇ ὥρᾳ. ¹⁹ἰδόντες δὲ οἱ κύριοι αὐτῆς ὅτι ἐξῆλθεν ἡ ἐλπὶς τῆς ἐργασίας αὐτῶν ἐπιλαβόμενοι τὸν Παῦλον καὶ τὸν Σιλᾶν εἵλκυσαν εἰς τὴν ἀγορὰν ἐπὶ τοὺς ἄρχοντας, ²⁰καὶ προσαγαγόντες αὐτοὺς τοῖς στρατηγοῖς εἶπαν, οὗτοι οἱ ἄνθρωποι ἐκταράσσουσιν ἡμῶν τὴν πόλιν Ἰουδαῖοι ὑπάρχοντες, ²¹καὶ καταγγέλλουσιν ἔθη ἃ οὐκ ἔξεστιν ἡμῖν παραδέχεσθαι οὐδὲ ποιεῖν Ῥωμαίοις οὖσιν. ²²καὶ συνεπέστη ὁ ὄχλος κατ᾽ αὐτῶν, καὶ οἱ στρατηγοὶ περιρήξαντες αὐτῶν τὰ ἱμάτια ἐκέλευον ῥαβδίζειν, ²³πολλάς τε ἐπιθέντες αὐτοῖς πληγὰς ἔβαλον εἰς φυλακήν, παραγγείλαντες τῷ δεσμοφύλακι ἀσφαλῶς τηρεῖν αὐτούς· ²⁴ὃς παραγγελίαν τοιαύτην λαβὼν ἔβαλεν αὐτοὺς εἰς τὴν ἐσωτέραν φυλακὴν καὶ τοὺς πόδας ἠσφαλίσατο αὐτῶν εἰς τὸ ξύλον.

ἐγένετο + acc + inf it happened that
παιδίσκη -ης f slave-girl
ἔχω πνεῦμα πύθωνα have a spirit of
  divination, be a fortune-teller
ὑπαντάω meet + dat
ἐργασία -ας f profit
παρέχω provide
μαντεύομαι tell fortunes, predict the
  future
κατακολουθέω follow + dat
κράζω call out
ὕψιστος -η -ον highest, most high
καταγγέλλω make known
σωτηρία -ας f salvation
διαπονηθείς aor pple διαπονέομαι be
  greatly annoyed
ἐπιστρέψας aor pple ἐπιστρέφω turn
  to + dat
παραγγέλλω command + dat

ἐπιλαβόμενοι aor pple
ἐπιλαμβάνομαι seize
Σίλας -α m Silas
εἵλκυσαν aor 3 pl ἕλκω drag
ἀγορά -ᾶς f marketplace, main square
ἄρχων -οντος m ruler pl authorities
²⁰ προσαγαγόντες aor pple προσάγω
  bring to
στρατηγός -οῦ m chief magistrate
εἶπαν = εἶπον
ἐκταράσσω disturb
ἔθος -ους n custom, practice
ἔξεστιν it is lawful
παραδέχομαι accept
Ῥωμαῖος -ου m Roman
συνεπέστη aor (intr) 3 sg
  συνεφίστημι join in an attack
περιρήξαντες aor pple περιρήγνυμι
  tear off

κελεύω give orders
ῥαβδίζω beat
ἐπιθέντες aor pple ἐπιτίθημι inflict X
  acc on Y dat
πληγή -ῆς f blow, beating
ἔβαλον aor 3 pl βάλλω
φυλακή -ῆς f prison
παραγγείλαντες aor pple
  παραγγέλλω command + dat

δεσμοφύλαξ -ακος m gaoler
ἀσφαλῶς securely
τηρέω keep under guard
παραγγελία -ας f order, instruction
λαβών aor pple λαμβάνω
ἐσώτερος -α -ον inner
ἠσφαλίσατο aor 3 sg
  ἀσφαλίζομαι secure
ξύλον -ου n here stocks

Verses 25-40: Deliverance

²⁵κατὰ δὲ τὸ μεσονύκτιον Παῦλος καὶ Σιλᾶς προσευχόμενοι
ὕμνουν τὸν θεόν, ἐπηκροῶντο δὲ αὐτῶν οἱ δέσμιοι· ²⁶ἄφνω δὲ σεισμὸς
ἐγένετο μέγας ὥστε σαλευθῆναι τὰ θεμέλια τοῦ δεσμωτηρίου, ἠνεῴ-
χθησαν δὲ παραχρῆμα αἱ θύραι πᾶσαι, καὶ πάντων τὰ δεσμὰ ἀνέθη.
²⁷ἔξυπνος δὲ γενόμενος ὁ δεσμοφύλαξ καὶ ἰδὼν ἀνεῳγμένας τὰς θύρας
τῆς φυλακῆς, σπασάμενος τὴν μάχαιραν ἤμελλεν ἑαυτὸν ἀναιρεῖν, νο-
μίζων ἐκπεφευγέναι τοὺς δεσμίους. ²⁸ἐφώνησεν δὲ μεγάλῃ φωνῇ ὁ
Παῦλος λέγων, μηδὲν πράξῃς σεαυτῷ κακόν, ἅπαντες γάρ ἐσμεν ἐν-
θάδε. ²⁹αἰτήσας δὲ φῶτα εἰσεπήδησεν, καὶ ἔντρομος γενόμενος προσέ-
πεσεν τῷ Παύλῳ καὶ τῷ Σιλᾷ, ³⁰καὶ προαγαγὼν αὐτοὺς ἔξω ἔφη,
κύριοι, τί με δεῖ ποιεῖν ἵνα σωθῶ; ³¹οἱ δὲ εἶπαν, πίστευσον ἐπὶ τὸν κύριον
Ἰησοῦν, καὶ σωθήσῃ σὺ καὶ ὁ οἶκός σου. ³²καὶ ἐλάλησαν αὐτῷ τὸν λόγον
τοῦ κυρίου σὺν πᾶσιν τοῖς ἐν τῇ οἰκίᾳ αὐτοῦ. ³³καὶ παραλαβὼν αὐτοὺς
ἐν ἐκείνῃ τῇ ὥρᾳ τῆς νυκτὸς ἔλουσεν ἀπὸ τῶν πληγῶν, καὶ ἐβαπτί-
σθηαὐτὸς καὶ οἱ αὐτοῦ πάντες παραχρῆμα, ³⁴ἀναγαγών τε αὐτοὺς εἰς
τὸν οἶκον παρέθηκεν τράπεζαν, καὶ ἠγαλλιάσατο πανοικεὶ πεπισ-
τευκὼς τῷ θεῷ. ³⁵ἡμέρας δὲ γενομένης ἀπέστειλαν οἱ στρατηγοὶ τοὺς
ῥαβδούχους λέγοντες, ἀπόλυσον τοὺς ἀνθρώπους ἐκείνους. ³⁶ἀπήγγει-
λεν δὲ ὁ δεσμοφύλαξ τοὺς λόγους τούτους πρὸς τὸν Παῦλον, ὅτι ἀπέσ-
ταλκαν οἱ στρατηγοὶ ἵνα ἀπολυθῆτε· νῦν οὖν ἐξελθόντες πορεύεσθε ἐν
εἰρήνῃ. ³⁷ὁ δὲ Παῦλος ἔφη πρὸς αὐτούς, δείραντες ἡμᾶς δημοσίᾳ ἀκα-
τακρίτους, ἀνθρώπους Ῥωμαίους ὑπάρχοντας, ἔβαλαν εἰς φυλακήν·
καὶ νῦν λάθρα ἡμᾶς ἐκβάλλουσιν; οὐ γάρ, ἀλλὰ ἐλθόντες αὐτοὶ ἡμᾶς
ἐξαγαγέτωσαν. ³⁸ἀπήγγειλαν δὲ τοῖς στρατηγοῖς οἱ ῥαβδοῦχοι τὰ
ῥήματα ταῦτα. ἐφοβήθησαν δὲ ἀκούσαντες ὅτι Ῥωμαῖοί εἰσιν, ³⁹καὶ
ἐλθόντες παρεκάλεσαν αὐτούς, καὶ ἐξαγαγόντες ἠρώτων ἀπελθεῖν
ἀπὸ τῆς πόλεως. ⁴⁰ἐξελθόντες δὲ ἀπὸ τῆς φυλακῆς εἰσῆλθον πρὸς τὴν
Λυδίαν, καὶ ἰδόντες παρεκάλεσαν τοὺς ἀδελφοὺς καὶ ἐξῆλθαν.

²⁵ κατά + acc here about
μεσονύκτιον -ου n midnight
ὑμνέω sing praises to
ἐπακροάομαι listen to + gen
δέσμιος -ου m prisoner
ἄφνω suddenly

σεισμός -οῦ m earthquake
σαλευθῆναι aor pass inf σαλεύω shake
θεμέλιον -ου n foundation
δεσμωτήριον -ου n prison
ἠνεῴχθησαν aor pass 3 pl ἀνοίγω open
παραχρῆμα immediately

θύρα -ας f door
δεσμός -οῦ m (n in pl) chain
ἀνέθη aor pass 3 sg ἀνίημι loosen
ἔξυπνος -ον awake
ἀνεῳγμένας pf pass pple ἀνοίγω
σπασάμενος aor pple σπάομαι draw
μάχαιρα -ας f sword
ἤμελλεν impf 3 sg μέλλω
ἀναιρέω kill
ἐκπεφευγέναι pf inf ἐκφεύγω
φωνέω shout
πράξῃς aor subj 2 sg πράσσω do
σεαυτῷ to yourself
κακός -ή -όν bad, harmful
ἐνθάδε here
εἰσπηδάω rush in
ἔντρομος -ον trembling, fearful
προσέπεσεν aor 3 sg προσπίπτω fall
    down before + dat
30 προαγαγών aor pple προάγω bring out
σωθῶ aor pass subj 1 sg σῴζω
πίστευσον aor impv 2 sg πιστεύω
σωθήσῃ fut pass 2 sg σῴζω
παραλαβών aor pple
    παραλαμβάνω take along
λούω wash
ἐβαπτίσθη aor pass 3 sg βαπτίζω
ἀναγαγών aor pple ἀνάγω lead up

παρέθηκεν aor 3 sg παρατίθημι set
    before
τράπεζα -ης f lit table hence meal
ἠγαλλιάσατο aor 3 sg
    ἀγαλλιάομαι rejoice
πανοικεί with the whole household
πεπιστευκώς pf pple πιστεύω here find
    faith
35 ῥαβδοῦχος -ου m officer, lictor
ἀπόλυσον aor impv 2 sg ἀπολύω let go
ἀπήγγειλεν aor 3 sg ἀπαγγέλλω report
ἀπέσταλκαν pf 3 pl ἀποστέλλω here
    send an order
ἀπολυθῆτε aor pass subj 2 pl ἀπολύω
δείραντες aor pple δέρω flog
δημοσίᾳ in public
ἀκατάκριτος -ον without trial
ἔβαλαν = ἔβαλον
λάθρᾳ secretly
ἐκβάλλω bring out
οὐ γάρ certainly not!
ἐξαγαγέτωσαν aor impv 3 pl
    ἐξάγω escort out
ἐφοβήθησαν aor 3 pl φοβέομαι
παρεκάλεσαν aor 3 pl παρακαλέω here
    apologise to
40 πρός + acc here to the house of
ἐξῆλθαν = ἐξῆλθον

126   Section Seven

Chapter 17

Verses 1–15: Uproar in Thessalonica; the Apostles at Beroea

¹διοδεύσαντες δὲ τὴν Ἀμφίπολιν καὶ τὴν Ἀπολλωνίαν ἦλθον εἰς Θεσσαλονίκην, ὅπου ἦν συναγωγὴ τῶν Ἰουδαίων. ²κατὰ δὲ τὸ εἰωθὸς τῷ Παύλῳ εἰσῆλθεν πρὸς αὐτοὺς καὶ ἐπὶ σάββατα τρία διελέξατο αὐτοῖς ἀπὸ τῶν γραφῶν, ³διανοίγων καὶ παρατιθέμενος ὅτι τὸν Χριστὸν ἔδει παθεῖν καὶ ἀναστῆναι ἐκ νεκρῶν, καὶ ὅτι οὗτός ἐστιν ὁ Χριστός, ὁ Ἰησοῦς, ὃν ἐγὼ καταγγέλλω ὑμῖν. ⁴καί τινες ἐξ αὐτῶν ἐπείσθησαν καὶ προσεκληρώθησαν τῷ Παύλῳ καὶ τῷ Σιλᾷ, τῶν τε σεβομένων Ἑλλήνων πλῆθος πολὺ γυναικῶν τε τῶν πρώτων οὐκ ὀλίγαι. ⁵ζηλώσαντες δὲ οἱ Ἰουδαῖοι καὶ προσλαβόμενοι τῶν ἀγοραίων ἄνδρας τινὰς πονηροὺς καὶ ὀχλοποιήσαντες ἐθορύβουν τὴν πόλιν καὶ ἐπιστάντες τῇ οἰκίᾳ Ἰάσονος ἐζήτουν αὐτοὺς προαγαγεῖν εἰς τὸν δῆμον. ⁶μὴ εὑρόντες δὲ αὐτοὺς ἔσυρον Ἰάσονα καί τινας ἀδελφοὺς ἐπὶ τοὺς πολιτάρχας, βοῶντες ὅτι οἱ τὴν οἰκουμένην ἀναστατώσαντες οὗτοι καὶ ἐνθάδε πάρεισιν, ⁷οὓς ὑποδέδεκται Ἰάσων· καὶ οὗτοι πάντες ἀπέναντι τῶν δογμάτων Καίσαρος πράσσουσιν, βασιλέα ἕτερον λέγοντες εἶναι Ἰησοῦν. ⁸ἐτάραξαν δὲ τὸν ὄχλον καὶ τοὺς πολιτάρχας ἀκούοντας ταῦτα, ⁹καὶ λαβόντες τὸ ἱκανὸν παρὰ τοῦ Ἰάσονος καὶ τῶν λοιπῶν ἀπέλυσαν αὐτούς. ¹⁰οἱ δὲ ἀδελφοὶ εὐθέως διὰ νυκτὸς ἐξέπεμψαν τόν τε Παῦλον καὶ τὸν Σιλᾶν εἰς Βέροιαν, οἵτινες παραγενόμενοι εἰς τὴν συναγωγὴν τῶν Ἰουδαίων ἀπήεσαν. ¹¹οὗτοι δὲ ἦσαν εὐγενέστεροι τῶν ἐν Θεσσαλονίκῃ, οἵτινες ἐδέξαντο τὸν λόγον μετὰ πάσης προθυμίας, καθ᾽ ἡμέραν ἀνακρίνοντες τὰς γραφὰς εἰ ἔχοι ταῦτα οὕτως. ¹²πολλοὶ μὲν οὖν ἐξ αὐτῶν ἐπίστευσαν, καὶ τῶν Ἑλληνίδων γυναικῶν τῶν εὐσχημόνων καὶ ἀνδρῶν οὐκ ὀλίγοι. ¹³ὡς δὲ ἔγνωσαν οἱ ἀπὸ τῆς Θεσσαλονίκης Ἰουδαῖοι ὅτι καὶ ἐν τῇ Βεροίᾳ κατηγγέλη ὑπὸ τοῦ Παύλου ὁ λόγος τοῦ θεοῦ, ἦλθον κἀκεῖ σαλεύοντες καὶ ταράσσοντες τοὺς ὄχλους. ¹⁴εὐθέως δὲ τότε τὸν Παῦλον ἐξαπέστειλαν οἱ ἀδελφοὶ πορεύεσθαι ἕως ἐπὶ τὴν θάλασσαν· ὑπέμεινάν τε ὅ τε Σιλᾶς καὶ ὁ Τιμόθεος ἐκεῖ. ¹⁵οἱ δὲ καθιστάνοντες τὸν Παῦλον ἤγαγον ἕως Ἀθηνῶν καὶ λαβόντες ἐντολὴν πρὸς τὸν Σιλᾶν καὶ τὸν Τιμόθεον ἵνα ὡς τάχιστα ἔλθωσιν πρὸς αὐτὸν ἐξῄεσαν.

διοδεύσαντες aor pple διοδεύω travel
through
Ἀμφίπολις -εως f Amphipolis
Ἀπολλωνία -ας f Apollonia
Θεσσαλονίκη -ης f Thessalonica
τὸ εἰωθός custom
εἰσῆλθεν πρὸς αὐτούς transl he
attended their meetings
ἐπί + acc here for
διελέξατο aor 3 sg διαλέγομαι have a
discussion with + dat
διανοίγω expound
παρατίθημι demonstrate
παθεῖν aor inf πάσχω suffer
ἀναστῆναι aor (intr) inf ἀνίστημι
καταγγέλλω proclaim
ἐπείσθησαν aor pass 3 pl
πείθω persuade, convince
προσεκληρώθησαν aor 3 pl
προσκληρόομαι join company
with + dat
Σίλας -α m Silas
σέβομαι worship pple godfearing
Ἕλλην -ηνος m Greek; non-Jewish
πλῆθος -ους n crowd, large number
πρῶτος -η -ον here prominent
5 ζηλώσαντες aor pple ζηλόω be jealous
προσλαβόμενοι aor pple
προσλαμβάνομαι get hold of
ἀγοραῖος -ου m layabout
ὀχλοποιήσαντες aor pple
ὀχλοποιέω gather a mob
θορυβέω set in an uproar
ἐπιστάντες aor (intr) pple
ἐφίστημι here come up to
Ἰάσων -ονος m Jason
προάγω bring before
δῆμος -ου m people's assembly
σύρω drag
πολιτάρχης -ου m magistrate
βοάω shout
οἰκουμένη -ης f world
ἀναστατόω turn upside down
ἐνθάδε here

πάρειμι be present, have come
ὑποδέδεκται pf 3 sg
ὑποδέχομαι entertain
ἀπέναντι + gen against
δόγμα -ατος n decree
Καῖσαρ -ος m Caesar, Roman emperor
πράσσω act
ἐτάραξαν aor 3 pl ταράσσω stir up,
rouse
τὸ ἱκανόν bail, security
ἀπολύω release
10 ἐξέπεμψαν aor 3 pl ἐκπέμπω send
away
Βέροια -ας f Beroea
παραγενόμενοι aor pple
παραγίνομαι arrive
ἀπῄεσαν impf 3 pl ἄπειμι go
εὐγενής -ές here fair-minded
προθυμία -ας f eagerness
καθ' ἡμέραν every day
ἀνακρίνω study
εἰ ἔχοι ταῦτα οὕτως transl to see if
these things were so
Ἑλληνίς -ίδος f Greek woman; non-
Jewish woman
εὐσχήμων -ον influential
ἔγνωσαν aor 3 pl γινώσκω
κατηγγέλη aor pass 3 sg
καταγγέλλω vs 3
κἀκεῖ = καὶ ἐκεῖ (crasis)
σαλεύω stir up
ἐξαπέστειλαν aor 3 pl
ἐξαποστέλλω send away
ἕως ἐπί + acc as far as, down to
ὑπέμειναν aor 3 pl ὑπομένω remain
behind
Τιμόθεος -ου m Timothy
15 καθιστάνω bring
ἤγαγον aor 3 pl ἄγω
Ἀθῆναι -ων f pl Athens
ὡς τάχιστα as quickly as possible
ἔλθωσιν aor subj 3 pl ἔρχομαι
ἐξῄεσαν impf 3 pl ἔξειμι go out

Verses 16–21: Paul at Athens (1)

¹⁶ἐν δὲ ταῖς Ἀθήναις ἐκδεχομένου αὐτοὺς τοῦ Παύλου, παρω-
ξύνετο τὸ πνεῦμα αὐτοῦ ἐν αὐτῷ θεωροῦντος κατείδωλον οὖσαν τὴν
πόλιν. ¹⁷διελέγετο μὲν οὖν ἐν τῇ συναγωγῇ τοῖς Ἰουδαίοις καὶ τοῖς σε-
βομένοις καὶ ἐν τῇ ἀγορᾷ κατὰ πᾶσαν ἡμέραν πρὸς τοὺς παρα-
τυγχάνοντας. ¹⁸τινὲς δὲ καὶ τῶν Ἐπικουρείων καὶ Στοϊκῶν φιλοσόφων
συνέβαλλον αὐτῷ, καί τινες ἔλεγον, τί ἂν θέλοι ὁ σπερμολόγος οὗτος
λέγειν; οἱ δέ, ξένων δαιμονίων δοκεῖ καταγγελεὺς εἶναι· ὅτι τὸν Ἰησοῦν
καὶ τὴν ἀνάστασιν εὐηγγελίζετο. ¹⁹ἐπιλαβόμενοί τε αὐτοῦ ἐπὶ τὸν Ἄρε-
ιον Πάγον ἤγαγον, λέγοντες, δυνάμεθα γνῶναι τίς ἡ καινὴ αὕτη ἡ ὑπὸ
σοῦ λαλουμένη διδαχή; ²⁰ξενίζοντα γάρ τινα εἰσφέρεις εἰς τὰς ἀκοὰς
ἡμῶν· βουλόμεθα οὖν γνῶναι τίνα θέλει ταῦτα εἶναι. ²¹Ἀθηναῖοι δὲ
πάντες καὶ οἱ ἐπιδημοῦντες ξένοι εἰς οὐδὲν ἕτερον ηὐκαίρουν ἢ λέγειν τι
ἢ ἀκούειν τι καινότερον.

ἐκδέχομαι wait for
παροξύνομαι be greatly upset
κατείδωλος -ον full of idols
διαλέγομαι discuss, debate
σέβομαι worship οἱ σεβόμενοι non-
   Jews attending synagogue
ἀγορά -ᾶς f marketplace
κατὰ πᾶσαν ἡμέραν every day
παρατυγχάνω happen to be present
Ἐπικούρειος -ου m Epicurean
Στοϊκός -ή -όν Stoic
φιλόσοφος -ου m philosopher
συμβάλλω debate with + dat
τί ἂν θέλοι; transl what on earth is X
   trying to …?
σπερμολόγος -ου m lit seed-gathering
   (bird) hence one who picks up scraps
   of information
ξένος -η -ον strange, foreign

καταγγελεύς -έως m proclaimer
ἀνάστασις -εως f resurrection
ἐπιλαβόμενοι aor pple
ἐπιλαμβάνομαι seize + gen
Ἄρειος Πάγος m Areopagus (lit Hill of
   Ares) where an Athenian council sat
γνῶναι aor inf γινώσκω
καινός -ή -όν new
διδαχή -ῆς f teaching, doctrine
20 ξενίζω be strange, be foreign
εἰσφέρω bring in
ἀκοή -ῆς f hearing, ears
βούλομαι wish
θέλει … εἶναι lit want to be hence mean
Ἀθηναῖος -α -ον Athenian
ἐπιδημέω visit
ξένος -ου m stranger, foreigner
εὐκαιρέω spend time

Verses 22–34: Paul at Athens (2)

²²σταθεὶς δὲ ὁ Παῦλος ἐν μέσῳ τοῦ Ἀρείου Πάγου ἔφη, ἄνδρες
Ἀθηναῖοι, κατὰ πάντα ὡς δεισιδαιμονεστέρους ὑμᾶς θεωρῶ· ²³διερ-
χόμενος γὰρ καὶ ἀναθεωρῶν τὰ σεβάσματα ὑμῶν εὗρον καὶ βωμὸν ἐν ᾧ
ἐπεγέγραπτο, ἀγνώστῳ θεῷ. ὃ οὖν ἀγνοοῦντες εὐσεβεῖτε, τοῦτο ἐγὼ
καταγγέλλω ὑμῖν. ²⁴ὁ θεὸς ὁ ποιήσας τὸν κόσμον καὶ πάντα τὰ ἐν αὐτῷ,
οὗτος οὐρανοῦ καὶ γῆς ὑπάρχων κύριος οὐκ ἐν χειροποιήτοις ναοῖς κα-
τοικεῖ²⁵οὐδὲ ὑπὸ χειρῶν ἀνθρωπίνων θεραπεύεται προσδεόμενός τινος,
αὐτὸς διδοὺς πᾶσι ζωὴν καὶ πνοὴν καὶ τὰ πάντα· ²⁶ἐποίησέν τε ἐξ ἑνὸς
πᾶν ἔθνος ἀνθρώπων κατοικεῖν ἐπὶ παντὸς προσώπου τῆς γῆς, ὁρίσας
προστεταγμένους καιροὺς καὶ τὰς ὁροθεσίας τῆς κατοικίας αὐτῶν,
²⁷ζητεῖν τὸν θεὸν εἰ ἄρα γε ψηλαφήσειαν αὐτὸν καὶ εὕροιεν, καί γε οὐ
μακρὰν ἀπὸ ἑνὸς ἑκάστου ἡμῶν ὑπάρχοντα. ²⁸ἐν αὐτῷ γὰρ ζῶμεν καὶ
κινούμεθα καὶ ἐσμέν, ὡς καί τινες τῶν καθ᾽ ὑμᾶς ποιητῶν εἰρήκασιν,
τοῦ γὰρ καὶ γένος ἐσμέν. ²⁹γένος οὖν ὑπάρχοντες τοῦ θεοῦ οὐκ ὀφείλο-
μεν νομίζειν χρυσῷ ἢ ἀργύρῳ ἢ λίθῳ, χαράγματι τέχνης καὶ ἐνθυμή-
σεως ἀνθρώπου, τὸ θεῖον εἶναι ὅμοιον. ³⁰τοὺς μὲν οὖν χρόνους τῆς ἀγ-
νοίας ὑπεριδὼν ὁ θεὸς τὰ νῦν παραγγέλλει τοῖς ἀνθρώποις πάντας
πανταχοῦ μετανοεῖν, ³¹καθότι ἔστησεν ἡμέραν ἐν ᾗ μέλλει κρίνειν τὴν
οἰκουμένην ἐν δικαιοσύνῃ ἐν ἀνδρὶ ᾧ ὥρισεν, πίστιν παρασχὼν πᾶσιν
ἀναστήσας αὐτὸν ἐκ νεκρῶν. ³²ἀκούσαντες δὲ ἀνάστασιν νεκρῶν οἱ μὲν
ἐχλεύαζον, οἱ δὲ εἶπαν, ἀκουσόμεθά σου περὶ τούτου καὶ πάλιν. ³³οὕτως
ὁ Παῦλος ἐξῆλθεν ἐκ μέσου αὐτῶν. ³⁴τινὲς δὲ ἄνδρες κολληθέντες αὐτῷ
ἐπίστευσαν, ἐν οἷς καὶ Διονύσιος ὁ Ἀρεοπαγίτης καὶ γυνὴ ὀνόματι
Δάμαρις καὶ ἕτεροι σὺν αὐτοῖς.

σταθείς aor pass (intr act sense) pple
  ἵστημι
κατὰ πάντα in every respect
δεισιδαιμονέστερος -α -ον very
  religious
διέρχομαι go through *supply* the city *as
  obj*
ἀναθεωρέω look at
σέβασμα -ατος n object of worship
βωμός -οῦ m altar

ἐπεγέγραπτο plpf pass 3 sg
  ἐπιγράφω inscribe
ἄγνωστος -ον unknown
ἀγνοέω be ignorant
εὐσεβέω reverence
καταγγέλλω proclaim
κόσμος -ου m world
χειροποίητος -ον made by human
  hands
ναός -οῦ m temple

κατοικέω live
25 ἀνθρώπινος -η -ον human
θεραπεύω serve
προσδέομαι need + gen
διδούς pple δίδωμι
πνοή -ῆς f breath
πρόσωπον -ου n face, surface
ὁρίσας aor pple ὁρίζω determine, fix
προστεταγμένους pf pass pple
    προστάσσω appoint
ὁροθεσία -ας f boundary
κατοικία -ας f territory
εἰ ἄρα + opt transl in the hope that
ψηλαφήσειαν aor opt 3 pl
ψηλαφάω feel around for
εὕροιεν aor opt 3 pl εὑρίσκω
οὐ μακράν not far away
κινέομαι move
καθ᾽ ὑμᾶς transl your
ποιητής -οῦ m poet
εἰρήκασιν pf 3 pl λέγω
τοῦ ... ἐσμέν is a quotation from
    Phaenomena, a didactic poem on the
    constellations by Aratus fl 275 BC; a
    very similar phrase ἐκ σοῦ γὰρ γένος
    ἐσμέν occurs in the Hymn to Zeus by
    the Stoic Cleanthes fl 290 BC, who may
    be Aratus' own source
τοῦ of him
ὀφείλω ought
νομίζω suppose, think
χρυσός -οῦ m gold

ἄργυρος -ου m silver
λίθος -ου m stone
χαράγμα -ατος n image, representation
τέχνη -ης f art, craftsmanship
ἐνθύμησις -εως f imagination
θεῖον -ου n deity
ὅμοιος -α -ον like + dat
30 ἄγνοια -ας f ignorance
ὑπεριδών aor pple ὑπεροράω overlook
τὰ νῦν in this instance, now
παραγγέλλω command + dat
πάντας acc as sub of inf
πανταχοῦ everywhere
μετανοέω repent
καθότι for
ἔστησεν aor (tr) 3 sg ἵστημι here set,
    fix
οἰκουμένη -ης f world
ᾧ for ὅν rel attracted into case of
    antecedent
ὥρισεν aor 3 sg ὁρίζω
παρασχών aor pple παρέχω provide
ἀναστήσας aor (tr) pple ἀνίστημι
οἱ μέν ... οἱ δέ some ... others
χλευάζω jeer
κολληθέντες aor pass pple
    κολλάω stick pass join oneself to
Διονύσιος -ου m Dionysius
Ἀρεοπαγίτης -ου m Areopagite,
    member of court of Areopagus
Δάμαρις -ιδος f Damaris

Corinth: Lechaion Road and market

Chapter 18

Verses 1–17: Paul at Corinth

¹μετὰ ταῦτα χωρισθεὶς ἐκ τῶν Ἀθηνῶν ἦλθεν εἰς Κόρινθον. ²καὶ εὑρών τινα Ἰουδαῖον ὀνόματι Ἀκύλαν, Ποντικὸν τῷ γένει, προσφάτως ἐληλυθότα ἀπὸ τῆς Ἰταλίας καὶ Πρίσκιλλαν γυναῖκα αὐτοῦ διὰ τὸ διατεταχέναι Κλαύδιον χωρίζεσθαι πάντας τοὺς Ἰουδαίους ἀπὸ τῆς Ῥώμης, προσῆλθεν αὐτοῖς, ³καὶ διὰ τὸ ὁμότεχνον εἶναι ἔμενεν παρ' αὐτοῖς καὶ ἠργάζετο· ἦσαν γὰρ σκηνοποιοὶ τῇ τέχνῃ. ⁴διελέγετο δὲ ἐν τῇ συναγωγῇ κατὰ πᾶν σάββατον, ἔπειθέν τε Ἰουδαίους καὶ Ἕλληνας. ⁵ὡς δὲ κατῆλθον ἀπὸ τῆς Μακεδονίας ὅ τε Σιλᾶς καὶ ὁ Τιμόθεος, συνείχετο τῷ λόγῳ ὁ Παῦλος, διαμαρτυρόμενος τοῖς Ἰουδαίοις εἶναι τὸν Χριστὸν Ἰησοῦν. ⁶ἀντιτασσομένων δὲ αὐτῶν καὶ βλασφημούντων ἐκτιναξάμενος τὰ ἱμάτια εἶπεν πρὸς αὐτούς, τὸ αἷμα ὑμῶν ἐπὶ τὴν κεφαλὴν ὑμῶν· καθαρὸς ἐγώ· ἀπὸ τοῦ νῦν εἰς τὰ ἔθνη πορεύσομαι. ⁷καὶ μεταβὰς ἐκεῖθεν εἰσῆλθεν εἰς οἰκίαν τινὸς ὀνόματι Τιτίου Ἰούστου σεβομένου τὸν θεόν, οὗ ἡ οἰκία ἦν συνομοροῦσα τῇ συναγωγῇ. ⁸Κρίσπος δὲ ὁ ἀρχισυνάγωγος ἐπίστευσεν τῷ κυρίῳ σὺν ὅλῳ τῷ οἴκῳ αὐτοῦ, καὶ πολλοὶ τῶν Κορινθίων ἀκούοντες ἐπίστευον καὶ ἐβαπτίζοντο. ⁹εἶπεν δὲ ὁ κύριος ἐν νυκτὶ δι' ὁράματος τῷ Παύλῳ, μὴ φοβοῦ, ἀλλὰ λάλει καὶ μὴ σιωπήσῃς, ¹⁰διότι ἐγώ εἰμι μετὰ σοῦ καὶ οὐδεὶς ἐπιθήσεταί σοι τοῦ κακῶσαί σε, διότι λαός ἐστί μοι πολὺς ἐν τῇ πόλει ταύτῃ. ¹¹ἐκάθισεν δὲ ἐνιαυτὸν καὶ μῆνας ἓξ διδάσκων ἐν αὐτοῖς τὸν λόγον τοῦ θεοῦ. ¹²Γαλλίωνος δὲ ἀνθυπάτου ὄντος τῆς Ἀχαΐας κατεπέστησαν ὁμοθυμαδὸν οἱ Ἰουδαῖοι τῷ Παύλῳ καὶ ἤγαγον αὐτὸν ἐπὶ τὸ βῆμα, ¹³λέγοντες ὅτι παρὰ τὸν νόμον ἀναπείθει οὗτος τοὺς ἀνθρώπους σέβεσθαι τὸν θεόν. ¹⁴μέλλοντος δὲ τοῦ Παύλου ἀνοίγειν τὸ στόμα εἶπεν ὁ Γαλλίων πρὸς τοὺς Ἰουδαίους, εἰ μὲν ἦν ἀδίκημά τι ἢ ῥᾳδιούργημα πονηρόν, ὦ Ἰουδαῖοι, κατὰ λόγον ἂν ἀνεσχόμην ὑμῶν· ¹⁵εἰ δὲ ζητήματά ἐστιν περὶ λόγου καὶ ὀνομάτων καὶ νόμου τοῦ καθ' ὑμᾶς, ὄψεσθε αὐτοί· κριτὴς ἐγὼ τούτων οὐ βούλομαι εἶναι. ¹⁶καὶ ἀπήλασεν αὐτοὺς ἀπὸ τοῦ βήματος. ¹⁷ἐπιλαβόμενοι δὲ πάντες Σωσθένην τὸν ἀρχισυνάγωγον ἔτυπτον ἔμπροσθεν τοῦ βήματος· καὶ οὐδὲν τούτων τῷ Γαλλίωνι ἔμελεν.

χωρισθείς aor pass pple
χωρίζω separate pass depart
Ἀθῆναι -ῶν f pl Athens
Κόρινθος -ου f Corinth
Ἀκύλας acc -αν m Aquila
Ποντικός -ή -όν of Pontus
προσφάτως recently
ἐληλυθότα pf pple ἔρχομαι
Ἰταλία -ας f Italy
Πρίσκιλλα -ης f Priscilla
διὰ τό + acc + inf because
διατεταχέναι pf inf
  διατάσσω command, decree
Κλαύδιος -ου m Claudius (Roman
  emperor AD 41–54)
Ῥώμη -ης f Rome
ὁμότεχνος -ον of the same trade
ἐργάζομαι work
σκηνοποιός -οῦ m tent-maker
τέχνη -ης f trade
διαλέγομαι discuss, hold a debate
κατὰ πᾶν σάββατον every sabbath
Ἕλλην -ηνος m Greek; non-Jew
5 κατῆλθον aor 3 pl κατέρχομαι come
  down
Μακεδονία -ας f Macedonia
Σίλας -α m Silas
Τιμόθεος -ου m Timothy
συνέχω hold fast pass be engrossed
  in + dat
διαμαρτύρομαι affirm
ἀντιτάσσομαι oppose
βλασφημέω here hurl abuse
ἐκτιναξάμενος aor mid pple
  ἐκτινάσσω shake out
καθαρός -ά -όν clean, clear of
  responsibility
ἀπὸ τοῦ νῦν from now on
μεταβάς aor pple μεταβαίνω move on
ἐκεῖθεν from there
Τίτιος -ου m Titius
Ἰοῦστος -ου m Justus
σέβομαι worship
συνομορέω be next door to

Κρίσπος -ου m Crispus
ἀρχισυνάγωγος -ου m president of a
  synagogue
Κορίνθιος -ου m Corinthian
ὅραμα -ατος n vision
φοβοῦ impv 2 sg φοβέομαι
σιωπήσῃς aor subj 2 sg σιωπάω keep
  silent
10 διότι because
ἐπιθήσεται fut mid 3 sg ἐπιτίθημι here
  attack + dat
τοῦ + inf expresses purpose
κακῶσαι aor inf κακόω harm
ἐκάθισεν aor 3 sg καθίζω here stay
ἐνιαυτός -οῦ m year
μήν, μηνός m month
ἕξ six
Γαλλίων -ωνος m Gallio
ἀνθύπατος -ου m proconsul
Ἀχαΐα -ας f Achaea
κατεπέστησαν aor (intr) 3 pl
  κατεφίστημι set upon, attack + dat
ὁμοθυμαδόν with one mind, together
βῆμα -ατος n court
ἀναπείθω incite, persuade
ἀδίκημα -ατος n crime
ῥᾳδιούργημα -ατος n misdeed, fraud
κατὰ λόγον rightly, reasonably
ἄν + past indic transl I would
ἀνεσχόμην aor 1 sg ἀνέχομαι give
  patient hearing to + gen
15 ζήτημα -ατος n question
καθ᾽ ὑμᾶς transl your
ὄψεσθε fut 2 pl ὁράω transl you must
  see to it
κριτής -ου m judge
βούλομαι wish
ἀπήλασεν aor 3 sg ἀπελαύνω dismiss
ἐπιλαβόμενοι aor pple
  ἐπιλαμβάνομαι seize
Σωσθένης -ους m Sosthenes
τύπτω beat up
ἔμπροσθεν + gen in front of
μέλει it is of concern to + dat

Verses 18–28: Paul's return to Antioch; Apollos preaches at Ephesus

¹⁸ὁ δὲ Παῦλος ἔτι προσμείνας ἡμέρας ἱκανὰς τοῖς ἀδελφοῖς ἀποταξάμενος ἐξέπλει εἰς τὴν Συρίαν, καὶ σὺν αὐτῷ Πρίσκιλλα καὶ Ἀκύλας, κειράμενος ἐν Κεγχρεαῖς τὴν κεφαλήν, εἶχεν γὰρ εὐχήν. ¹⁹κατήντησαν δὲ εἰς Ἔφεσον, κἀκείνους κατέλιπεν αὐτοῦ, αὐτὸς δὲ εἰσελθὼν εἰς τὴν συναγωγὴν διελέξατο τοῖς Ἰουδαίοις. ²⁰ἐρωτώντων δὲ αὐτῶν ἐπὶ πλείονα χρόνον μεῖναι οὐκ ἐπένευσεν, ²¹ἀλλὰ ἀποταξάμενος καὶ εἰπών, πάλιν ἀνακάμψω πρὸς ὑμᾶς τοῦ θεοῦ θέλοντος, ἀνήχθη ἀπὸ τῆς Ἐφέσου· ²²καὶ κατελθὼν εἰς Καισάρειαν, ἀναβὰς καὶ ἀσπασάμενος τὴν ἐκκλησίαν, κατέβη εἰς Ἀντιόχειαν, ²³καὶ ποιήσας χρόνον τινὰ ἐξῆλθεν, διερχόμενος καθεξῆς τὴν Γαλατικὴν χώραν καὶ Φρυγίαν, ἐπιστηρίζων πάντας τοὺς μαθητάς. ²⁴Ἰουδαῖος δέ τις Ἀπολλῶς ὀνόματι, Ἀλεξανδρεὺς τῷ γένει, ἀνὴρ λόγιος, κατήντησεν εἰς Ἔφεσον, δυνατὸς ὢν ἐν ταῖς γραφαῖς. ²⁵οὗτος ἦν κατηχημένος τὴν ὁδὸν τοῦ κυρίου, καὶ ζέων τῷ πνεύματι ἐλάλει καὶ ἐδίδασκεν ἀκριβῶς τὰ περὶ τοῦ Ἰησοῦ, ἐπιστάμενος μόνον τὸ βάπτισμα Ἰωάννου. ²⁶οὗτός τε ἤρξατο παρρησιάζεσθαι ἐν τῇ συναγωγῇ· ἀκούσαντες δὲ αὐτοῦ Πρίσκιλλα καὶ Ἀκύλας προσελάβοντο αὐτὸν καὶ ἀκριβέστερον αὐτῷ ἐξέθεντο τὴν ὁδὸν τοῦ θεοῦ. ²⁷βουλομένου δὲ αὐτοῦ διελθεῖν εἰς τὴν Ἀχαΐαν προτρεψάμενοι οἱ ἀδελφοὶ ἔγραψαν τοῖς μαθηταῖς ἀποδέξασθαι αὐτόν· ὃς παραγενόμενος συνεβάλετο πολὺ τοῖς πεπιστευκόσιν διὰ τῆς χάριτος· ²⁸εὐτόνως γὰρ τοῖς Ἰουδαίοις διακατηλέγχετο δημοσίᾳ ἐπιδεικνὺς διὰ τῶν γραφῶν εἶναι τὸν Χριστὸν Ἰησοῦν.

προσμείνας aor pple προσμένω stay on
ἱκανός -ή -όν enough pl many
ἀποταξάμενος aor pple
ἀποτάσσομαι say goodbye
ἐξέπλει impf 3 sg ἐκπλέω sail away
Συρία -ας f Syria
κειράμενος aor mid pple κείρω shave
Κεγχρεαί -ῶν f Cenchreae
εὐχή -ῆς f vow
κατανδάω arrive
Ἔφεσος -ου f Ephesus
κἀκείνους = καὶ ἐκείνους (crasis)

κατέλιπεν aor 3 sg καταλείπω leave behind
αὐτοῦ there
διελέξατο aor 3 sg διαλέγομαι hold a debate with + dat
20 μεῖναι aor inf μένω
ἐπινεύω consent
ἀνακάμψω fut 1 sg ἀνακάμπτω return
ἀνήχθη aor 3 sg ἀνάγομαι set sail
κατελθών aor pple κατέρχομαι land
Καισάρεια -ας f Caesarea
ἀναβάς aor pple ἀναβαίνω

ἀσπασάμενος aor pple ἀσπάζομαι
κατέβη aor 3 sg καταβαίνω
Ἀντιόχεια -ας f Antioch
διέρχομαι travel through
καθεξῆς in order
Γαλατικός -ή -όν Galatian
χώρα -ας f region
Φρυγία -ας f Phrygia
ἐπιστηρίζω strengthen
Ἀπολλῶς -ῶ m Apollos
Ἀλεξανδρεύς -έως m Alexandrian
γένος -ους n family, race
λόγιος -α -ον eloquent
δυνατός -ή -όν here well-versed
25 κατηχημένος pf pass pple
κατηχέω instruct, inform
ζέω here be ardent
ἀκριβῶς accurately
ἐπιστάμενος pple ἐπίσταμαι know
βάπτισμα -ατος n baptism
Ἰωάννης -ου m John
ἤρξατο aor 3 sg ἄρχομαι

παρρησιάζομαι speak out boldly
προσελάβοντο aor 3 pl
προσλαμβάνομαι take aside
ἀκριβέστερον more accurately
ἐξέθεντο aor 3 pl ἐκτίθεμαι explain,
expound
διελθεῖν aor inf διέρχομαι
προτρεψάμενοι aor mid pple
προτρέπω encourage
ἀποδέξασθαι aor inf
ἀποδέχομαι welcome
παραγενόμενος aor pple
παραγίνομαι arrive
συνεβάλετο aor mid 3 sg
συμβάλλω here help + dat
πεπιστευκόσιν pf pple πιστεύω
εὐτόνως vigorously
διακατελέγχομαι thoroughly
refute + dat
δημοσίᾳ in public
ἐπιδεικνύς pple
ἐπιδείκνυμι demonstrate

Chapter 19

Verses 1–10: Paul at Ephesus

¹ἐγένετο δὲ ἐν τῷ τὸν Ἀπολλῶ εἶναι ἐν Κορίνθῳ Παῦλον διελθόντα τὰ ἀνωτερικὰ μέρη κατελθεῖν εἰς Ἔφεσον καὶ εὑρεῖν τινας μαθητάς, ²εἶπέν τε πρὸς αὐτούς, εἰ πνεῦμα ἅγιον ἐλάβετε πιστεύσαντες; οἱ δὲ πρὸς αὐτόν, ἀλλ᾽ οὐδ᾽ εἰ πνεῦμα ἅγιον ἔστιν ἠκούσαμεν. ³εἶπέν τε, εἰς τί οὖν ἐβαπτίσθητε; οἱ δὲ εἶπαν, εἰς τὸ Ἰωάννου βάπτισμα. ⁴εἶπεν δὲ Παῦλος, Ἰωάννης ἐβάπτισεν βάπτισμα μετανοίας, τῷ λαῷ λέγων εἰς τὸν ἐρχόμενον μετ᾽ αὐτὸν ἵνα πιστεύσωσιν, τοῦτ᾽ ἔστιν εἰς τὸν Ἰησοῦν. ⁵ἀκούσαντες δὲ ἐβαπτίσθησαν εἰς τὸ ὄνομα τοῦ κυρίου Ἰησοῦ· ⁶καὶ ἐπιθέντος αὐτοῖς τοῦ Παύλου τὰς χεῖρας ἦλθε τὸ πνεῦμα τὸ ἅγιον ἐπ᾽ αὐτούς, ἐλάλουν τε γλώσσαις καὶ ἐπροφήτευον. ⁷ἦσαν δὲ οἱ πάντες ἄνδρες ὡσεὶ δώδεκα. ⁸εἰσελθὼν δὲ εἰς τὴν συναγωγὴν ἐπαρρησιάζετο ἐπὶ μῆνας τρεῖς διαλεγόμενος καὶ πείθων τὰ περὶ τῆς βασιλείας τοῦ θεοῦ. ⁹ὡς δέ τινες ἐσκληρύνοντο καὶ ἠπείθουν κακολογοῦντες τὴν ὁδὸν ἐνώπιον τοῦ πλήθους, ἀποστὰς ἀπ᾽ αὐτῶν ἀφώρισεν τοὺς μαθητάς, καθ᾽ ἡμέραν διαλεγόμενος ἐν τῇ σχολῇ Τυράννου. ¹⁰τοῦτο δὲ ἐγένετο ἐπὶ ἔτη δύο, ὥστε πάντας τοὺς κατοικοῦντας τὴν Ἀσίαν ἀκοῦσαι τὸν λόγον τοῦ κυρίου, Ἰουδαίους τε καὶ Ἕλληνας.

ἐγένετο + acc + inf it happened that
ἐν τῷ + acc + inf while
Ἀπολλῶς -ῶ m Apollos
Κόρινθος -ου f Corinth
διελθόντα aor pple διέρχομαι travel
  through
ἀνωτερικός -ή -όν upper, inland
μέρος -ους n part, district
κατελθεῖν aor inf κατέρχομαι come
  down
Ἔφεσος -ου f Ephesus
εἰ here introd qu
ἔστιν here exists
ἐβαπτίσθητε aor pass 2 pl βαπτίζω
εἶπαν = εἶπον
Ἰωάννης -ου m John
βάπτισμα -ατος n baptism

μετάνοια -ας f repentance
πιστεύσωσιν aor subj 3 pl πιστεύω
⁵ ἐβαπτίσθησαν aor pass 3 pl βαπτίζω
ἐπιθέντος aor pple ἐπιτίθημι lay on
προφητεύω prophesy
ὡσεί about
παρρησιάζομαι speak boldly
μήν, μηνός m month
διαλέγομαι discuss, debate
σκληρύνω make hard pass be obstinate
ἀπειθέω disbelieve
κακολογέω speak ill of
ὁδός -οῦ f here the Way, Christian life
  and belief
πλῆθος -ους n crowd, community
ἀποστάς aor (intr) pple
ἀφίστημι withdraw

ἀφώρισεν aor 3 sg ἀφορίζω take away
καθ' ἡμέραν every day
σχολή -ῆς f lecture hall
Τύραννος -ου m Tyrannus
10 ἔτος -ους n year

κατοικέω inhabit
Ἄσια -ας f Asia (Roman province of Asia Minor)
Ἕλλην -ηνος m Greek; non-Jew

138   Section Seven

Verses 11–20: The sons of Sceva

¹¹δυνάμεις τε οὐ τὰς τυχούσας ὁ θεὸς ἐποίει διὰ τῶν χειρῶν Παύλου, ¹²ὥστε καὶ ἐπὶ τοὺς ἀσθενοῦντας ἀποφέρεσθαι ἀπὸ τοῦ χρωτὸς αὐτοῦ σουδάρια ἢ σιμικίνθια καὶ ἀπαλλάσσεσθαι ἀπ' αὐτῶν τὰς νόσους, τά τε πνεύματα τὰ πονηρὰ ἐκπορεύεσθαι. ¹³ἐπεχείρησαν δέ τινες καὶ τῶν περιερχομένων Ἰουδαίων ἐξορκιστῶν ὀνομάζειν ἐπὶ τοὺς ἔχοντας τὰ πνεύματα τὰ πονηρὰ τὸ ὄνομα τοῦ κυρίου Ἰησοῦ λέγοντες, ὁρκίζω ὑμᾶς τὸν Ἰησοῦν ὃν Παῦλος κηρύσσει. ¹⁴ἦσαν δέ τινος Σκευᾶ Ἰουδαίου ἀρχιερέως ἑπτὰ υἱοὶ τοῦτο ποιοῦντες. ¹⁵ἀποκριθὲν δὲ τὸ πνεῦμα τὸ πονηρὸν εἶπεν αὐτοῖς, τὸν μὲν Ἰησοῦν γινώσκω καὶ τὸν Παῦλον ἐπίσταμαι, ὑμεῖς δὲ τίνες ἐστέ; ¹⁶καὶ ἐφαλόμενος ὁ ἄνθρωπος ἐπ' αὐτοὺς ἐν ᾧ ἦν τὸ πνεῦμα τὸ πονηρὸν κατακυριεύσας ἀμφοτέρων ἴσχυσεν κατ' αὐτῶν, ὥστε γυμνοὺς καὶ τετραυματισμένους ἐκφυγεῖν ἐκ τοῦ οἴκου ἐκείνου. ¹⁷τοῦτο δὲ ἐγένετο γνωστὸν πᾶσιν Ἰουδαίοις τε καὶ Ἕλλησιν τοῖς κατοικοῦσιν τὴν Ἔφεσον, καὶ ἐπέπεσεν φόβος ἐπὶ πάντας αὐτούς, καὶ ἐμεγαλύνετο τὸ ὄνομα τοῦ κυρίου Ἰησοῦ. ¹⁸πολλοί τε τῶν πεπιστευκότων ἤρχοντο ἐξομολογούμενοι καὶ ἀναγγέλλοντες τὰς πράξεις αὐτῶν. ¹⁹ἱκανοὶ δὲ τῶν τὰ περίεργα πραξάντων συνενέγκαντες τὰς βίβλους κατέκαιον ἐνώπιον πάντων· καὶ συνεψήφισαν τὰς τιμὰς αὐτῶν καὶ εὗρον ἀργυρίου μυριάδας πέντε. ²⁰οὕτως κατὰ κράτος τοῦ κυρίου ὁ λόγος ηὔξανεν καὶ ἴσχυεν.

τυχούσας aor pple τυγχάνω happen
  hence pple here ordinary, everyday
ἀσθενέω be ill
ἀποφέρω carry away
χρώς -τός m skin
σουδάριον -ου n handkerchief
σιμικίνθιον -ου n apron
ἀπαλλάσσω remove
νόσος -ου f disease
ἐκπορεύομαι come out
ἐπιχειρέω try
περιέρχομαι go about, wander
ἐξορκιστής -οῦ m exorcist
ὀνομάζω pronounce, use the name
ὁρκίζω command X acc in the name of
  Y acc

Σκευᾶς -ᾶ m Sceva
¹⁵ ἀποκριθέν aor pple ἀποκρίνομαι
ἐπίσταμαι know
ἐφαλόμενος aor pple
  ἐφάλλομαι pounce on
κατακυριεύω overpower + gen
ἀμφότεροι -αι -α here all
ἰσχύω be strong
γυμνός -ή -όν naked
τετραυματισμένους pf pass pple
  τραυματίζω wound
ἐκφυγεῖν aor inf ἐκφεύγω escape, flee
γνωστός -ή -όν known
ἐπέπεσεν aor 3 sg ἐπιπίπτω fall upon
φόβος -ου m fear
μεγαλύνω praise, call great

πεπιστευκότων *pf pple* πιστεύω
ἐξομολογέομαι confess
ἀναγγέλλω declare
πρᾶξις -εως *f here* deed
ἱκανός -ή -όν sufficient *pl* many
τὰ περίεργα magic
πραξάντων *aor pple* πράσσω practise
συνενέγκαντες *aor pple* συμφέρω
  collect
βίβλος -ου *f* book

κατακαίω burn
συνεψήφισαν *aor 3 pl*
  συμψηφίζω reckon up
τιμή -ῆς *f* price, value
ἀργύριον -ου *n* silver coin
μυριάς -άδος *f* 10,000
πέντε five
20 κατὰ κράτος powerfully, irresistibly
αὐξάνω increase, spread

Verses 21–29: The riot at Ephesus (1)

²¹ὡς δὲ ἐπληρώθη ταῦτα, ἔθετο ὁ Παῦλος ἐν τῷ πνεύματι διελθὼν τὴν Μακεδονίαν καὶ Ἀχαΐαν πορεύεσθαι εἰς Ἱεροσόλυμα, εἰπὼν ὅτι μετὰ τὸ γενέσθαι με ἐκεῖ δεῖ με καὶ Ῥώμην ἰδεῖν. ²²ἀποστείλας δὲ εἰς τὴν Μακεδονίαν δύο τῶν διακονούντων αὐτῷ, Τιμόθεον καὶ Ἔραστον, αὐτὸς ἐπέσχεν χρόνον εἰς τὴν Ἀσίαν. ²³ἐγένετο δὲ κατὰ τὸν καιρὸν ἐκεῖνον τάραχος οὐκ ὀλίγος περὶ τῆς ὁδοῦ. ²⁴Δημήτριος γάρ τις ὀνόματι, ἀργυροκόπος, ποιῶν ναοὺς ἀργυροῦς Ἀρτέμιδος παρείχετο τοῖς τεχνίταις οὐκ ὀλίγην ἐργασίαν, ²⁵οὓς συναθροίσας καὶ τοὺς περὶ τὰ τοιαῦτα ἐργάτας εἶπεν, ἄνδρες, ἐπίστασθε ὅτι ἐκ ταύτης τῆς ἐργασίας ἡ εὐπορία ἡμῖν ἐστιν, ²⁶καὶ θεωρεῖτε καὶ ἀκούετε ὅτι οὐ μόνον Ἐφέσου ἀλλὰ σχεδὸν πάσης τῆς Ἀσίας ὁ Παῦλος οὗτος πείσας μετέστησεν ἱκανὸν ὄχλον, λέγων ὅτι οὐκ εἰσὶν θεοὶ οἱ διὰ χειρῶν γινόμενοι. ²⁷οὐ μόνον δὲ τοῦτο κινδυνεύει ἡμῖν τὸ μέρος εἰς ἀπελεγμὸν ἐλθεῖν, ἀλλὰ καὶ τὸ τῆς μεγάλης θεᾶς Ἀρτέμιδος ἱερὸν εἰς οὐθὲν λογισθῆναι, μέλλειν τε καὶ καθαιρεῖσθαι τῆς μεγαλειότητος αὐτῆς, ἣν ὅλη ἡ Ἀσία καὶ ἡ οἰκουμένη σέβεται. ²⁸ἀκούσαντες δὲ καὶ γενόμενοι πλήρεις θυμοῦ ἔκραζον λέγοντες, μεγάλη ἡ Ἄρτεμις Ἐφεσίων. ²⁹καὶ ἐπλήσθη ἡ πόλις τῆς συγχύσεως, ὥρμησάν τε ὁμοθυμαδὸν εἰς τὸ θέατρον συναρπάσαντες Γάϊον καὶ Ἀρίσταρχον Μακεδόνας, συνεκδήμους Παύλου.

ἐπληρώθη *aor pass 3 sg* πληρόω
ἔθετο *aor mid 3 sg* τίθημι *transl phrase* made up his mind
διελθών *aor pple* διέρχομαι travel through
Μακεδονία -ας *f* Macedonia
Ἀχαΐα -ας *f* Achaea
μετὰ τό + *acc* + *inf* after
Ῥώμη -ης *f* Rome
διακονέω serve, assist
Τιμόθεος -ου *m* Timothy
Ἔραστος -ου *m* Erastus
ἐπέσχεν *aor 3 sg* ἐπέχω stay on
εἰς *here for* ἐν
τάραχος -ου *m* disturbance
ὀλίγος -η -ον little
Δημήτριος -ου *m* Demetrius
ἀργυροκόπος -ου *m* silversmith

ναός -οῦ *m here* model of a temple
ἀργυροῦς -ᾶ -οῦν made of silver
Ἄρτεμις -ιδος *f* Artemis *(Diana is the Roman equivalent)*
παρέχω provide
τεχνίτης -ου *m* craftsman
ἐργασία -ας *f* business, employment
²⁵ συναθροίσας *aor pple* συναθροίζω call together
ἐργάτης -ου *m* workman *transl phrase* workers in allied trades
ἐπίσταμαι know
εὐπορία -ας *f* prosperity
μετέστησεν *aor (tr) 3 sg* μεθίστημι *here* mislead
διὰ χειρῶν γινόμενοι *transl* made by human hands
κινδυνεύω be in danger of, risk + *inf*

τοῦτο ... τὸ μέρος *transl* this line of
  business
ἀπελεγμός -οῦ *m* disrepute
οὐθέν = οὐδέν
λογισθῆναι *aor pass inf*
  λογίζομαι reckon, consider
καθαιρέω bring down, destroy
μεγαλειότης -ητος *f* majesty, greatness
  gen here implies some of
οἰκουμένη -ης *f* world
σέβομαι worship
πλήρης -ες full
θυμός -οῦ *m* anger
κράζω shout

Ἐφέσιος -α -ον Ephesian
ἐπλήσθη *aor pass 3 sg* πίμπλημι fill
σύγχυσις -εως *f* confusion, uproar
ὥρμησαν *aor 3 pl* ὁρμάω rush
ὁμοθυμαδόν all together
θέατρον -ου *n* theatre
συναρπάσαντες *aor pple*
  συναρπάζω seize and carry off
Γάϊος -ου *m* Gaius
Ἀρίσταρχος -ου *m* Aristarchus
Μακεδών -όνος *m* Macedonian
συνέκδημος -ου *m* travelling
  companion

Verses 30–40: The riot at Ephesus (2)

³⁰Παύλου δὲ βουλομένου εἰσελθεῖν εἰς τὸν δῆμον οὐκ εἴων αὐτὸν
οἱ μαθηταί· ³¹τινὲς δὲ καὶ τῶν Ἀσιαρχῶν, ὄντες αὐτῷ φίλοι, πέμψαντες
πρὸς αὐτὸν παρεκάλουν μὴ δοῦναι ἑαυτὸν εἰς τὸ θέατρον. ³²ἄλλοι μὲν
οὖν ἄλλο τι ἔκραζον, ἦν γὰρ ἡ ἐκκλησία συγκεχυμένη, καὶ οἱ πλείους
οὐκ ᾔδεισαν τίνος ἕνεκα συνεληλύθεισαν. ³³ἐκ δὲ τοῦ ὄχλου συνεβίβασαν
Ἀλέξανδρον, προβαλόντων αὐτὸν τῶν Ἰουδαίων· ὁ δὲ Ἀλέξανδρος κα-
τασείσας τὴν χεῖρα ἤθελεν ἀπολογεῖσθαι τῷ δήμῳ. ³⁴ἐπιγνόντες δὲ ὅτι
Ἰουδαῖός ἐστιν φωνὴ ἐγένετο μία ἐκ πάντων ὡς ἐπὶ ὥρας δύο κρα-
ζόντων, μεγάλη ἡ Ἄρτεμις Ἐφεσίων. ³⁵καταστείλας δὲ ὁ γραμματεὺς
τὸν ὄχλον φησίν, ἄνδρες Ἐφέσιοι, τίς γάρ ἐστιν ἀνθρώπων ὃς οὐ γινώ-
σκει τὴν Ἐφεσίων πόλιν νεωκόρον οὖσαν τῆς μεγάλης Ἀρτέμιδος καὶ
τοῦ διοπετοῦς; ³⁶ἀναντιρρήτων οὖν ὄντων τούτων δέον ἐστὶν ὑμᾶς κα-
τεσταλμένους ὑπάρχειν καὶ μηδὲν προπετὲς πράσσειν. ³⁷ἠγάγετε γὰρ
τοὺς ἄνδρας τούτους οὔτε ἱεροσύλους οὔτε βλασφημοῦντας τὴν θεὸν
ἡμῶν. ³⁸εἰ μὲν οὖν Δημήτριος καὶ οἱ σὺν αὐτῷ τεχνῖται ἔχουσι πρός τινα
λόγον, ἀγοραῖοι ἄγονται καὶ ἀνθύπατοί εἰσιν· ἐγκαλείτωσαν ἀλλήλοις.
³⁹εἰ δέ τι περαιτέρω ἐπιζητεῖτε, ἐν τῇ ἐννόμῳ ἐκκλησίᾳ ἐπιλυθήσεται.
⁴⁰καὶ γὰρ κινδυνεύομεν ἐγκαλεῖσθαι στάσεως περὶ τῆς σήμερον,
μηδενὸς αἰτίου ὑπάρχοντος, περὶ οὗ οὐ δυνησόμεθα ἀποδοῦναι λόγον
περὶ τῆς συστροφῆς ταύτης. καὶ ταῦτα εἰπὼν ἀπέλυσεν τὴν ἐκκλησίαν.

---

³⁰ βούλομαι wish
δῆμος -ου m people's assembly
εἴων impf 3 pl ἐάω allow
Ἀσιάρχης -ου m Asiarch (Roman
    official administering public worship
    and provincial assemblies)
φίλος -ου m friend
δοῦναι aor inf δίδωμι transl phrase not
    to venture
ἄλλοι ... ἄλλο τι some ... one thing,
    some ... another
συγκεχυμένη pf pass pple σύγχεω lit
    pour together hence pass be in
    confusion
οἱ πλείους = πλείονες the majority

ᾔδεισαν plpf (impf sense) 3 pl οἶδα
τίνος ἕνεκα for what, why
συνεληλύθεισαν plpf 3 pl
    συνέρχομαι come together
ἐκ τοῦ ὄχλου supply τινές some out of
    the crowd
συνεβίβασαν aor 3 pl συμβιβάζω here
    explain things to
Ἀλέξανδρος -ου m Alexander
προβαλόντων aor pple προβάλλω put
    forward
κατασείω motion with
ἀπολογέομαι make a defence
ἐπιγνόντες aor pple ἐπιγινώσκω find
    out, recognise

ὡς *here* about
35 κατασteίλας *aor pple* καταστέλλω
  calm
γραμματεύς -έως *m here* town clerk
νεωκόρος -ου *m* temple guardian
διοπετής -ές fallen from heaven *here*
  supply the image
ἀναντίρρητος -ον undeniable
δέον ἐστίν = δεῖ
κατεσταλμένους *pf pass pple*
  καταστέλλω
προπετής -ές rash, reckless
πράσσω do
ἱερόσυλος -ου *m* temple robber *hence*
  sacrilegious person
βλασφημέω blaspheme, speak against

λόγος -ου *m here* complaint, case in law
ἀγοραῖος -ου *m here* court session
περαιτέρω further
ἐπιζητέω look for
ἔννομος -ον statutory, legal
ἐπιλυθήσεται *fut pass 3 sg* ἐπιλύω
  resolve, settle
40 ἐγκαλέω accuse
στάσις -εως *f* rioting
περὶ τῆς σήμερον *transl* for what
  happened today
αἴτιον -ου *n* cause
ἀποδοῦναι *aor inf* ἀποδίδωμι *here* give
  in reply
συστροφή -ῆς *f* uproar
ἀπολύω dismiss

Section Eight

ROMANS 4-6

Romans was written by Paul after several years of travels in the eastern Mediterranean, to introduce himself and his understanding of Christianity to the Christians of Rome, which he hoped would be his base for future missionary journeys in the west. The longest of his letters, it has been described as the first great work of Christian theology. The blessing of Abraham, described in Genesis and central to Jewish religious thinking, is interpreted in a new way, stressing his faith rather than acts of obedience, and understanding his fatherhood metaphorically. Christianity is presented as a faith for all people: it is rooted in earlier revelation to the Jews, but neither physical descent nor even admission by circumcision as a proselyte is essential. The letter puts its case in a continuous and coherent argument: the description of the faith of Abraham is a relevant digression in the Rabbinical manner. By means of typology, the method of exegesis whereby one figure is seen to foreshadow another (and of which this is the first important example), Jesus is seen as a second Adam.

Chapter 4

Verses 1-12: The example of Abraham

¹τί οὖν ἐροῦμεν εὑρηκέναι Ἀβραὰμ τὸν προπάτορα ἡμῶν κατὰ σάρκα; ²εἰ γὰρ Ἀβραὰμ ἐξ ἔργων ἐδικαιώθη, ἔχει καύχημα· ἀλλ' οὐ πρὸς θεόν. ³τί γὰρ ἡ γραφὴ λέγει; ἐπίστευσεν δὲ Ἀβραὰμ τῷ θεῷ, καὶ ἐλογίσθη αὐτῷ εἰς δικαιοσύνην. ⁴τῷ δὲ ἐργαζομένῳ ὁ μισθὸς οὐ λογίζεται κατὰ χάριν ἀλλὰ κατὰ ὀφείλημα· ⁵τῷ δὲ μὴ ἐργαζομένῳ, πιστεύοντι δὲ ἐπὶ τὸν δικαιοῦντα τὸν ἀσεβῆ, λογίζεται ἡ πίστις αὐτοῦ εἰς δικαιοσύνην, ⁶καθάπερ καὶ Δαυὶδ λέγει τὸν μακαρισμὸν τοῦ ἀνθρώπου ᾧ ὁ θεὸς λογίζεται δικαιοσύνην χωρὶς ἔργων, ⁷μακάριοι

144

ὧν ἀφέθησαν αἱ ἀνομίαι καὶ ὧν ἐπεκαλύφθησαν αἱ ἁμαρτίαι· ⁸μα-
κάριος ἀνὴρ οὗ οὐ μὴ λογίσηται κύριος ἁμαρτίαν. ⁹ὁ μακαρισμὸς οὖν
οὗτος ἐπὶ τὴν περιτομὴν ἢ καὶ ἐπὶ τὴν ἀκροβυστίαν; λέγομεν γάρ,
ἐλογίσθη τῷ Ἀβραὰμ ἡ πίστις εἰς δικαιοσύνην. ¹⁰πῶς οὖν ἐλογίσθη;
ἐν περιτομῇ ὄντι ἢ ἐν ἀκροβυστίᾳ; οὐκ ἐν περιτομῇ ἀλλ᾽ ἐν ἀκροβυσ-
τίᾳ· ¹¹καὶ σημεῖον ἔλαβεν περιτομῆς, σφραγῖδα τῆς δικαιοσύνης τῆς
πίστεως τῆς ἐν τῇ ἀκροβυστίᾳ, εἰς τὸ εἶναι αὐτὸν πατέρα πάντων τῶν
πιστευόντων δι᾽ ἀκροβυστίας, εἰς τὸ λογισθῆναι καὶ αὐτοῖς τὴν δι-
καιοσύνην, ¹²καὶ πατέρα περιτομῆς τοῖς οὐκ ἐκ περιτομῆς μόνον
ἀλλὰ καὶ τοῖς στοιχοῦσιν τοῖς ἴχνεσιν τῆς ἐν ἀκροβυστίᾳ πίστεως τοῦ
πατρὸς ἡμῶν Ἀβραάμ.

ἐροῦμεν fut 1 pl λέγω
εὑρηκέναι pf inf εὑρίσκω here obtain
προπάτωρ -ορος m forefather
κατὰ σάρκα lit with regard to the flesh
  hence by natural descent
ἐδικαιώθη aor pass 3 sg δικαιόω justify
καύχημα -ατος n ground for boasting
πρός + acc here before
ἐπίστευσεν ... δικαιοσύνην is a
  quotation from Genesis 15.6
ἐλογίσθη aor pass 3 sg
  λογίζομαι reckon, count
εἰς + acc here as
ἐργάζομαι work
μισθός -οῦ m wage
κατὰ χάριν as a favour
ὀφείλημα -ατος n due, debt
5 ἀσεβής -ές godless, impious
καθάπερ just as
λέγω here speak of

μακαρισμός -οῦ m happiness, blessing
χωρίς + gen without, apart from
μακάριοι ... ἁμαρτίαν is a quotation
  from Psalm 32.1–2
μακάριος -α -ον happy, blessed
ὧν transl those whose
ἀφέθησαν aor pass 3 pl ἀφίημι
ἀνομία -ας f lawless deed
ἐπεκαλύφθησαν aor pass 3 pl
  ἐπικαλύπτω cover, blot out
οὐ μή + aor subj emphatic neg
λογίσηται aor subj 3 sg λογίζομαι
περιτομή -ῆς f circumcision hence
  those who are circumcised
ἀκροβυστία -ας f uncircumcision
10 σφραγίς -ῖδος f seal
εἰς τὸ εἶναι αὐτόν transl so that he is
λογισθῆναι aor pass inf λογίζομαι
στοιχέω follow + dat
ἴχνος -ους n footprint, footstep

Abraham: Wing Panel IV from the synagogue at Dura Europus (third century)

Verses 13–25: The promise realised through faith

¹³οὐ γὰρ διὰ νόμου ἡ ἐπαγγελία τῷ Ἀβραὰμ ἢ τῷ σπέρματι αὐτοῦ, τὸ κληρονόμον αὐτὸν εἶναι κόσμου, ἀλλὰ διὰ δικαιοσύνης πίστεως· ¹⁴εἰ γὰρ οἱ ἐκ νόμου κληρονόμοι, κεκένωται ἡ πίστις καὶ κατήργηται ἡ ἐπαγγελία· ¹⁵ὁ γὰρ νόμος ὀργὴν κατεργάζεται· οὗ δὲ οὐκ ἔστιν νόμος, οὐδὲ παράβασις. ¹⁶διὰ τοῦτο ἐκ πίστεως, ἵνα κατὰ χάριν, εἰς τὸ εἶναι βεβαίαν τὴν ἐπαγγελίαν παντὶ τῷ σπέρματι, οὐ τῷ ἐκ τοῦ νόμου μόνον ἀλλὰ καὶ τῷ ἐκ πίστεως Ἀβραάμ, ὅς ἐστιν πατὴρ πάντων ἡμῶν, ¹⁷καθὼς γέγραπται ὅτι πατέρα πολλῶν ἐθνῶν τέθεικά σε κατέναντι οὗ ἐπίστευσεν θεοῦ τοῦ ζῳοποιοῦντος τοὺς νεκροὺς καὶ καλοῦντος τὰ μὴ ὄντα ὡς ὄντα· ¹⁸ὃς παρ' ἐλπίδα ἐπ' ἐλπίδι ἐπίστευσεν εἰς τὸ γενέσθαι αὐτὸν πατέρα πολλῶν ἐθνῶν κατὰ τὸ εἰρημένον, οὕτως ἔσται τὸ σπέρμα σου· ¹⁹καὶ μὴ ἀσθενήσας τῇ πίστει κατενόησεν τὸ ἑαυτοῦ σῶμα ἤδη νενεκρωμένον, ἑκατονταετής που ὑπάρχων, καὶ τὴν νέκρωσιν τῆς μήτρας Σάρρας, ²⁰εἰς δὲ τὴν ἐπαγγελίαν τοῦ θεοῦ οὐ διεκρίθη τῇ ἀπιστίᾳ ἀλλ' ἐνεδυναμώθη τῇ πίστει, δοὺς δόξαν τῷ θεῷ ²¹καὶ πληροφορηθεὶς ὅτι ὃ ἐπήγγελται δυνατός ἐστιν καὶ ποιῆσαι. ²²διὸ καὶ ἐλογίσθη αὐτῷ εἰς δικαιοσύνην. ²³οὐκ ἐγράφη δὲ δι' αὐτὸν μόνον ὅτι ἐλογίσθη αὐτῷ, ²⁴ἀλλὰ καὶ δι' ἡμᾶς οἷς μέλλει λογίζεσθαι, τοῖς πιστεύουσιν ἐπὶ τὸν ἐγείραντα Ἰησοῦν τὸν κύριον ἡμῶν ἐκ νεκρῶν, ²⁵ὃς παρεδόθη διὰ τὰ παραπτώματα ἡμῶν καὶ ἠγέρθη διὰ τὴν δικαίωσιν ἡμῶν.

ἐπαγγελία -ας f promise
σπέρμα -ατος n seed, descendants
τό … αὐτὸν εἶναι transl that he should
   be
κληρονόμος -ου m heir
οἱ ἐκ νόμου transl those who hold by the
   law
κεκένωται pf pass 3 sg κενόω empty,
   invalidate
κατήργηται pf pass 3 sg
   καταργέω nullify
¹⁵ ὀργή -ῆς f wrath, retribution
κατεργάζομαι bring about, cause
παράβασις -εως f breach, violation

ἐκ πίστεως transl it is through faith
ἵνα κατὰ χάριν that it may be by grace
   supply that we become heirs
εἰς τό + acc + inf expresses purpose
βέβαιος -α -ον valid
τῷ supply σπέρματι
γέγραπται pf pass 3 sg γράφω
πατέρα … σε is a quotation from
   Genesis 17.5
τέθεικα pf 1 sg τίθημι here appoint
κατέναντι + gen before, in the sight of
   here with θεοῦ from rel clause
οὗ for ᾧ rel attracted into case of
   antecedent

ζωοποιέω make alive
καλοῦντος ... ὡς ὄντα *transl* calling
into existence
εἰς τό + *inf transl* that he would become
εἰρημένον *pf pass pple* λέγω
ἀσθενέω become weak
κατανοέω consider
νενεκρωμένον *pf pass pple* νεκρόω put
to death
ἑκατονταετής -ές 100 years old
που *here* about
νέκρωσις -εως *f* deadness
μήτρα -ας *f* womb
Σάρρα -ας *f* Sarah
20 εἰς + *acc here* in view of
διεκρίθη *aor* 3 *sg* διακρίνομαι doubt,
hesitate
ἀπιστία -ας *f* disbelief

ἐνεδυναμώθη *aor pass* 3 *sg*
ἐνδυναμόω strengthen
δούς *aor pple* δίδωμι
πληροφορηθείς *aor pass pple*
πληροφορέω fully assure, convince
ἐπήγγελται *pf* 3 *sg*
ἐπαγγέλλομαι promise *here supply*
God *as sub*
δυνατός -ή -όν able
διό this is why
ἐγράφη *aor pass* 3 *sg* γράφω
ἐγείραντα *aor pple* ἐγείρω
25 παρεδόθη *aor pass* 3 *sg* παραδίδωμι
παράπτωμα -ατος *n* sin, wrongdoing
ἠγέρθη *aor pass* 3 *sg* ἐγείρω
διά + *acc here* for
δικαίωσις -εως *f* justification

Chapter 5

Verses 1–11: Results of justification

¹δικαιωθέντες οὖν ἐκ πίστεως εἰρήνην ἔχομεν πρὸς τὸν θεὸν
διὰ τοῦ κυρίου ἡμῶν Ἰησοῦ Χριστοῦ, ²δι' οὗ καὶ τὴν προσαγωγὴν
ἐσχήκαμεν τῇ πίστει εἰς τὴν χάριν ταύτην ἐν ᾗ ἑστήκαμεν, καὶ
καυχώμεθα ἐπ' ἐλπίδι τῆς δόξης τοῦ θεοῦ. ³οὐ μόνον δέ, ἀλλὰ καὶ
καυχώμεθα ἐν ταῖς θλίψεσιν, εἰδότες ὅτι ἡ θλῖψις ὑπομονὴν κα-
τεργάζεται, ⁴ἡ δὲ ὑπομονὴ δοκιμήν, ἡ δὲ δοκιμὴ ἐλπίδα. ⁵ἡ δὲ ἐλπὶς
οὐ καταισχύνει, ὅτι ἡ ἀγάπη τοῦ θεοῦ ἐκκέχυται ἐν ταῖς καρδίαις
ἡμῶν διὰ πνεύματος ἁγίου τοῦ δοθέντος ἡμῖν, ⁶ἔτι γὰρ Χριστὸς
ὄντων ἡμῶν ἀσθενῶν ἔτι κατὰ καιρὸν ὑπὲρ ἀσεβῶν ἀπέθανεν. ⁷μόλις
γὰρ ὑπὲρ δικαίου τις ἀποθανεῖται· ὑπὲρ γὰρ τοῦ ἀγαθοῦ τάχα τις καὶ
τολμᾷ ἀποθανεῖν· ⁸συνίστησιν δὲ τὴν ἑαυτοῦ ἀγάπην εἰς ἡμᾶς ὁ θεὸς
ὅτι ἔτι ἁμαρτωλῶν ὄντων ἡμῶν Χριστὸς ὑπὲρ ἡμῶν ἀπέθανεν.
⁹πολλῷ οὖν μᾶλλον δικαιωθέντες νῦν ἐν τῷ αἵματι αὐτοῦ σωθησό-
μεθα δι' αὐτοῦ ἀπὸ τῆς ὀργῆς. ¹⁰εἰ γὰρ ἐχθροὶ ὄντες κατηλλάγημεν
τῷ θεῷ διὰ τοῦ θανάτου τοῦ υἱοῦ αὐτοῦ, πολλῷ μᾶλλον καταλλα-
γέντες σωθησόμεθα ἐν τῇ ζωῇ αὐτοῦ· ¹¹οὐ μόνον δέ, ἀλλὰ καὶ
καυχώμενοι ἐν τῷ θεῷ διὰ τοῦ κυρίου ἡμῶν Ἰησοῦ Χριστοῦ, δι' οὗ
νῦν τὴν καταλλαγὴν ἐλάβομεν.

δικαιωθέντες *aor pass pple*
  δικαιόω justify
πρός + *acc here with*
προσαγωγή -ῆς *f* freedom to enter
ἐσχήκαμεν *pf 1 pl* ἔχω
ἑστήκαμεν *pf (pres sense, intr) 1 pl*
  ἵστημι
καυχάομαι exult, boast
θλῖψις -εως *f* suffering
εἰδότες *pple* οἶδα
ὑπομονή -ῆς *f* endurance
κατεργάζομαι produce
  supply κατεργάζεται *twice more*
δοκιμή -ῆς *f* character, worth
5 καταισχύνω disappoint

ἐκκέχυται *pf pass 3 sg* ἐκχύννω pour
  out
δοθέντος *aor pass pple* δίδωμι
ἀσθενής -ές weak, helpless
κατὰ καιρόν at the appointed time
ἀσεβής -ές ungodly, wicked
μόλις scarcely
ἀποθανεῖται *fut 3 sg* ἀποθνῄσκω
τάχα perhaps
τολμάω dare
ἀποθανεῖν *aor inf* ἀποθνῄσκω
συνίστημι prove
ἁμαρτωλός -οῦ *m* sinner
πολλῷ ... μᾶλλον all the more
σωθησόμεθα *fut pass 1 pl* σῴζω

ὀργή -ῆς f wrath
10 ἐχθρός -οῦ m enemy
κατηλλάγημεν aor pass 1 pl
καταλλάσσω reconcile

καταλλαγέντες aor pass pple
καταλλάσσω
οὐ μόνον δέ transl that is not all
καταλλαγή -ῆς f reconciliation

Verses 12–21: Adam and Christ

¹²διὰ τοῦτο ὥσπερ δι' ἑνὸς ἀνθρώπου ἡ ἁμαρτία εἰς τὸν κόσ-
μον εἰσῆλθεν καὶ διὰ τῆς ἁμαρτίας ὁ θάνατος, καὶ οὕτως εἰς πάντας
ἀνθρώπους ὁ θάνατος διῆλθεν, ἐφ' ᾧ πάντες ἥμαρτον· ¹³ἄχρι γὰρ νόμου
ἁμαρτία ἦν ἐν κόσμῳ, ἁμαρτία δὲ οὐκ ἐλλογεῖται μὴ ὄντος νόμου·
¹⁴ἀλλὰ ἐβασίλευσεν ὁ θάνατος ἀπὸ Ἀδὰμ μέχρι Μωϋσέως καὶ ἐπὶ
τοὺς μὴ ἁμαρτήσαντας ἐπὶ τῷ ὁμοιώματι τῆς παραβάσεως Ἀδάμ, ὅς
ἐστιν τύπος τοῦ μέλλοντος. ¹⁵ἀλλ' οὐχ ὡς τὸ παράπτωμα, οὕτως καὶ
τὸ χάρισμα· εἰ γὰρ τῷ τοῦ ἑνὸς παραπτώματι οἱ πολλοὶ ἀπέθανον,
πολλῷ μᾶλλον ἡ χάρις τοῦ θεοῦ καὶ ἡ δωρεὰ ἐν χάριτι τῇ τοῦ
ἑνὸς ἀνθρώπου Ἰησοῦ Χριστοῦ εἰς τοὺς πολλοὺς ἐπερίσσευσεν. ¹⁶καὶ
οὐχ ὡς δι' ἑνὸς ἁμαρτήσαντος τὸ δώρημα· τὸ μὲν γὰρ κρίμα ἐξ ἑνὸς
εἰς κατάκριμα, τὸ δὲ χάρισμα ἐκ πολλῶν παραπτωμάτων εἰς δι-
καίωμα. ¹⁷εἰ γὰρ τῷ τοῦ ἑνὸς παραπτώματι ὁ θάνατος ἐβασίλευσεν
διὰ τοῦ ἑνός, πολλῷ μᾶλλον οἱ τὴν περισσείαν τῆς χάριτος καὶ τῆς
δωρεᾶς τῆς δικαιοσύνης λαμβάνοντες ἐν ζωῇ βασιλεύσουσιν διὰ τοῦ
ἑνὸς Ἰησοῦ Χριστοῦ. ¹⁸ἄρα οὖν ὡς δι' ἑνὸς παραπτώματος εἰς πάντας
ἀνθρώπους εἰς κατάκριμα, οὕτως καὶ δι' ἑνὸς δικαιώματος εἰς
πάντας ἀνθρώπους εἰς δικαίωσιν ζωῆς· ¹⁹ὥσπερ γὰρ διὰ τῆς παρα-
κοῆς τοῦ ἑνὸς ἀνθρώπου ἁμαρτωλοὶ κατεστάθησαν οἱ πολλοί, οὕτως
καὶ διὰ τῆς ὑπακοῆς τοῦ ἑνὸς δίκαιοι κατασταθήσονται οἱ πολλοί.
²⁰νόμος δὲ παρεισῆλθεν ἵνα πλεονάσῃ τὸ παράπτωμα· οὗ δὲ ἐπλεόνα-
σεν ἡ ἁμαρτία, ὑπερεπερίσσευσεν ἡ χάρις, ²¹ἵνα ὥσπερ ἐβασίλευσεν ἡ
ἁμαρτία ἐν τῷ θανάτῳ, οὕτως καὶ ἡ χάρις βασιλεύσῃ διὰ δικαιοσύνης
εἰς ζωὴν αἰώνιον διὰ Ἰησοῦ Χριστοῦ τοῦ κυρίου ἡμῶν.

διὰ τοῦτο so it is that
διῆλθεν aor 3 sg διέρχομαι go through,
  spread
ἐφ' ᾧ transl seeing that
ἥμαρτον aor 3 pl ἁμαρτάνω sin
ἄχρι + gen here before the coming of
ἐλλογέω take into account
βασιλεύω reign, hold sway
Ἀδάμ m Adam
μέχρι + gen until
ἁμαρτήσαντας aor pple ἁμαρτάνω

ὁμοίωμα -ατος n likeness
παράβασις -εως f wrongdoing
τύπος -ου m prototype
15 οὐχ ὡς ... οὕτως transl not as with ...
  so with i.e. second far outweighs first
παράπτωμα -ατος n sin, wrongdoing
χάρισμα -ατος n act of grace
πολλῷ μᾶλλον much more
δωρεά -ᾶς f gift
περισσεύω abound, overflow
δώρημα -ατος n gift

κρίμα -ατος *n* judgement
ἐξ ἑνός *supply* παραπτώματος
εἰς *here transl* led to
κατάκριμα -ατος *n* condemnation
δικαίωμα -ατος *n here* acquittal
περισσεία -ας *f* abundance
ἄρα οὖν so then
εἰς ... εἰς *transl* for ... led to
δικαίωμα -ατος *n here* righteous act
δικαίωσις -εως *f* justification
ζωῆς *defining gen transl* which is life
παρακοή -ῆς *f* disobedience
κατεστάθησαν *aor pass 3 pl*
   καθίστημι make, constitute

ὑπακοή -ῆς *f* obedience
κατασταθήσονται *fut pass 3 pl*
   καθίστημι
20 παρεισῆλθεν *aor 3 sg*
   παρεισέρχομαι come in, be
   introduced
ἵνα *here* with the result that
πλεονάσῃ *aor subj 3 sg*
   πλεονάζω increase
ἐπλεόνασεν *aor 3 sg* πλεονάζω
ὑπερπερισσεύω superabound
βασιλεύσῃ *aor subj 3 sg* βασιλεύω

Chapter 6

Verses 1–14: Dead to sin but alive in Christ

¹τί οὖν ἐροῦμεν; ἐπιμένωμεν τῇ ἁμαρτίᾳ, ἵνα ἡ χάρις πλεο-
νάσῃ; ²μὴ γένοιτο· οἵτινες ἀπεθάνομεν τῇ ἁμαρτίᾳ, πῶς ἔτι ζήσομεν
ἐν αὐτῇ; ³ἢ ἀγνοεῖτε ὅτι ὅσοι ἐβαπτίσθημεν εἰς Χριστὸν Ἰησοῦν εἰς
τὸν θάνατον αὐτοῦ ἐβαπτίσθημεν; ⁴συνετάφημεν οὖν αὐτῷ διὰ τοῦ
βαπτίσματος εἰς τὸν θάνατον, ἵνα ὥσπερ ἠγέρθη Χριστὸς ἐκ νεκρῶν
διὰ τῆς δόξης τοῦ πατρός, οὕτως καὶ ἡμεῖς ἐν καινότητι ζωῆς περι-
πατήσωμεν. ⁵εἰ γὰρ σύμφυτοι γεγόναμεν τῷ ὁμοιώματι τοῦ θανάτου
αὐτοῦ, ἀλλὰ καὶ τῆς ἀναστάσεως ἐσόμεθα· ⁶τοῦτο γινώσκοντες, ὅτι ὁ
παλαιὸς ἡμῶν ἄνθρωπος συνεσταυρώθη, ἵνα καταργηθῇ τὸ σῶμα τῆς
ἁμαρτίας, τοῦ μηκέτι δουλεύειν ἡμᾶς τῇ ἁμαρτίᾳ· ⁷ὁ γὰρ ἀποθανὼν
δεδικαίωται ἀπὸ τῆς ἁμαρτίας. ⁸εἰ δὲ ἀπεθάνομεν σὺν Χριστῷ, πισ-
τεύομεν ὅτι καὶ συζήσομεν αὐτῷ· ⁹εἰδότες ὅτι Χριστὸς ἐγερθεὶς ἐκ
νεκρῶν οὐκέτι ἀποθνῄσκει, θάνατος αὐτοῦ οὐκέτι κυριεύει. ¹⁰ὃ γὰρ
ἀπέθανεν, τῇ ἁμαρτίᾳ ἀπέθανεν ἐφάπαξ· ὃ δὲ ζῇ, ζῇ τῷ θεῷ. ¹¹οὕτως
καὶ ὑμεῖς λογίζεσθε ἑαυτοὺς εἶναι νεκροὺς μὲν τῇ ἁμαρτίᾳ ζῶντας δὲ
τῷ θεῷ ἐν Χριστῷ Ἰησοῦ. ¹²μὴ οὖν βασιλευέτω ἡ ἁμαρτία ἐν τῷ
θνητῷ ὑμῶν σώματι εἰς τὸ ὑπακούειν ταῖς ἐπιθυμίαις αὐτοῦ, ¹³μηδὲ
παριστάνετε τὰ μέλη ὑμῶν ὅπλα ἀδικίας τῇ ἁμαρτίᾳ, ἀλλὰ παρα-
στήσατε ἑαυτοὺς τῷ θεῷ ὡσεὶ ἐκ νεκρῶν ζῶντας καὶ τὰ μέλη ὑμῶν
ὅπλα δικαιοσύνης τῷ θεῷ· ¹⁴ἁμαρτία γὰρ ὑμῶν οὐ κυριεύσει, οὐ γάρ
ἐστε ὑπὸ νόμον ἀλλὰ ὑπὸ χάριν.

ἐροῦμεν *fut 1 pl* λέγω
ἐπιμένω remain in, persist in + *dat here*
   delib subj, transl are we to …?
πλεονάσῃ *aor subj 3 sg*
   πλεονάζω increase
γένοιτο *aor opt 3 sg* γίνομαι *transl*
   phrase certainly not!
ζήσομεν *fut 1 pl* ζάω
ἀγνοέω not know, be unaware
ἐβαπτίσθημεν *aor pass 1 pl* βαπτίζω
συνετάφημεν *aor pass 1 pl*
   συνθάπτω bury with

βάπτισμα -ατος *n* baptism
ἠγέρθη *aor pass 3 sg* ἐγείρω
καινότης -ητος *f* newness
περιπατήσωμεν *aor subj 1 pl*
   περιπατέω
⁵ σύμφυτος -ον united
γεγόναμεν *pf 1 pl* γίνομαι
ὁμοίωμα -ατος *n* likeness
ἀνάστασις -εως *f* resurrection
παλαιός -ά -όν old, former
συνεσταυρώθη *aor pass 3 sg*
   συσταυρόω crucify together

καταργηθῇ aor pass subj 3 sg
  καταργέω destroy
τοῦ + inf expresses purpose
μηκέτι no longer
δουλεύω be a slave
ἀποθανών aor pple ἀποθνῄσκω
δεδικαίωται pf pass 3 sg δικαιόω here
  acquit, set free
συζήσομεν fut 1 pl συζάω live
  with + dat
εἰδότες pple οἶδα
ἐγερθείς aor pass pple ἐγείρω
οὐκέτι no longer
κυριεύω hold sway over + gen
10 ὅ transl in that

ἐφάπαξ once for all
λογίζομαι reckon, consider
ἑαυτούς here yourselves
βασιλευέτω impv 3 sg βασιλεύω reign
θνητός -ή -όν mortal
εἰς τό + inf resulting in
ὑπακούω obey + dat
ἐπιθυμία -ας f desire
παριστάνω lend, offer
μέλος -ους n bodily part
ὅπλον -ου n weapon, instrument
ἀδικία -ας f wrongdoing
παραστήσατε aor impv 2 pl
  παρίστημι lend, offer
ὡσεί as

Verses 15–23: *Slaves of righteousness*

¹⁵τί οὖν; ἁμαρτήσωμεν ὅτι οὐκ ἐσμὲν ὑπὸ νόμον ἀλλὰ ὑπὸ χάριν; μὴ γένοιτο. ¹⁶οὐκ οἴδατε ὅτι ᾧ παριστάνετε ἑαυτοὺς δούλους εἰς ὑπακοήν, δοῦλοί ἐστε ᾧ ὑπακούετε, ἤτοι ἁμαρτίας εἰς θάνατον ἢ ὑπακοῆς εἰς δικαιοσύνην; ¹⁷χάρις δὲ τῷ θεῷ ὅτι ἦτε δοῦλοι τῆς ἁμαρτίας ὑπηκούσατε δὲ ἐκ καρδίας εἰς ὃν παρεδόθητε τύπον διδαχῆς, ¹⁸ἐλευθερωθέντες δὲ ἀπὸ τῆς ἁμαρτίας ἐδουλώθητε τῇ δικαιοσύνῃ· ¹⁹ἀνθρώπινον λέγω διὰ τὴν ἀσθένειαν τῆς σαρκὸς ὑμῶν. ὥσπερ γὰρ παρεστήσατε τὰ μέλη ὑμῶν δοῦλα τῇ ἀκαθαρσίᾳ καὶ τῇ ἀνομίᾳ εἰς τὴν ἀνομίαν, οὕτως νῦν παραστήσατε τὰ μέλη ὑμῶν δοῦλα τῇ δικαιοσύνῃ εἰς ἁγιασμόν. ²⁰ὅτε γὰρ δοῦλοι ἦτε τῆς ἁμαρτίας, ἐλεύθεροι ἦτε τῇ δικαιοσύνῃ. ²¹τίνα οὖν καρπὸν εἴχετε τότε ἐφ' οἷς νῦν ἐπαισχύνεσθε; τὸ γὰρ τέλος ἐκείνων θάνατος. ²²νυνὶ δέ, ἐλευθερωθέντες ἀπὸ τῆς ἁμαρτίας δουλωθέντες δὲ τῷ θεῷ, ἔχετε τὸν καρπὸν ὑμῶν εἰς ἁγιασμόν, τὸ δὲ τέλος ζωὴν αἰώνιον. ²³τὰ γὰρ ὀψώνια τῆς ἁμαρτίας θάνατος, τὸ δὲ χάρισμα τοῦ θεοῦ ζωὴ αἰώνιος ἐν Χριστῷ Ἰησοῦ τῷ κυρίῳ ἡμῶν.

---

¹⁵ ἁμαρτήσωμεν aor subj 1 pl
   ἁμαρτάνω commit sin *here* delib subj,
   transl are we to …?
  εἰς+acc *here* with a view to
  ὑπακοή -ῆς *f* obedience
  ᾧ … ᾧ *transl* when … to anyone,… to
   the person whom
  ὑπακούω obey + dat
  ἤτοι … ἤ whether … or
  χάρις *transl* thanks be
  ἐκ καρδίας wholeheartedly
  παρεδόθητε aor pass 2 pl παραδίδωμι
   hand over, make subject
  τύπος -ου *m* pattern *transl phrase* to
   the pattern … to which
  διδαχή -ῆς *f* teaching
  ἐλευθερωθέντες aor pass pple
   ἐλευθερόω set free

ἐδουλώθητε aor pass 2 pl δουλόω make
   into a slave
ἀνθρώπινον in human terms
ἀσθένεια -ας *f* weakness
παρέστησατε aor (tr) 2 pl παρίστημι
δοῦλος -η -ον enslaved, subject
ἀκαθαρσία -ας *f* impurity, immorality
ἀνομία -ας *f here first* lawless behaviour
   then moral anarchy
ἁγιασμός -οῦ *m* holiness
²⁰ ἐλεύθερος -α -ον free
ἐφ' οἷς *transl* from the things at which
ἐπαισχύνομαι be ashamed
τέλος -ους *n* end, result
δουλωθέντες aor pass pple δουλόω
ὀψώνιον -ου *n* wage
χάρισμα -ατος *n* act of grace, free gift

Section Nine

I CORINTHIANS 12-15

Paul here responds to the problems and controversies of the young church whose foundation was described in Acts 18. The Corinthians' excessive regard for ecstatic phenomena is answered in two ways. The analogy of the bodily members and their mutual dependence was in various forms a favourite with ancient moralists, most famously as the fable of Menenius Agrippa in Livy 2.32. In the great hymn which follows, Love is almost personified, as Wisdom is in the Old Testament. The Corinthians' denial of resurrection calls forth the great passage asserting the reality and centrality of the resurrection of Christ. In dealing with an imaginary objector who is dismissed as a fool Paul uses the method of the Greek diatribe, a type of popular philosophical discourse which perhaps influenced the development of the Christian sermon. The analogy of the seed is in similar vein: its death is not an obstacle but is the condition for its passage to a higher and richer life.

Chapter 12

Verses 1–11: Spiritual gifts

¹περὶ δὲ τῶν πνευματικῶν, ἀδελφοί, οὐ θέλω ὑμᾶς ἀγνοεῖν. ²οἴδατε ὅτι ὅτε ἔθνη ἦτε πρὸς τὰ εἴδωλα τὰ ἄφωνα ὡς ἂν ἤγεσθε ἀπαγόμενοι. ³διὸ γνωρίζω ὑμῖν ὅτι οὐδεὶς ἐν πνεύματι θεοῦ λαλῶν λέγει, ἀνάθεμα Ἰησοῦς, καὶ οὐδεὶς δύναται εἰπεῖν, κύριος Ἰησοῦς, εἰ μὴ ἐν πνεύματι ἁγίῳ. ⁴διαιρέσεις δὲ χαρισμάτων εἰσίν, τὸ δὲ αὐτὸ πνεῦμα· ⁵καὶ διαιρέσεις διακονιῶν εἰσιν, καὶ ὁ αὐτὸς κύριος· ⁶καὶ διαιρέσεις ἐνεργημάτων εἰσίν, ὁ δὲ αὐτὸς θεός, ὁ ἐνεργῶν τὰ πάντα ἐν πᾶσιν. ⁷ἑκάστῳ δὲ δίδοται ἡ φανέρωσις τοῦ πνεύματος πρὸς τὸ συμφέρον. ⁸ᾧ μὲν γὰρ διὰ τοῦ πνεύματος δίδοται λόγος σοφίας, ἄλλῳ δὲ

λόγος γνώσεως κατὰ τὸ αὐτὸ πνεῦμα, ⁹ἑτέρῳ πίστις ἐν τῷ αὐτῷ
πνεύματι, ἄλλῳ δὲ χαρίσματα ἰαμάτων ἐν τῷ ἑνὶ πνεύματι, ¹⁰ἄλλῳ δὲ
ἐνεργήματα δυνάμεων, ἄλλῳ δὲ προφητεία, ἄλλῳ δὲ διακρίσεις
πνευμάτων, ἑτέρῳ γένη γλωσσῶν, ἄλλῳ δὲ ἑρμηνεία γλωσσῶν·
¹¹πάντα δὲ ταῦτα ἐνεργεῖ τὸ ἓν καὶ τὸ αὐτὸ πνεῦμα, διαιροῦν ἰδίᾳ
ἑκάστῳ καθὼς βούλεται.

πνευματικός -ή -όν of the spirit
ἀγνοέω be ignorant
εἴδωλον -ου n idol
ἄφωνος -ον dumb
ἄν + impf would, used to
ἤγεσθε impf pass 2 pl ἄγω
ἀπάγω here lead astray
γνωρίζω point out
ἀνάθεμα -ατος n cursed thing
διαίρεσις -εως f variety
χάρισμα -ατος n gift
5 διακονία -ας f service, ministry
ἐνέργημα -ατος n activity
ἐνεργέω work, be active
φανέρωσις -εως f bringing to light,
   disclosure

τὸ συμφέρον benefit
ᾧ μὲν ... ἄλλῳ δέ to one ... to another
λόγος -ου m here expression,
   presentation
σοφία -ας f wisdom
γνῶσις -εως f esoteric knowledge
ἴαμα -ατος n healing, cure
10 προφητεία -ας f prophecy
διάκρισις -εως f power of
   discrimination
γένος -ους n kind
ἑρμηνεία -ας f interpretation
διαιρέω distribute
ἰδίᾳ individually
βούλομαι wish

Verses 12–31: One body with many members

¹²καθάπερ γὰρ τὸ σῶμα ἕν ἐστιν καὶ μέλη πολλὰ ἔχει, πάντα δὲ τὰ μέλη τοῦ σώματος πολλὰ ὄντα ἕν ἐστιν σῶμα, οὕτως καὶ ὁ Χριστός· ¹³καὶ γὰρ ἐν ἑνὶ πνεύματι ἡμεῖς πάντες εἰς ἓν σῶμα ἐβαπτίσθημεν, εἴτε Ἰουδαῖοι εἴτε Ἕλληνες, εἴτε δοῦλοι εἴτε ἐλεύθεροι, καὶ πάντες ἓν πνεῦμα ἐποτίσθημεν. ¹⁴καὶ γὰρ τὸ σῶμα οὐκ ἔστιν ἓν μέλος ἀλλὰ πολλά. ¹⁵ἐὰν εἴπῃ ὁ πούς, ὅτι οὐκ εἰμὶ χείρ, οὐκ εἰμὶ ἐκ τοῦ σώματος, οὐ παρὰ τοῦτο οὐκ ἔστιν ἐκ τοῦ σώματος· ¹⁶καὶ ἐὰν εἴπῃ τὸ οὖς, ὅτι οὐκ εἰμὶ ὀφθαλμός, οὐκ εἰμὶ ἐκ τοῦ σώματος, οὐ παρὰ τοῦτο οὐκ ἔστιν ἐκ τοῦ σώματος· ¹⁷εἰ ὅλον τὸ σῶμα ὀφθαλμός, ποῦ ἡ ἀκοή; εἰ ὅλον ἀκοή, ποῦ ἡ ὄσφρησις; ¹⁸νυνὶ δὲ ὁ θεὸς ἔθετο τὰ μέλη, ἓν ἕκαστον αὐτῶν, ἐν τῷ σώματι καθὼς ἠθέλησεν. ¹⁹εἰ δὲ ἦν τὰ πάντα ἓν μέλος, ποῦ τὸ σῶμα; ²⁰νῦν δὲ πολλὰ μὲν μέλη, ἓν δὲ σῶμα. ²¹οὐ δύναται δὲ ὁ ὀφθαλμὸς εἰπεῖν τῇ χειρί, χρείαν σου οὐκ ἔχω, ἢ πάλιν ἡ κεφαλὴ τοῖς ποσίν, χρείαν ὑμῶν οὐκ ἔχω· ²²ἀλλὰ πολλῷ μᾶλλον τὰ δοκοῦντα μέλη τοῦ σώματος ἀσθενέστερα ὑπάρχειν ἀναγκαῖά ἐστιν, ²³καὶ ἃ δοκοῦμεν ἀτιμότερα εἶναι τοῦ σώματος, τούτοις τιμὴν περισσοτέραν περιτίθεμεν, καὶ τὰ ἀσχήμονα ἡμῶν εὐσχημοσύνην περισσοτέραν ἔχει, ²⁴τὰ δὲ εὐσχήμονα ἡμῶν οὐ χρείαν ἔχει. ἀλλὰ ὁ θεὸς συνεκέρασεν τὸ σῶμα, τῷ ὑστερουμένῳ περισσοτέραν δοὺς τιμήν, ²⁵ἵνα μὴ ᾖ σχίσμα ἐν τῷ σώματι, ἀλλὰ τὸ αὐτὸ ὑπὲρ ἀλλήλων μεριμνῶσιν τὰ μέλη. ²⁶καὶ εἴτε πάσχει ἓν μέλος, συμπάσχει πάντα τὰ μέλη· εἴτε δοξάζεται ἓν μέλος, συγχαίρει πάντα τὰ μέλη. ²⁷ὑμεῖς δέ ἐστε σῶμα Χριστοῦ καὶ μέλη ἐκ μέρους. ²⁸καὶ οὓς μὲν ἔθετο ὁ θεὸς ἐν τῇ ἐκκλησίᾳ πρῶτον ἀποστόλους, δεύτερον προφήτας, τρίτον διδασκάλους, ἔπειτα δυνάμεις, ἔπειτα χαρίσματα ἰαμάτων, ἀντιλήμψεις, κυβερνήσεις, γένη γλωσσῶν. ²⁹μὴ πάντες ἀπόστολοι; μὴ πάντες προφῆται; μὴ πάντες διδάσκαλοι; μὴ πάντες δυνάμεις; ³⁰μὴ πάντες χαρίσματα ἔχουσιν ἰαμάτων; μὴ πάντες γλώσσαις λαλοῦσιν; μὴ πάντες διερμηνεύουσιν; ³¹ζηλοῦτε δὲ τὰ χαρίσματα τὰ μείζονα. καὶ ἔτι καθ᾽ ὑπερβολὴν ὁδὸν ὑμῖν δείκνυμι.

καθάπερ just as
μέλος -ους n bodily part, member
ἐβαπτίσθημεν aor pass 1 pl βαπτίζω
Ἕλλην -ηνος m Greek; non-Jew

ἐλεύθερος -α -ον free
ἐποτίσθημεν aor pass 1 pl ποτίζω give
  to drink
¹⁵ εἴπῃ aor subj 3 sg λέγω

οὐκ εἰμὶ ἐκ + *gen transl* I do not belong to

παρὰ τοῦτο for this reason

οὖς, ὠτός *n* ear

ποῦ; where?

ἀκοή -ῆς *f* hearing

ὄσφρησις -εως *f* sense of smell

νυνὶ δέ but as it is

ἔθετο *aor mid 3 sg* τίθημι

ἠθέλησεν *aor 3 sg* θέλω

20 χρεία -ας *f* need

ἀλλὰ πολλῷ μᾶλλον on the contrary, much more

ἀσθενής -ές weak

ἀναγκαῖος -α -ον necessary

ἄτιμος -ον unhonoured

τιμή -ῆς *f* honour

περισσός -ή -όν abundant

περιτίθημι invest X *dat* with Y *acc*

τὰ ἀσχήμονα ἡμῶν our private parts

εὐσχημοσύνη -ης *f* modesty, propriety

εὐσχήμων -ον decent, presentable

συνεκέρασεν *aor 3 sg* συγκεράννυμι combine, blend

ὑστερουμένῳ *pass pple* ὑστερέω lack

transl lacking apparent importance

δούς *aor pple* δίδωμι

25 ᾖ *subj 3 sg* εἰμί

σχίσμα -ατος *n* division

μεριμνῶσιν *subj 3 pl* μεριμνάω have concern

πάσχω suffer

συμπάσχω suffer together

συγχαίρω rejoice together

ἐκ μέρους individually

οὖς μέν some

δύναμις *here* miracle worker

ἀντίλημψις -εως *f* ability to help

κυβέρνησις -εως *f* ability to lead

μή; surely not?

30 διερμηνεύω interpret

ζηλοῦτε *impv 2 pl* ζηλόω be eager for

μείζων -ον greater

καθ᾽ ὑπερβολήν better than any

δείκνυμι show

Chapter 13

Verses 1–13: Love

¹ἐὰν ταῖς γλώσσαις τῶν ἀνθρώπων λαλῶ καὶ τῶν ἀγγέλων, ἀγάπην δὲ μὴ ἔχω, γέγονα χαλκὸς ἠχῶν ἢ κύμβαλον ἀλαλάζον. ²καὶ ἐὰν ἔχω προφητείαν καὶ εἰδῶ τὰ μυστήρια πάντα καὶ πᾶσαν τὴν γνῶσιν, καὶ ἐὰν ἔχω πᾶσαν τὴν πίστιν ὥστε ὄρη μεθιστάναι, ἀγάπην δὲ μὴ ἔχω, οὐθέν εἰμι. ³κἂν ψωμίσω πάντα τὰ ὑπάρχοντά μου, καὶ ἐὰν παραδῶ τὸ σῶμά μου ἵνα καυχήσωμαι, ἀγάπην δὲ μὴ ἔχω, οὐδὲν ὠφελοῦμαι. ⁴ἡ ἀγάπη μακροθυμεῖ, χρηστεύεται ἡ ἀγάπη, οὐ ζηλοῖ, ἡ ἀγάπη οὐ περπερεύεται, οὐ φυσιοῦται, ⁵οὐκ ἀσχημονεῖ, οὐ ζητεῖ τὰ ἑαυτῆς, οὐ παροξύνεται, οὐ λογίζεται τὸ κακόν, ⁶οὐ χαίρει ἐπὶ τῇ ἀδικίᾳ, συγχαίρει δὲ τῇ ἀληθείᾳ· ⁷πάντα στέγει, πάντα πιστεύει, πάντα ἐλπίζει, πάντα ὑπομένει. ⁸ἡ ἀγάπη οὐδέποτε πίπτει. εἴτε δὲ προφητεῖαι, καταργηθήσονται· εἴτε γλῶσσαι, παύσονται· εἴτε γνῶσις, καταργηθήσεται. ⁹ἐκ μέρους γὰρ γινώσκομεν καὶ ἐκ μέρους προφητεύομεν· ¹⁰ὅταν δὲ ἔλθῃ τὸ τέλειον, τὸ ἐκ μέρους καταργηθήσεται. ¹¹ὅτε ἤμην νήπιος, ἐλάλουν ὡς νήπιος, ἐφρόνουν ὡς νήπιος, ἐλογιζόμην ὡς νήπιος· ὅτε γέγονα ἀνήρ, κατήργηκα τὰ τοῦ νηπίου. ¹²βλέπομεν γὰρ ἄρτι δι’ ἐσόπτρου ἐν αἰνίγματι, τότε δὲ πρόσωπον πρὸς πρόσωπον· ἄρτι γινώσκω ἐκ μέρους, τότε δὲ ἐπιγνώσομαι καθὼς καὶ ἐπεγνώσθην. ¹³νυνὶ δὲ μένει πίστις, ἐλπίς, ἀγάπη, τὰ τρία ταῦτα· μείζων δὲ τούτων ἡ ἀγάπη.

γέγονα pf 1 sg γίνομαι
χαλκός -οῦ m brass, gong
ἠχέω make a sound
κύμβαλον -ου n cymbal
ἀλαλάζω here clang
προφητεία -ας f (gift of) prophecy
εἰδῶ subj 1 sg οἶδα
μυστήριον -ου n secret, mystery
γνῶσις -εως f knowledge
μεθιστάναι inf μεθίστημι move
οὐθέν = οὐδέν
κἄν = καὶ ἐάν (crasis)
ψωμίσω aor subj 1 sg ψωμίζω dole out
τὰ ὑπάρχοντα possessions

παραδῶ aor subj 1 sg παραδίδωμι
καυχήσωμαι aor subj 1 sg καυχάομαι
    boast (alternative reading καυθήσομαι
    fut pass 1 sg καίω burn)
ὠφελέω help, profit
μακροθυμέω be patient
χρηστεύομαι be kind
ζηλόω be envious
περπερεύομαι be conceited
φυσιόω inflate pass here be full of one’s
    own importance
⁵ ἀσχημονέω behave dishonourably
παροξύνομαι be hot-tempered
λογίζομαι here keep a score of

ἀδικία -ας f wrongdoing
συγχαίρω here rejoice in + dat
στέγω bear
ἐλπίζω hope
ὑπομένω endure
πίπτω here fail, come to an end
εἴτε ... εἴτε transl whether it be ... or
καταργηθήσονται fut pass 3 pl
  καταργέω bring to nothing
παύω stop mid cease
καταργήθησεται fut pass 3 sg
  καταργέω transl will be superseded
ἐκ μέρους partially
προφητεύω prophesy
10 ἔλθῃ aor subj 3 sg ἔρχομαι
τέλειος -α -ον complete, perfect

τὸ ἐκ μέρους what is partial or
  incomplete
ἤμην impf 1 sg εἰμί
νήπιος -α -ον infant, child
φρονέω think
λογίζομαι here reason
κατήργηκα pf 1 sg καταργέω transl I
  have done with
ἄρτι now
ἔσοπτρον -ου n mirror
αἴνιγμα -ατος n riddle transl phrase
  obscurely
ἐπιγνώσομαι fut 1 sg
  ἐπιγινώσκω know thoroughly
ἐπεγνώσθην aor pass 1 sg ἐπιγινώσκω
μείζων -ον here greatest

Chapter 14

Verses 1–12: Tongues and prophecy (1)

¹διώκετε τὴν ἀγάπην, ζηλοῦτε δὲ τὰ πνευματικά, μᾶλλον δὲ ἵνα προφητεύητε. ²ὁ γὰρ λαλῶν γλώσσῃ οὐκ ἀνθρώποις λαλεῖ ἀλλὰ θεῷ, οὐδεὶς γὰρ ἀκούει, πνεύματι δὲ λαλεῖ μυστήρια· ³ὁ δὲ προφητεύων ἀνθρώποις λαλεῖ οἰκοδομὴν καὶ παράκλησιν καὶ παραμυθίαν. ⁴ὁ λαλῶν γλώσσῃ ἑαυτὸν οἰκοδομεῖ· ὁ δὲ προφητεύων ἐκκλησίαν οἰκοδομεῖ. ⁵θέλω δὲ πάντας ὑμᾶς λαλεῖν γλώσσαις, μᾶλλον δὲ ἵνα προφητεύητε· μείζων δὲ ὁ προφητεύων ἢ ὁ λαλῶν γλώσσαις, ἐκτὸς εἰ μὴ διερμηνεύῃ, ἵνα ἡ ἐκκλησία οἰκοδομὴν λάβῃ. ⁶νῦν δέ, ἀδελφοί, ἐὰν ἔλθω πρὸς ὑμᾶς γλώσσαις λαλῶν, τί ὑμᾶς ὠφελήσω, ἐὰν μὴ ὑμῖν λαλήσω ἢ ἐν ἀποκαλύψει ἢ ἐν γνώσει ἢ ἐν προφητείᾳ ἢ ἐν διδαχῇ; ⁷ὅμως τὰ ἄψυχα φωνὴν διδόντα, εἴτε αὐλὸς εἴτε κιθάρα, ἐὰν διαστολὴν τοῖς φθόγγοις μὴ δῷ, πῶς γνωσθήσεται τὸ αὐλούμενον ἢ τὸ κιθαριζόμενον; ⁸καὶ γὰρ ἐὰν ἄδηλον σάλπιγξ φωνὴν δῷ, τίς παρασκευάσεται εἰς πόλεμον; ⁹οὕτως καὶ ὑμεῖς διὰ τῆς γλώσσης ἐὰν μὴ εὔσημον λόγον δῶτε, πῶς γνωσθήσεται τὸ λαλούμενον; ἔσεσθε γὰρ εἰς ἀέρα λαλοῦντες. ¹⁰τοσαῦτα εἰ τύχοι γένη φωνῶν εἰσιν ἐν κόσμῳ, καὶ οὐδὲν ἄφωνον· ¹¹ἐὰν οὖν μὴ εἰδῶ τὴν δύναμιν τῆς φωνῆς, ἔσομαι τῷ λαλοῦντι βάρβαρος καὶ ὁ λαλῶν ἐν ἐμοὶ βάρβαρος. ¹²οὕτως καὶ ὑμεῖς, ἐπεὶ ζηλωταί ἐστε πνευμάτων, πρὸς τὴν οἰκοδομὴν τῆς ἐκκλησίας ζητεῖτε ἵνα περισσεύητε.

διώκω pursue, strive for
ζηλόω be zealous for
πνευματικός -ή -όν of the spirit
προφητεύητε subj 2 pl προφητεύω
  prophesy
μυστήριον -ου n secret, mystery
οἰκοδομή -ῆς f building up, edification
παράκλησις -εως f encouragement
παραμυθία -ας f consolation
οἰκοδομέω build up, edify
5 ἐκτὸς εἰ μή unless, except if
  διερμηνεύῃ subj 3 sg διερμηνεύω
  interpret
  λάβῃ aor subj 3 sg λαμβάνω

ἔλθω aor subj 1 sg ἔρχομαι
ὠφελέω help, do good to
λαλήσω aor subj 1 sg λαλέω
ἀποκάλυψις -εως f revelation
γνῶσις -εως f knowledge
προφητεία -ας f prophecy
διδαχή -ῆς f instruction, teaching
ὅμως here in the same way
ἄψυχος -ον inanimate
αὐλός -οῦ m flute
κιθάρα -ας f lyre
διαστολή -ῆς f distinction, difference
φθόγγος -ου m tone, note
δῷ aor subj 3 sg δίδωμι

γνωσθήσεται *fut pass 3 sg* γινώσκω
αὐλέω play the flute
κιθαρίζω play the lyre
καὶ γάρ for again
ἄδηλος -ον indistinct
σάλπιγξ -ιγγος *f* trumpet
παρασκευάσεται *fut mid 3 sg*
   παρασκευάζω prepare
πόλεμος -ου *m here* battle
εὔσημος -ον intelligible
δῶτε *aor subj 2 pl* δίδωμι
ἀήρ, ἀέρος *m* air

10 τοσοῦτος -αύτη -οῦτον so great *pl* so
   many
εἰ τύχοι *lit* if it should happen *transl*
   phrase who knows how many
γένος -ους *n* kind
ἄφωνος -ον dumb; unintelligible
εἰδῶ *subj 1 sg* οἶδα
δύναμις *here* meaning
βάρβαρος -ον non-Greek, foreign
ἐν ἐμοί *transl* in my estimation
ζηλωτής -οῦ *m* one eager for
πνεύματα *here* spiritual gifts
περισσεύητε *subj 2 pl* περισσεύω excel

Verses 13–25: Tongues and prophecy (2)

¹³διὸ ὁ λαλῶν γλώσσῃ προσευχέσθω ἵνα διερμηνεύῃ. ¹⁴ἐὰν γὰρ προσεύχωμαι γλώσσῃ, τὸ πνεῦμά μου προσεύχεται, ὁ δὲ νοῦς μου ἄκαρπός ἐστιν. ¹⁵τί οὖν ἐστιν; προσεύξομαι τῷ πνεύματι, προσεύξομαι δὲ καὶ τῷ νοΐ· ψαλῶ τῷ πνεύματι, ψαλῶ δὲ καὶ τῷ νοΐ. ¹⁶ἐπεὶ ἐὰν εὐλογῇς ἐν πνεύματι, ὁ ἀναπληρῶν τὸν τόπον τοῦ ἰδιώτου πῶς ἐρεῖ τὸ ἀμήν ἐπὶ τῇ σῇ εὐχαριστίᾳ, ἐπειδὴ τί λέγεις οὐκ οἶδεν; ¹⁷σὺ μὲν γὰρ καλῶς εὐχαριστεῖς, ἀλλ' ὁ ἕτερος οὐκ οἰκοδομεῖται. ¹⁸εὐχαριστῶ τῷ θεῷ, πάντων ὑμῶν μᾶλλον γλώσσαις λαλῶ· ¹⁹ἀλλὰ ἐν ἐκκλησίᾳ θέλω πέντε λόγους τῷ νοΐ μου λαλῆσαι, ἵνα καὶ ἄλλους κατηχήσω, ἢ μυρίους λόγους ἐν γλώσσῃ. ²⁰ἀδελφοί, μὴ παιδία γίνεσθε ταῖς φρεσίν, ἀλλὰ τῇ κακίᾳ νηπιάζετε, ταῖς δὲ φρεσὶν τέλειοι γίνεσθε. ²¹ἐν τῷ νόμῳ γέγραπται ὅτι ἐν ἑτερογλώσσοις καὶ ἐν χείλεσιν ἑτέρων λαλήσω τῷ λαῷ τούτῳ, καὶ οὐδ' οὕτως εἰσακούσονταί μου, λέγει κύριος. ²²ὥστε αἱ γλῶσσαι εἰς σημεῖόν εἰσιν οὐ τοῖς πιστεύουσιν ἀλλὰ τοῖς ἀπίστοις, ἡ δὲ προφητεία οὐ τοῖς ἀπίστοις ἀλλὰ τοῖς πιστεύουσιν. ²³ἐὰν οὖν συνέλθῃ ἡ ἐκκλησία ὅλη ἐπὶ τὸ αὐτὸ καὶ πάντες λαλῶσιν γλώσσαις, εἰσέλθωσιν δὲ ἰδιῶται ἢ ἄπιστοι, οὐκ ἐροῦσιν ὅτι μαίνεσθε; ²⁴ἐὰν δὲ πάντες προφητεύωσιν, εἰσέλθῃ δέ τις ἄπιστος ἢ ἰδιώτης, ἐλέγχεται ὑπὸ πάντων, ἀνακρίνεται ὑπὸ πάντων, ²⁵τὰ κρυπτὰ τῆς καρδίας αὐτοῦ φανερὰ γίνεται, καὶ οὕτως πεσὼν ἐπὶ πρόσωπον προσκυνήσει τῷ θεῷ, ἀπαγγέλλων ὅτι ὄντως ὁ θεὸς ἐν ὑμῖν ἐστιν.

προσευχέσθω *impv 3 sg* προσεύχομαι
νοῦς, νοός *m* mind
ἄκαρπος *-ον* barren
¹⁵ τί οὖν ἐστιν; *transl* how do matters
    stand then?
ψαλῶ *fut 1 sg* ψάλλω sing praise
εὐλογῇς *subj 2 sg* εὐλογέω praise
ἀναπληρόω occupy
ἰδιώτης *-ου m* ordinary person
ἐρεῖ *fut 3 sg* λέγω
σός, σή, σόν your (of you *sg*)
εὐχαριστία *-ας f* thanksgiving
εὐχαριστέω give thanks

κατηχήσω *aor subj 1 sg* κατηχέω
    instruct
μύριοι *-αι -α* 10,000
²⁰ παιδίον *-ου n* child
γίνεσθε *impv 2 pl* γίνομαι
φρήν, φρενός *f* mind
κακία *-ας f* evil
νηπιάζω be like a child
τέλειος *-α -ον* mature, adult
γέγραπται *pf pass 3 sg* γράφω
ἐν ἑτερογλώσσοις ... εἰσακούσονταί
    μου *is a quotation from Isaiah 28.11–*
    12

ἐτερόγλωσσος -ου *m* one speaking
   another language
χεῖλος -ους *n* lip
εἰσακούσονται *fut mid 3 pl* εἰσακούω
   listen to + *gen*
ἄπιστος -ον unbelieving
συνέλθῃ *aor subj 3 sg* συνέρχομαι come
   together, meet
ἐπὶ τὸ αὐτό *transl* in one place
εἰσέλθωσιν *aor subj 3 pl* εἰσέρχομαι
ἐροῦσιν *fut 3 pl* λέγω

μαίνομαι be mad
εἰσέλθῃ *aor subj 3 sg* εἰσέρχομαι
ἐλέγχω convince
ἀποκρίνω *here* challenge
25 κρυπτός -ή -όν hidden, secret
φανερός -ά -όν clear, evident
πέσων *aor pple* πίπτω
προσκυνέω worship + *dat*
ἀπαγγέλλω declare
ὄντως truly, certainly

Verses 26–40: All things to be done in order

²⁶τί οὖν ἐστιν, ἀδελφοί; ὅταν συνέρχησθε, ἕκαστος ψαλμὸν
ἔχει, διδαχὴν ἔχει, ἀποκάλυψιν ἔχει, γλῶσσαν ἔχει, ἑρμηνείαν ἔχει·
πάντα πρὸς οἰκοδομὴν γινέσθω. ²⁷εἴτε γλώσσῃ τις λαλεῖ, κατὰ δύο ἢ
τὸ πλεῖστον τρεῖς, καὶ ἀνὰ μέρος, καὶ εἷς διερμηνευέτω· ²⁸ἐὰν δὲ μὴ ᾖ
διερμηνευτής, σιγάτω ἐν ἐκκλησίᾳ, ἑαυτῷ δὲ λαλείτω καὶ τῷ θεῷ.
²⁹προφῆται δὲ δύο ἢ τρεῖς λαλείτωσαν, καὶ οἱ ἄλλοι διακρινέτωσαν·
³⁰ἐὰν δὲ ἄλλῳ ἀποκαλυφθῇ καθημένῳ, ὁ πρῶτος σιγάτω. ³¹δύνασθε
γὰρ καθ’ ἕνα πάντες προφητεύειν, ἵνα πάντες μανθάνωσιν καὶ πάντες
παρακαλῶνται, ³²καὶ πνεύματα προφητῶν προφήταις ὑποτάσσεται·
³³οὐ γάρ ἐστιν ἀκαταστασίας ὁ θεὸς ἀλλὰ εἰρήνης. ὡς ἐν πάσαις ταῖς
ἐκκλησίαις τῶν ἁγίων, ³⁴αἱ γυναῖκες ἐν ταῖς ἐκκλησίαις σιγάτωσαν,
οὐ γὰρ ἐπιτρέπεται αὐταῖς λαλεῖν· ἀλλὰ ὑποτασσέσθωσαν, καθὼς καὶ
ὁ νόμος λέγει. ³⁵εἰ δέ τι μαθεῖν θέλουσιν, ἐν οἴκῳ τοὺς ἰδίους ἄνδρας
ἐπερωτάτωσαν, αἰσχρὸν γάρ ἐστιν γυναικὶ λαλεῖν ἐν ἐκκλησίᾳ. ³⁶ἢ
ἀφ’ ὑμῶν ὁ λόγος τοῦ θεοῦ ἐξῆλθεν, ἢ εἰς ὑμᾶς μόνους κατήντησεν;
³⁷εἴ τις δοκεῖ προφήτης εἶναι ἢ πνευματικός, ἐπιγινωσκέτω ἃ γράφω
ὑμῖν ὅτι κυρίου ἐστὶν ἐντολή· ³⁸εἰ δέ τις ἀγνοεῖ, ἀγνοεῖται. ³⁹ὥστε,
ἀδελφοί μου, ζηλοῦτε τὸ προφητεύειν, καὶ τὸ λαλεῖν μὴ κωλύετε
γλώσσαις· ⁴⁰πάντα δὲ εὐσχημόνως καὶ κατὰ τάξιν γινέσθω.

ψαλμός -οῦ m hymn
ἑρμηνεία -ας f interpretation
γινέσθω impv 3 sg γίνομαι transl let it
    be done
κατὰ δύο ἤ ... τρεῖς transl two or three
    on one occasion
τὸ πλεῖστον at most
ἀνὰ μέρος in turn
διερμηνευέτω impv 3 sg διερμηνεύω
    interpret
διερμηνευτής -οῦ m interpreter
σιγάτω impv 3 sg σιγάω keep silent
λαλείτω impv 3 sg λαλέω
λαλείτωσαν impv 3 pl λαλέω
διακρινέτωσαν impv 3 pl διακρίνω use
    judgement
³⁰ ἀποκαλυφθῇ aor pass subj 3 sg
    ἀποκαλύπτω reveal
καθ’ ἕνα one by one

παρακαλέω encourage
ὑποτάσσω subject pass be under the
    control of + dat
ἀκαταστασία -ας f disorder
σιγάτωσαν impv 3 pl σιγάω
ἐπιτρέπω allow + dat here impsnl pass
ὑποτασσέσθωσαν pass impv 3 pl
    ὑποτάσσω
³⁵ ἐπερωτάτωσαν impv 3 pl ἐπερωτάω
    ask
αἰσχρός -ά -όν shameful
κατήντησεν aor 3 sg καταντάω come
    to
ἐπιγινωσκέτω impv 3 sg ἐπιγινώσκω
    recognise
ἀγνοέω here not acknowledge
κωλύω hinder, discourage
⁴⁰ εὐσχημόνως properly
κατὰ τάξιν in order

Chapter 15

Verses 1-11: The Resurrection of Christ

¹γνωρίζω δὲ ὑμῖν, ἀδελφοί, τὸ εὐαγγέλιον ὃ εὐηγγελισάμην ὑμῖν, ὃ καὶ παρελάβετε, ἐν ᾧ καὶ ἑστήκατε, ²δι' οὗ καὶ σῴζεσθε, τίνι λόγῳ εὐηγγελισάμην ὑμῖν εἰ κατέχετε, ἐκτὸς εἰ μὴ εἰκῇ ἐπιστεύσατε. ³παρέδωκα γὰρ ὑμῖν ἐν πρώτοις, ὃ καὶ παρέλαβον, ὅτι Χριστὸς ἀπέθανεν ὑπὲρ τῶν ἁμαρτιῶν ἡμῶν κατὰ τὰς γραφάς, ⁴καὶ ὅτι ἐτάφη, καὶ ὅτι ἐγήγερται τῇ ἡμέρᾳ τῇ τρίτῃ κατὰ τὰς γραφάς, ⁵καὶ ὅτι ὤφθη Κηφᾷ, εἶτα τοῖς δώδεκα· ⁶ἔπειτα ὤφθη ἐπάνω πεντακοσίοις ἀδελφοῖς ἐφάπαξ, ἐξ ὧν οἱ πλείονες μένουσιν ἕως ἄρτι, τινὲς δὲ ἐκοιμήθησαν· ⁷ἔπειτα ὤφθη Ἰακώβῳ, εἶτα τοῖς ἀποστόλοις πᾶσιν· ⁸ἔσχατον δὲ πάντων ὡσπερεὶ τῷ ἐκτρώματι ὤφθη κἀμοί. ⁹ἐγὼ γάρ εἰμι ὁ ἐλάχιστος τῶν ἀποστόλων, ὃς οὐκ εἰμὶ ἱκανὸς καλεῖσθαι ἀπόστολος, διότι ἐδίωξα τὴν ἐκκλησίαν τοῦ θεοῦ· ¹⁰χάριτι δὲ θεοῦ εἰμι ὅ εἰμι, καὶ ἡ χάρις αὐτοῦ ἡ εἰς ἐμὲ οὐ κενὴ ἐγενήθη, ἀλλὰ περισσότερον αὐτῶν πάντων ἐκοπίασα, οὐκ ἐγὼ δὲ ἀλλὰ ἡ χάρις τοῦ θεοῦ ἡ σὺν ἐμοί. ¹¹εἴτε οὖν ἐγὼ εἴτε ἐκεῖνοι, οὕτως κηρύσσομεν καὶ οὕτως ἐπιστεύσατε.

γνωρίζω remind X *dat* of Y *acc*
εὐηγγελισάμην *aor 1 sg* εὐαγγελίζομαι
παρελάβετε *aor 2 pl* παραλαμβάνω receive
ἑστήκατε *pf (pres sense, intr) 2 pl* ἵστημι
κατέχω hold firmly, retain
ἐκτὸς εἰ μή unless
εἰκῇ frivolously, heedlessly
παρέδωκα *aor 1 sg* παραδίδωμι
γραφή -ῆς *f* scripture
ἐτάφη *aor pass 3 sg* θάπτω bury
ἐγήγερται *pf pass 3 sg* ἐγείρω
5 ὤφθη *aor pass 3 sg* ὁράω *pass + dat* appear to
Κηφᾶς -ᾶ *m* Cephas *(Aramaic for Peter)*
ἐπάνω above, over
πεντακόσιοι -αι -α 500

ἐφάπαξ at one time
οἱ πλείονες *transl* the greater number
ἄρτι now, the present time
ἐκοιμήθησαν *aor 3 pl* κοιμάομαι fall asleep, die
Ἰάκωβος -ου *m* James
ἔσχατον last *(adv)*
ὡσπερεί as it were
ἔκτρωμα -ατος *n* untimely birth
ἐλάχιστος -η -ον least
ἱκανός -ή -όν adequate, worthy
ἐδίωξα *aor 1 sg* διώκω *here* persecute
10 κενός -ή -όν empty, ineffectual
ἐγενήθη *aor pass (act sense) 3 sg* γίνομαι
περισσότερον yet more *(adv)*
ἐκοπίασα *aor 1 sg* κοπιάω toil

The Resurrection: Piero della Francesca (*c.* 1463). Museo Civico Sansepolcro

Verses 12–24: The resurrection of the dead (1)

¹²εἰ δὲ Χριστὸς κηρύσσεται ὅτι ἐκ νεκρῶν ἐγήγερται, πῶς λέγουσιν ἐν ὑμῖν τινες ὅτι ἀνάστασις νεκρῶν οὐκ ἔστιν; ¹³εἰ δὲ ἀνάστασις νεκρῶν οὐκ ἔστιν, οὐδὲ Χριστὸς ἐγήγερται· ¹⁴εἰ δὲ Χριστὸς οὐκ ἐγήγερται, κενὸν ἄρα καὶ τὸ κήρυγμα ἡμῶν, κενὴ καὶ ἡ πίστις ὑμῶν, ¹⁵εὑρισκόμεθα δὲ καὶ ψευδομάρτυρες τοῦ θεοῦ, ὅτι ἐμαρτυρήσαμεν κατὰ τοῦ θεοῦ ὅτι ἤγειρεν τὸν Χριστόν, ὃν οὐκ ἤγειρεν εἴπερ ἄρα νεκροὶ οὐκ ἐγείρονται. ¹⁶εἰ γὰρ νεκροὶ οὐκ ἐγείρονται, οὐδὲ Χριστὸς ἐγήγερται· ¹⁷εἰ δὲ Χριστὸς οὐκ ἐγήγερται, ματαία ἡ πίστις ὑμῶν, ἔτι ἐστὲ ἐν ταῖς ἁμαρτίαις ὑμῶν. ¹⁸ἄρα καὶ οἱ κοιμηθέντες ἐν Χριστῷ ἀπώλοντο. ¹⁹εἰ ἐν τῇ ζωῇ ταύτῃ ἐν Χριστῷ ἠλπικότες ἐσμὲν μόνον, ἐλεεινότεροι πάντων ἀνθρώπων ἐσμέν. ²⁰νυνὶ δὲ Χριστὸς ἐγήγερται ἐκ νεκρῶν, ἀπαρχὴ τῶν κεκοιμημένων. ²¹ἐπειδὴ γὰρ δι' ἀνθρώπου θάνατος, καὶ δι' ἀνθρώπου ἀνάστασις νεκρῶν· ²²ὥσπερ γὰρ ἐν τῷ Ἀδὰμ πάντες ἀποθνῄσκουσιν, οὕτως καὶ ἐν τῷ Χριστῷ πάντες ζῳοποιηθήσονται. ²³ἕκαστος δὲ ἐν τῷ ἰδίῳ τάγματι· ἀπαρχὴ Χριστός, ἔπειτα οἱ τοῦ Χριστοῦ ἐν τῇ παρουσίᾳ αὐτοῦ· ²⁴εἶτα τὸ τέλος, ὅταν παραδιδῷ τὴν βασιλείαν τῷ θεῷ καὶ πατρί, ὅταν καταργήσῃ πᾶσαν ἀρχὴν καὶ πᾶσαν ἐξουσίαν καὶ δύναμιν.

ἀνάστασις -εως f resurrection
κήρυγμα -ατος n message, what is
preached
15 ψευδόμαρτυς -υρος m false witness
μάταιος -α -ον futile, in vain
ἀπώλοντο aor mid 3 pl ἀπόλλυμι
ἠλπικότες pf pple ἐλπίζω hope transl
phrase we have hope
ἐλεεινός -ή -όν pitiable
20 νυνὶ δέ transl but the truth is

ἀπαρχή -ῆς f firstfruits
κεκοιμημένων pf pple κοιμάομαι
Ἀδάμ m Adam
ζῳοποιηθήσονται fut pass 3 pl
ζῳοποιέω bring to life
τάγμα -ατος n order
παρουσία -ας f coming, advent
τέλος -ους n end, consummation
καταργήσῃ aor subj 3 sg καταργέω
bring to nothing

Verses 25–34: The resurrection of the dead (2)

²⁵δεῖ γὰρ αὐτὸν βασιλεύειν ἄχρι οὗ θῇ πάντας τοὺς ἐχθροὺς
ὑπὸ τοὺς πόδας αὐτοῦ. ²⁶ἔσχατος ἐχθρὸς καταργεῖται ὁ θάνατος·
²⁷πάντα γὰρ ὑπέταξεν ὑπὸ τοὺς πόδας αὐτοῦ. ὅταν δὲ εἴπῃ ὅτι πάντα
ὑποτέτακται, δῆλον ὅτι ἐκτὸς τοῦ ὑποτάξαντος αὐτῷ τὰ πάντα.
²⁸ὅταν δὲ ὑποταγῇ αὐτῷ τὰ πάντα, τότε καὶ αὐτὸς ὁ υἱὸς ὑπο-
ταγήσεται τῷ ὑποτάξαντι αὐτῷ τὰ πάντα, ἵνα ᾖ ὁ θεὸς τὰ πάντα ἐν
πᾶσιν. ²⁹ἐπεὶ τί ποιήσουσιν οἱ βαπτιζόμενοι ὑπὲρ τῶν νεκρῶν; εἰ ὅλως
νεκροὶ οὐκ ἐγείρονται, τί καὶ βαπτίζονται ὑπὲρ αὐτῶν; ³⁰τί καὶ ἡμεῖς
κινδυνεύομεν πᾶσαν ὥραν; ³¹καθ᾿ ἡμέραν ἀποθνῄσκω, νὴ τὴν ὑμε-
τέραν καύχησιν, ἀδελφοί, ἣν ἔχω ἐν Χριστῷ Ἰησοῦ τῷ κυρίῳ ἡμῶν.
³²εἰ κατὰ ἄνθρωπον ἐθηριομάχησα ἐν Ἐφέσῳ, τί μοι τὸ ὄφελος; εἰ
νεκροὶ οὐκ ἐγείρονται, φάγωμεν καὶ πίωμεν, αὔριον γὰρ ἀποθνῄσκο-
μεν. ³³μὴ πλανᾶσθε· φθείρουσιν ἤθη χρηστὰ ὁμιλίαι κακαί. ³⁴ἐκν-
ήψατε δικαίως καὶ μὴ ἁμαρτάνετε, ἀγνωσίαν γὰρ θεοῦ τινες ἔχουσιν·
πρὸς ἐντροπὴν ὑμῖν λαλῶ.

²⁵ βασιλεύω reign
ἄχρι οὗ until
θῇ aor subj 3 sg τίθημι
ἐχθρός -οῦ m enemy
ὑπέταξεν aor 3 sg ὑποτάσσω put under
εἴπῃ aor subj 3 sg λέγω
ὑποτέτακται pf pass 3 sg ὑποτάσσω
δῆλος -η -ον clear, evident
ἐκτός + gen except, excluding
ὑποταγῇ aor pass subj 3 sg ὑποτάσσω
ὑποταγήσεται fut pass 3 sg ὑποτάσσω
ὅλως ... οὐκ transl not at all
³⁰ κινδυνεύω run risks
πᾶσαν ὥραν transl all the time
καθ᾿ ἡμέραν every day
νή (I swear) by
ὑμέτερος -α -ον your (of you pl) here
   transl in you
καύχησις -εως f here pride
κατὰ ἄνθρωπον transl as a mere man
θηριομαχέω fight with wild beasts
Ἔφεσος -ου f Ephesus

ὄφελος -ους n gain, benefit
φάγωμεν ... ἀποθνῄσκομεν is a
   quotation from Isaiah 22.13
φάγωμεν aor subj 1 pl ἐσθίω jussive
   subj, transl let us ...
πίωμεν aor subj 1 pl πίνω
αὔριον tomorrow
πλανάω lead astray
φθείρουσιν ... κακαί is a quotation
   from Thais, a comedy by Menander c.
   300 BC
φθείρω destroy, corrupt
ἦθος -ους n habit, way
χρηστός -ή -όν good
ὁμιλία -ας f companionship, company
κακός -ή -όν evil
ἐκνήψατε aor impv 2 pl ἐκνήφω
   become sober
ἁμαρτάνω sin
ἀγνωσία -ας f ignorance, failure to
   recognise
ἐντροπή -ῆς f shame

Verses 35-44: The resurrection body (1)

³⁵ἀλλὰ ἐρεῖ τις, πῶς ἐγείρονται οἱ νεκροί; ποίῳ δὲ σώματι ἔρχονται; ³⁶ἄφρων, σὺ ὃ σπείρεις οὐ ζῳοποιεῖται ἐὰν μὴ ἀποθάνῃ· ³⁷καὶ ὃ σπείρεις, οὐ τὸ σῶμα τὸ γενησόμενον σπείρεις ἀλλὰ γυμνὸν κόκκον εἰ τύχοι σίτου ἤ τινος τῶν λοιπῶν· ³⁸ὁ δὲ θεὸς δίδωσιν αὐτῷ σῶμα καθὼς ἠθέλησεν, καὶ ἑκάστῳ τῶν σπερμάτων ἴδιον σῶμα. ³⁹οὐ πᾶσα σὰρξ ἡ αὐτὴ σάρξ, ἀλλὰ ἄλλη μὲν ἀνθρώπων, ἄλλη δὲ σὰρξ κτηνῶν, ἄλλη δὲ σὰρξ πτηνῶν, ἄλλη δὲ ἰχθύων. ⁴⁰καὶ σώματα ἐπουράνια, καὶ σώματα ἐπίγεια· ἀλλὰ ἑτέρα μὲν ἡ τῶν ἐπουρανίων δόξα, ἑτέρα δὲ ἡ τῶν ἐπιγείων. ⁴¹ἄλλη δόξα ἡλίου, καὶ ἄλλη δόξα σελήνης, καὶ ἄλλη δόξα ἀστέρων· ἀστὴρ γὰρ ἀστέρος διαφέρει ἐν δόξῃ. ⁴²οὕτως καὶ ἡ ἀνάστασις τῶν νεκρῶν. σπείρεται ἐν φθορᾷ, ἐγείρεται ἐν ἀφθαρσίᾳ· ⁴³σπείρεται ἐν ἀτιμίᾳ, ἐγείρεται ἐν δόξῃ· σπείρεται ἐν ἀσθενείᾳ, ἐγείρεται ἐν δυνάμει· ⁴⁴σπείρεται σῶμα ψυχικόν, ἐγείρεται σῶμα πνευματικόν. εἰ ἔστιν σῶμα ψυχικόν, ἔστιν καὶ πνευματικόν.

35 ἐρεῖ fut 3 sg λέγω
   ποῖος -α -ον what sort of?
   ἄφρων -ον foolish
   σπείρω sow
   ἀποθάνῃ aor subj 3 sg ἀποθνήσκω
   γενησόμενον fut pple γίνομαι
   γυμνός -ή -όν bare
   κόκκος -ου m grain
   τύχοι aor opt 3 sg τυγχάνω happen
      transl phrase it could be
   σῖτος -ου m wheat
   λοιπός -ή -όν rest, other
   σπέρμα -ατος n seed
   ἄλλη μέν ... ἄλλη δέ there is one ...
      another

κτῆνος -ους n animal
πτηνόν -οῦ n bird
ἰχθύς -ύος m fish
40 ἐπουράνιος -ον heavenly
   ἐπίγειος -ον earthly
   ἥλιος -ου m sun
   σελήνη -ης f moon
   ἀστήρ -έρος m star
   διαφέρω differ (from + gen)
   φθορά -ᾶς f decay
   ἀφθαρσία -ας f imperishability
   ἀτιμία -ας f dishonour, humiliation
   ἀσθένεια -ας f weakness
   ψυχικός -ή -όν physical
   πνευματικός -ή -όν spiritual

174   Section Nine

Verses 45–58: The resurrection body (2)

⁴⁵οὕτως καὶ γέγραπται, ἐγένετο ὁ πρῶτος ἄνθρωπος Ἀδὰμ εἰς ψυχὴν ζῶσαν· ὁ ἔσχατος Ἀδὰμ εἰς πνεῦμα ζῳοποιοῦν. ⁴⁶ἀλλ' οὐ πρῶτον τὸ πνευματικὸν ἀλλὰ τὸ ψυχικόν, ἔπειτα τὸ πνευματικόν. ⁴⁷ὁ πρῶτος ἄνθρωπος ἐκ γῆς χοϊκός, ὁ δεύτερος ἄνθρωπος ἐξ οὐρανοῦ. ⁴⁸οἷος ὁ χοϊκός, τοιοῦτοι καὶ οἱ χοϊκοί, καὶ οἷος ὁ ἐπουράνιος, τοιοῦτοι καὶ οἱ ἐπουράνιοι· ⁴⁹καὶ καθὼς ἐφορέσαμεν τὴν εἰκόνα τοῦ χοϊκοῦ, φορέσομεν καὶ τὴν εἰκόνα τοῦ ἐπουρανίου. ⁵⁰τοῦτο δέ φημι, ἀδελφοί, ὅτι σὰρξ καὶ αἷμα βασιλείαν θεοῦ κληρονομῆσαι οὐ δύναται, οὐδὲ ἡ φθορὰ τὴν ἀφθαρσίαν κληρονομεῖ. ⁵¹ἰδοὺ μυστήριον ὑμῖν λέγω· πάντες οὐ κοιμηθησόμεθα, πάντες δὲ ἀλλαγησόμεθα, ⁵²ἐν ἀτόμῳ, ἐν ῥιπῇ ὀφθαλμοῦ, ἐν τῇ ἐσχάτῃ σάλπιγγι· σαλπίσει γάρ, καὶ οἱ νεκροὶ ἐγερθήσονται ἄφθαρτοι, καὶ ἡμεῖς ἀλλαγησόμεθα. ⁵³δεῖ γὰρ τὸ φθαρτὸν τοῦτο ἐνδύσασθαι ἀφθαρσίαν καὶ τὸ θνητὸν τοῦτο ἐνδύσασθαι ἀθανασίαν. ⁵⁴ὅταν δὲ τὸ φθαρτὸν τοῦτο ἐνδύσηται ἀφθαρσίαν καὶ τὸ θνητὸν τοῦτο ἐνδύσηται ἀθανασίαν, τότε γενήσεται ὁ λόγος ὁ γεγραμμένος, κατεπόθη ὁ θάνατος εἰς νῖκος. ⁵⁵ποῦ σου, θάνατε, τὸ νῖκος; ποῦ σου, θάνατε, τὸ κέντρον; ⁵⁶τὸ δὲ κέντρον τοῦ θανάτου ἡ ἁμαρτία, ἡ δὲ δύναμις τῆς ἁμαρτίας ὁ νόμος· ⁵⁷τῷ δὲ θεῷ χάρις τῷ διδόντι ἡμῖν τὸ νῖκος διὰ τοῦ κυρίου ἡμῶν Ἰησοῦ Χριστοῦ. ⁵⁸ὥστε, ἀδελφοί μου ἀγαπητοί, ἑδραῖοι γίνεσθε, ἀμετακίνητοι, περισσεύοντες ἐν τῷ ἔργῳ τοῦ κυρίου πάντοτε, εἰδότες ὅτι ὁ κόπος ὑμῶν οὐκ ἔστιν κενὸς ἐν κυρίῳ.

45 γέγραπται pf pass 3 sg γράφω
ἐγένετο ... ζῶσαν alludes to Genesis 2.7
εἰς + acc here as, to be
ἔσχατος -η -ον last
χοϊκός -ή -όν made of earth or dust
δεύτερος -α -ον second
οἷος ... τοιοῦτος as ... so
φορέω wear
εἰκών -όνος f likeness
50 κληρονομέω inherit
μυστήριον -ου n mystery
κοιμηθησόμεθα fut 1 pl κοιμάομαι
sleep

ἀλλαγησόμεθα fut pass 1 pl ἀλλάσσω
change
ἐν ἀτόμῳ in a moment
ῥιπή -ῆς f blinking
σάλπιγξ -ιγγος f here trumpet-call
σαλπίσει fut 3 sg σαλπίζω here sound
ἐγερθήσονται fut pass 3 pl ἐγείρω
ἄφθαρτος -ον imperishable
φθαρτός -ή -όν perishable
ἐνδύσασθαι aor inf ἐνδύομαι put on
θνητός -ή -όν mortal
ἀθανασία -ας f immortality
ἐνδύσηται aor subj 3 sg ἐνδύομαι

γενήσεται *fut 3 sg* γίνομαι
γεγραμμένος *pf pass pple* γράφω
κατεπόθη ... εἰς νῖκος *is a quotation
from Isaiah 25.8*
κατεπόθη *aor pass 3 sg* καταπίνω
swallow up
νῖκος -ους *n* victory
⁵⁵ ποῦ ... κέντρον *is a quotation from
Hosea 13.14*

κέντρον -ου *n* sting
χάρις + *dat transl* thanks be
ἑδραῖος -α -ον firm
ἀμετακίνητος -ον immovable
περισσεύω be abundant, do all one can
πάντοτε always
εἰδότες *pple* οἶδα
κόπος -ου *m* labour
κενός -ή -όν empty, vain

Section Ten

HEBREWS 3-5.10

Hebrews, an anonymous treatise (a letter only in the specialised sense of a literary work intended for general circulation) is aimed at readers well versed both in the Old Testament itself and in Jewish methods of interpreting it. It represents a style of exegesis associated with the Jewish community of Alexandria, and familiar from the works of Philo (though the author of Hebrews has more respect for the literal meaning of texts alongside the figurative). Hebrews presents Jesus as the true high priest. It draws on the detailed regulations in the Law of Moses about the arrangement of the sanctuary and the office and function of the high priest, in order to present the doctrine of Christ simultaneously both human and divine – and simultaneously both priest and victim. Melchizedek is a mysterious figure who appears then suddenly disappears in the narrative of Genesis 14, and who had already provoked much speculation among Jewish scholars. The author of Hebrews has a highly academic mind, and his Greek is the most polished in the New Testament.

Chapter 3

Verses 1–6: Jesus superior to Moses

¹ὅθεν, ἀδελφοὶ ἅγιοι, κλήσεως ἐπουρανίου μέτοχοι, κατανοήσατε τὸν ἀπόστολον καὶ ἀρχιερέα τῆς ὁμολογίας ἡμῶν Ἰησοῦν, ²πιστὸν ὄντα τῷ ποιήσαντι αὐτὸν ὡς καὶ Μωϋσῆς ἐν ὅλῳ τῷ οἴκῳ αὐτοῦ. ³πλείονος γὰρ οὗτος δόξης παρὰ Μωϋσῆν ἠξίωται καθ᾽ ὅσον πλείονα τιμὴν ἔχει τοῦ οἴκου ὁ κατασκευάσας αὐτόν. ⁴πᾶς γὰρ οἶκος κατασκευάζεται ὑπό τινος, ὁ δὲ πάντα κατασκευάσας θεός. ⁵καὶ Μωϋσῆς μὲν πιστὸς ἐν ὅλῳ τῷ οἴκῳ αὐτοῦ ὡς θεράπων εἰς μαρτύριον τῶν λαληθησομένων, ⁶Χριστὸς δὲ ὡς υἱὸς ἐπὶ τὸν οἶκον αὐτοῦ· οὗ

οἶκός ἐσμεν ἡμεῖς, ἐάνπερ τὴν παρρησίαν καὶ τὸ καύχημα τῆς ἐλπίδος κατάσχωμεν.

ὅθεν hence, therefore
κλῆσις -εως f calling
ἐπουράνιος -ον heavenly
μέτοχος -ου m partner
κατανοήσατε aor impv 2 pl κατανοέω reflect on, consider
ὁμολογία -ας f confession, profession
πλείων -ον greater
ἠξίωται pf pass 3 sg ἀξιόω count worthy of + gen
καθ' ὅσον inasmuch as

τιμή -ῆς f honour
κατασκευάσας aor pple κατασκευάζω construct, build
5 θεράπων -οντος m servant
μαρτύριον -ου n testimony, witness
λαληθησομένων fut pass pple λαλέω
ἐάνπερ if only
παρρησία -ας f confidence
καύχημα -ατος n ground for boasting, pride
κατάσχωμεν aor subj 1 pl κατέχω hold fast to

Verses 7–19: A rest for the people of God (1)

⁷διό, καθὼς λέγει τὸ πνεῦμα τὸ ἅγιον, σήμερον ἐὰν τῆς φωνῆς αὐτοῦ ἀκούσητε, ⁸μὴ σκληρύνητε τὰς καρδίας ὑμῶν ὡς ἐν τῷ παραπικρασμῷ, κατὰ τὴν ἡμέραν τοῦ πειρασμοῦ ἐν τῇ ἐρήμῳ, ⁹οὗ ἐπείρασαν οἱ πατέρες ὑμῶν ἐν δοκιμασίᾳ καὶ εἶδον τὰ ἔργα μου ¹⁰τεσσεράκοντα ἔτη· διὸ προσώχθισα τῇ γενεᾷ ταύτῃ καὶ εἶπον, ἀεὶ πλανῶνται τῇ καρδίᾳ· αὐτοὶ δὲ οὐκ ἔγνωσαν τὰς ὁδούς μου· ¹¹ὡς ὤμοσα ἐν τῇ ὀργῇ μου, εἰ εἰσελεύσονται εἰς τὴν κατάπαυσίν μου. ¹²βλέπετε, ἀδελφοί, μήποτε ἔσται ἔν τινι ὑμῶν καρδία πονηρὰ ἀπιστίας ἐν τῷ ἀποστῆναι ἀπὸ θεοῦ ζῶντος, ¹³ἀλλὰ παρακαλεῖτε ἑαυτοὺς καθ’ ἑκάστην ἡμέραν, ἄχρις οὗ τὸ σήμερον καλεῖται, ἵνα μὴ σκληρυνθῇ τις ἐξ ὑμῶν ἀπάτῃ τῆς ἁμαρτίας· ¹⁴μέτοχοι γὰρ τοῦ Χριστοῦ γεγόναμεν, ἐάνπερ τὴν ἀρχὴν τῆς ὑποστάσεως μέχρι τέλους βεβαίαν κατάσχωμεν, ¹⁵ἐν τῷ λέγεσθαι, σήμερον ἐὰν τῆς φωνῆς αὐτοῦ ἀκούσητε, μὴ σκληρύνητε τὰς καρδίας ὑμῶν ὡς ἐν τῷ παραπικρασμῷ. ¹⁶τίνες γὰρ ἀκούσαντες παρεπίκραναν; ἀλλ’ οὐ πάντες οἱ ἐξελθόντες ἐξ Αἰγύπτου διὰ Μωϋσέως; ¹⁷τίσιν δὲ προσώχθισεν τεσσεράκοντα ἔτη; οὐχὶ τοῖς ἁμαρτήσασιν, ὧν τὰ κῶλα ἔπεσεν ἐν τῇ ἐρήμῳ; ¹⁸τίσιν δὲ ὤμοσεν μὴ εἰσελεύσεσθαι εἰς τὴν κατάπαυσιν αὐτοῦ εἰ μὴ τοῖς ἀπειθήσασιν; ¹⁹καὶ βλέπομεν ὅτι οὐκ ἠδυνήθησαν εἰσελθεῖν δι’ ἀπιστίαν.

σήμερον ... κατάπαυσίν μου is a
  quotation from Psalm 95.7–11
σήμερον today
ἀκούσητε aor subj 2 pl ἀκούω
σκληρύνητε aor subj 2 pl σκληρύνω
  harden
παραπικρασμός -οῦ m rebellion
κατὰ τὴν ἡμέραν transl in the day
πειρασμός -οῦ m trial, testing
ἔρημος -ου f desert
οὗ here when
ἐπείρασαν aor 3 pl πειράζω make trial
  of
δοκιμασία -ας f test
¹⁰ τεσσεράκοντα forty

ἔτος -ους n year
προσώχθισα aor 1 sg προσοχθίζω be
  angry with + dat
γενεά -ᾶς f generation
ἀεί always
πλανάω lead astray pass go astray
ἔγνωσαν aor 3 pl γινώσκω
ὤμοσα aor 1 sg ὀμνύω swear
εἰ + fut lit if they ... (supply e.g. let me
  be cursed) hence transl on no account
  shall they
εἰσελεύσονται fut 3 pl εἰσέρχομαι
κατάπαυσις -εως f rest, place of rest
βλέπω here take care
μήποτε lest, that ... not

ἀπιστία -ας f unbelief
ἀποστῆναι aor (intr) inf ἀφίστημι fall
away, defect
ἑαυτούς here for ἀλλήλους
καθ' ἑκάστην ἡμέραν every day
ἄχρις οὗ as long as
σκληρυνθῇ aor pass subj 3 sg σκληρύνω
ἀπάτη -ης f allurement
γεγόναμεν pf 1 pl γίνομαι
ὑπόστασις -εως f confidence
μέχρι + gen until
τέλος -ους n end
βέβαιος -α -ον firm

[15] ἐν τῷ λέγεσθαι transl when it is said
παρεπίκραναν aor 3 pl παραπικραίνω
be rebellious
ἐξελθόντες aor pple ἐξέρχομαι
Αἴγυπτος -ου f Egypt
διά + gen here under the leadership of
ἁμαρτήσασιν aor pple ἁμαρτάνω sin
κῶλον -ου n corpse
ἔπεσεν aor 3 sg πίπτω
εἰσελεύσεσθαι fut inf εἰσέρχομαι
ἀπειθήσασιν aor pple ἀπειθέω
ἠδυνήθησαν aor 3 pl δύναμαι

Chapter 4

Verses 1–13: A rest for the people of God (2)

¹φοβηθῶμεν οὖν μήποτε καταλειπομένης ἐπαγγελίας εἰ-σελθεῖν εἰς τὴν κατάπαυσιν αὐτοῦ δοκῇ τις ἐξ ὑμῶν ὑστερηκέναι· ²καὶ γάρ ἐσμεν εὐηγγελισμένοι καθάπερ κἀκεῖνοι, ἀλλ᾽ οὐκ ὠφέλησεν ὁ λόγος τῆς ἀκοῆς ἐκείνους, μὴ συγκεκερασμένους τῇ πίστει τοῖς ἀκούσασιν. ³εἰσερχόμεθα γὰρ εἰς τὴν κατάπαυσιν οἱ πιστεύσαντες, καθὼς εἴρηκεν, ὡς ὤμοσα ἐν τῇ ὀργῇ μου, εἰ εἰσελεύσονται εἰς τὴν κατάπαυσίν μου, καίτοι τῶν ἔργων ἀπὸ καταβολῆς κόσμου γεν-ηθέντων. ⁴εἴρηκεν γάρ που περὶ τῆς ἑβδόμης οὕτως, καὶ κατέπαυσεν ὁ θεὸς ἐν τῇ ἡμέρᾳ τῇ ἑβδόμῃ ἀπὸ πάντων τῶν ἔργων αὐτοῦ· ⁵καὶ ἐν τούτῳ πάλιν, εἰ εἰσελεύσονται εἰς τὴν κατάπαυσίν μου. ⁶ἐπεὶ οὖν ἀπολείπεται τινὰς εἰσελθεῖν εἰς αὐτήν, καὶ οἱ πρότερον εὐαγγε-λισθέντες οὐκ εἰσῆλθον δι᾽ ἀπείθειαν, ⁷πάλιν τινὰ ὁρίζει ἡμέραν, σήμερον, ἐν Δαυὶδ λέγων μετὰ τοσοῦτον χρόνον, καθὼς προείρηται, σήμερον ἐὰν τῆς φωνῆς αὐτοῦ ἀκούσητε, μὴ σκληρύνητε τὰς καρδίας ὑμῶν. ⁸εἰ γὰρ αὐτοὺς Ἰησοῦς κατέπαυσεν, οὐκ ἂν περὶ ἄλλης ἐλάλει μετὰ ταῦτα ἡμέρας. ⁹ἄρα ἀπολείπεται σαββατισμὸς τῷ λαῷ τοῦ θεοῦ· ¹⁰ὁ γὰρ εἰσελθὼν εἰς τὴν κατάπαυσιν αὐτοῦ καὶ αὐτὸς κατέπαυσεν ἀπὸ τῶν ἔργων αὐτοῦ ὥσπερ ἀπὸ τῶν ἰδίων ὁ θεός. ¹¹σπουδάσωμεν οὖν εἰσελθεῖν εἰς ἐκείνην τὴν κατάπαυσιν, ἵνα μὴ ἐν τῷ αὐτῷ τις ὑπ-οδείγματι πέσῃ τῆς ἀπειθείας. ¹²ζῶν γὰρ ὁ λόγος τοῦ θεοῦ καὶ ἐν-εργὴς καὶ τομώτερος ὑπὲρ πᾶσαν μάχαιραν δίστομον καὶ διϊκνού-μενος ἄχρι μερισμοῦ ψυχῆς καὶ πνεύματος, ἁρμῶν τε καὶ μυελῶν, καὶ κριτικὸς ἐνθυμήσεων καὶ ἐννοιῶν καρδίας· ¹³καὶ οὐκ ἔστιν κτίσις ἀφανὴς ἐνώπιον αὐτοῦ, πάντα δὲ γυμνὰ καὶ τετραχηλισμένα τοῖς ὀφθαλμοῖς αὐτοῦ, πρὸς ὃν ἡμῖν ὁ λόγος.

φοβηθῶμεν aor subj 1 pl
  φοβέομαι transl we should fear
μήποτε that, lest
καταλείπω leave behind pass remain
  open
ἐπαγγελία -ας f promise
κατάπαυσις -εως f rest, place of rest

δοκῇ subj 3 sg δοκέω transl be found
ὑστερηκέναι pf inf ὑστερέω come too
  late
εὐηγγελισμένοι pf pass pple
  εὐαγγελίζω
καθάπερ just as
κἀκεῖνοι = καὶ ἐκεῖνοι (crasis)

ὠφελέω benefit, do good to
ἀκοή -ῆς f report, message
συγκεκερασμένους pf pass pple
συγκεράννυμι here associate closely
(with + dat)
εἴρηκεν pf 3 sg λέγω supply scripture as
sub
ὤμοσα aor 1 sg ὀμνύω swear
ὀργή -ῆς f anger
εἰ + fut as ch 3 vs 11
εἰσελεύσονται fut 3 pl εἰσέρχομαι
καίτοι + pple and yet
καταβολή -ῆς f beginning, creation
γενηθέντων aor pass pple γίνομαι
ἑβδόμη supply ἡμέρα f the seventh day
καὶ κατέπαυσεν ... αὐτοῦ is a
quotation from Genesis 2.2
καταπαύω rest
5 ἀπολείπεται + acc + inf the fact
remains that
πρότερον first, before
εὐαγγελισθέντες aor pass pple
εὐαγγελίζω
ἀπείθεια -ας f unbelief
ὁρίζω define, fix
τοσοῦτος -αύτη -οῦτον so much
προείρηται pf pass 3 sg προλέγω
σήμερον ... see ch 3 vv 7f
Ἰησοῦς οῦ m here Joshua
εἰ ... οὐκ ἄν if X had ... Y would not
have, supply God as sub of ἐλάλει

ἄρα here therefore
ἀπολείπεται there remains
σαββατισμός -οῦ m sabbath rest
10 εἰσελθών aor pple εἰσέρχομαι
σπουδάσωμεν aor subj 1 pl σπουδάζω
be eager, do one's utmost
ὑπόδειγμα -ατος n example
πέσῃ aor subj 3 sg πίπτω
ἐνεργής -ές active, effective
τομώτερος -α -ον sharper
ὑπέρ + acc here than
μάχαιρα -ας f sword
δίστομος -ον two-edged
διϊκνέομαι pierce, penetrate
ἄχρι + gen as far as, to the extent of
μερισμός -οῦ m dividing, separation
ἁρμός -οῦ m joint
μυελός -οῦ m bone marrow
κριτικός -ή -όν critical, discerning
ἐνθύμησις -εως f reflection
ἔννοια -ας f thought
κτίσις -εως f creature, thing created
ἀφανής -ές unseen, not visible
γυμνός -ή -όν naked, bare
τετραχηλισμένα pf pass pple
τραχηλίζω lit break the neck oft of
sacrificial animal, hence metaph lay
open to scrutiny
λόγος here reckoning

Verses 14–16: Jesus the great high priest (1)

¹⁴ἔχοντες οὖν ἀρχιερέα μέγαν διεληλυθότα τοὺς οὐρανούς, Ἰησοῦν τὸν υἱὸν τοῦ θεοῦ, κρατῶμεν τῆς ὁμολογίας· ¹⁵οὐ γὰρ ἔχομεν ἀρχιερέα μὴ δυνάμενον συμπαθῆσαι ταῖς ἀσθενείαις ἡμῶν, πεπειρασμένον δὲ κατὰ πάντα καθ᾽ ὁμοιότητα χωρὶς ἁμαρτίας. ¹⁶προσερχώμεθα οὖν μετὰ παρρησίας τῷ θρόνῳ τῆς χάριτος, ἵνα λάβωμεν ἔλεος καὶ χάριν εὕρωμεν εἰς εὔκαιρον βοήθειαν.

διεληλυθότα pf pple διέρχομαι pass through
κρατῶμεν subj 1 pl κρατέω hold fast (to + gen)
ὁμολογία -ας f confession
15 συμπαθέω feel sympathy with + dat
ἀσθένεια -ας f weakness
πεπειρασμένον pf pass pple πειράζω try, test

κατὰ πάντα in all respects, in everything
καθ᾽ ὁμοιότητα likewise here like us
χωρίς + gen without
παρρησία -ας f confidence
λάβωμεν aor subj 1 pl λαμβάνω
ἔλεος -ους n mercy
εὕρωμεν aor subj 1 pl εὑρίσκω
εὔκαιρος -ον opportune, timely
βοήθεια -ας f help

Melchisedek, Abraham and Moses: Chartres Cathedral (begun *c.* 1194). Porch of north transept

Chapter 5

Verses 1–10: Jesus the great high priest (2)

¹πᾶς γὰρ ἀρχιερεὺς ἐξ ἀνθρώπων λαμβανόμενος ὑπὲρ
ἀνθρώπων καθίσταται τὰ πρὸς τὸν θεόν, ἵνα προσφέρῃ δῶρά τε καὶ
θυσίας ὑπὲρ ἁμαρτιῶν, ²μετριοπαθεῖν δυνάμενος τοῖς ἀγνοοῦσιν καὶ
πλανωμένοις, ἐπεὶ καὶ αὐτὸς περίκειται ἀσθένειαν, ³καὶ δι' αὐτὴν
ὀφείλει καθὼς περὶ τοῦ λαοῦ οὕτως καὶ περὶ αὐτοῦ προσφέρειν περὶ
ἁμαρτιῶν. ⁴καὶ οὐχ ἑαυτῷ τις λαμβάνει τὴν τιμήν, ἀλλὰ καλούμενος
ὑπὸ τοῦ θεοῦ, καθώσπερ καὶ Ἀαρών. ⁵οὕτως καὶ ὁ Χριστὸς οὐχ ἑαυ-
τὸν ἐδόξασεν γενηθῆναι ἀρχιερέα, ἀλλ' ὁ λαλήσας πρὸς αὐτόν, υἱός
μου εἶ σύ, ἐγὼ σήμερον γεγέννηκά σε· ⁶καθὼς καὶ ἐν ἑτέρῳ λέγει, σὺ
ἱερεὺς εἰς τὸν αἰῶνα κατὰ τὴν τάξιν Μελχισέδεκ. ⁷ὃς ἐν ταῖς ἡμέραις
τῆς σαρκὸς αὐτοῦ, δεήσεις τε καὶ ἱκετηρίας πρὸς τὸν δυνάμενον σώ-
ζειν αὐτὸν ἐκ θανάτου μετὰ κραυγῆς ἰσχυρᾶς καὶ δακρύων προσεν-
έγκας καὶ εἰσακουσθεὶς ἀπὸ τῆς εὐλαβείας, ⁸καίπερ ὢν υἱὸς ἔμαθεν
ἀφ' ὧν ἔπαθεν τὴν ὑπακοήν· ⁹καὶ τελειωθεὶς ἐγένετο πᾶσιν τοῖς ὑπα-
κούουσιν αὐτῷ αἴτιος σωτηρίας αἰωνίου, ¹⁰προσαγορευθεὶς ὑπὸ τοῦ
θεοῦ ἀρχιερεὺς κατὰ τὴν τάξιν Μελχισέδεκ.

καθίσταται pass 3 sg καθίστημι
  appoint
τὰ πρὸς τὸν θεόν transl in what
  concerns God
προσφέρω bring, offer
δῶρον -ου n gift
θυσία -ας f sacrifice
μετριοπαθέω deal gently with + dat
ἀγνοέω be ignorant
πλανάω lead astray pass go astray
περίκειμαι be beset by
ἀσθένεια -ας f weakness
ὀφείλω ought, be bound to
τιμή -ῆς f (place of) honour
καθώσπερ just as
Ἀαρών m Aaron
⁵ ἐδόξασεν aor 3 sg δοξάζω
  γενηθῆναι aor pass (here act sense) inf
    γίνομαι

υἱός ... σε is a quotation from Psalm 2.7
σήμερον today
γεγέννηκα pf 1 sg γεννάω
ἐν ἑτέρῳ in another place
σὺ ... Μελχισέδεκ is a quotation from
  Psalm 110.4
ἱερεύς -έως m priest
εἰς τὸν αἰῶνα for ever
τάξις -εως f order
Μελχισέδεκ m Melchizedek
σάρξ, σαρκός f here life on earth
δέησις -εως f prayer
ἱκετηρία -ας f entreaty
κραυγή -ῆς f shouting
ἰσχυρός -ά -όν strong, loud
δάκρυον -ου n tear
προσενέγκας aor pple προσφέρω
εἰσακουσθείς aor pass pple εἰσακούω
  listen to, obey

ἀπό + *gen here* because of
εὐλάβεια -ας *f* reverence
καίπερ + *pple* although
ἔμαθεν *aor 3 sg* μανθάνω learn
ἀφ᾽ ὧν *transl* from the things which
ἔπαθεν *aor 3 sg* πάσχω suffer
ὑπακοή -ῆς *f* obedience

τελειωθείς *aor pass pple* τελείόω make
  perfect
ὑπακούω obey + *dat*
αἴτιος -ου *m* source
σωτηρία -ας *f* salvation
10 προσαγορευθείς *aor pass pple*
  προσαγορεύω proclaim

Section Eleven

JAMES 1 AND 2

The letter of James is addressed not to an individual church but to Christians in general: the church dispersed throughout the world is described metaphorically as the twelve tribes of Israel. The letter deals with everyday practicalities, having nothing mystical or philosophical about it. It introduces topics in a casual order, but is insistent in the moral demands (for purity, humility, care of the poor) expressed by many imperatives. Its emphasis on the importance of works of charity has been read as polemic against Paul's doctrine of justification by faith (Martin Luther famously dismissed it as 'that epistle of straw'), but the difference is perhaps largely one of emphasis.

Chapter 1

Verses 1–11: Greeting; faith and wisdom; poverty and riches

¹Ἰάκωβος θεοῦ καὶ κυρίου Ἰησοῦ Χριστοῦ δοῦλος ταῖς δώδεκα φυλαῖς ταῖς ἐν τῇ διασπορᾷ χαίρειν. ²πᾶσαν χαρὰν ἡγήσασθε, ἀδελφοί μου, ὅταν πειρασμοῖς περιπέσητε ποικίλοις, ³γινώσκοντες ὅτι τὸ δοκίμιον ὑμῶν τῆς πίστεως κατεργάζεται ὑπομονήν· ⁴ἡ δὲ ὑπομονὴ ἔργον τέλειον ἐχέτω, ἵνα ἦτε τέλειοι καὶ ὁλόκληροι, ἐν μηδενὶ λειπόμενοι. ⁵εἰ δέ τις ὑμῶν λείπεται σοφίας, αἰτείτω παρὰ τοῦ διδόντος θεοῦ πᾶσιν ἁπλῶς καὶ μὴ ὀνειδίζοντος, καὶ δοθήσεται αὐτῷ. ⁶αἰτείτω δὲ ἐν πίστει, μηδὲν διακρινόμενος, ὁ γὰρ διακρινόμενος ἔοικεν κλύδωνι θαλάσσης ἀνεμιζομένῳ καὶ ῥιπιζομένῳ· ⁷μὴ γὰρ οἰέσθω ὁ ἄνθρωπος ἐκεῖνος ὅτι λήμψεταί τι παρὰ τοῦ κυρίου, ⁸ἀνὴρ δίψυχος, ἀκατάστατος ἐν πάσαις ταῖς ὁδοῖς αὐτοῦ. ⁹καυχάσθω δὲ ὁ ἀδελφὸς ὁ ταπεινὸς ἐν τῷ ὕψει αὐτοῦ, ¹⁰ὁ δὲ πλούσιος ἐν τῇ ταπεινώσει αὐτοῦ, ὅτι ὡς ἄνθος χόρτου παρελεύσεται. ¹¹ἀνέτειλεν γὰρ ὁ

ἥλιος σὺν τῷ καύσωνι καὶ ἐξήρανεν τὸν χόρτον, καὶ τὸ ἄνθος αὐτοῦ
ἐξέπεσεν καὶ ἡ εὐπρέπεια τοῦ προσώπου αὐτοῦ ἀπώλετο· οὕτως καὶ ὁ
πλούσιος ἐν ταῖς πορείαις αὐτοῦ μαρανθήσεται.

Ἰάκωβος -ου m James
φυλή -ῆς f tribe
διασπορά -ᾶς f dispersion
χαίρειν inf for impv, as usu in opening
  of letter
ἡγήσασθε aor impv 2 pl ἡγέομαι
  consider, regard
πειρασμός -οῦ m trial
περιπέσητε aor subj 2 pl περιπίπτω
  fall into + dat
ποικίλος -η -ον various
δοκίμιον -ου n proof
κατεργάζομαι result in, make for
ὑπομονή -ῆς f endurance
τέλειος -α -ον perfect
ἐχέτω impv 3 sg ἔχω
ἦτε subj 2 pl εἰμί
ὁλόκληρος -ον complete, whole
λείπω leave pass fall short, be lacking
  (in + gen)
5 σοφία -ας f wisdom
αἰτείτω impv 3 sg αἰτέω
ἁπλῶς generously
ὀνειδίζω reproach
δοθήσεται fut pass 3 sg δίδωμι
διακρίνω make distinction mid doubt
ἔοικα be like
κλύδων -ωνος m wave
ἀνεμίζομαι be moved by the wind
ῥιπίζω toss about

οἰέσθω impv 3 sg οἴομαι think
λήμψεται fut 3 sg λαμβάνω
δίψυχος -ον of divided loyalty,
  undecided
ἀκατάστατος -ον unstable
καυχάσθω impv 3 sg καυχάομαι take
  pride
ταπεινός -ή -όν humble, lowly
ὕψος -ους n height, high position
10 πλούσιος -α -ον rich
ταπείνωσις -εως f humiliation, being
  brought low
ἄνθος -ους n flower
χόρτος -ου grass transl phrase wild
  flower
παρελεύσεται fut 3 sg παρέρχομαι here
  pass away
ἀνέτειλεν aor 3 sg ἀνατέλλω rise
ἥλιος -ου m sun
καύσων -ωνος m scorching heat
ἐξήρανεν aor 3 sg ξηραίνω dry up,
  wither
ἐξέπεσεν aor 3 sg ἐκπίπτω here fade
εὐπρέπεια -ας f beauty
πρόσωπον -ου n here appearance
ἀπώλετο aor mid 3 sg ἀπόλλυμι
πορεία -ας f pursuit, business
μαρανθήσεται fut pass 3 sg μαραίνω
  quench pass waste away

188   Section Eleven

Verses 12–27: Trial and temptation; hearing and doing the Word

¹²μακάριος ἀνὴρ ὃς ὑπομένει πειρασμόν, ὅτι δόκιμος γε-
νόμενος λήμψεται τὸν στέφανον τῆς ζωῆς, ὃν ἐπηγγείλατο τοῖς
ἀγαπῶσιν αὐτόν. ¹³μηδεὶς πειραζόμενος λεγέτω ὅτι ἀπὸ θεοῦ πειρ-
άζομαι· ὁ γὰρ θεὸς ἀπείραστός ἐστιν κακῶν, πειράζει δὲ αὐτὸς οὐ-
δένα. ¹⁴ἕκαστος δὲ πειράζεται ὑπὸ τῆς ἰδίας ἐπιθυμίας ἐξελκόμενος
καὶ δελεαζόμενος· ¹⁵εἶτα ἡ ἐπιθυμία συλλαβοῦσα τίκτει ἁμαρτίαν, ἡ
δὲ ἁμαρτία ἀποτελεσθεῖσα ἀποκύει θάνατον. ¹⁶μὴ πλανᾶσθε, ἀδελφοί
μου ἀγαπητοί. ¹⁷πᾶσα δόσις ἀγαθὴ καὶ πᾶν δώρημα τέλειον ἄνωθέν
ἐστιν, καταβαῖνον ἀπὸ τοῦ πατρὸς τῶν φώτων, παρ' ᾧ οὐκ ἔνι παρ-
αλλαγὴ ἢ τροπῆς ἀποσκίασμα. ¹⁸βουληθεὶς ἀπεκύησεν ἡμᾶς λόγῳ
ἀληθείας, εἰς τὸ εἶναι ἡμᾶς ἀπαρχήν τινα τῶν αὐτοῦ κτισμάτων.
¹⁹ἴστε, ἀδελφοί μου ἀγαπητοί. ἔστω δὲ πᾶς ἄνθρωπος ταχὺς εἰς τὸ
ἀκοῦσαι, βραδὺς εἰς τὸ λαλῆσαι, βραδὺς εἰς ὀργήν· ²⁰ὀργὴ γὰρ ἀνδρὸς
δικαιοσύνην θεοῦ οὐκ ἐργάζεται. ²¹διὸ ἀποθέμενοι πᾶσαν ῥυπαρίαν
καὶ περισσείαν κακίας ἐν πραΰτητι δέξασθε τὸν ἔμφυτον λόγον τὸν
δυνάμενον σῶσαι τὰς ψυχὰς ὑμῶν. ²²γίνεσθε δὲ ποιηταὶ λόγου καὶ μὴ
μόνον ἀκροαταὶ παραλογιζόμενοι ἑαυτούς. ²³ὅτι εἴ τις ἀκροατὴς
λόγου ἐστὶν καὶ οὐ ποιητής, οὗτος ἔοικεν ἀνδρὶ κατανοοῦντι τὸ
πρόσωπον τῆς γενέσεως αὐτοῦ ἐν ἐσόπτρῳ· ²⁴κατενόησεν γὰρ ἑαυτὸν
καὶ ἀπελήλυθεν καὶ εὐθέως ἐπελάθετο ὁποῖος ἦν. ²⁵ὁ δὲ παρακύψας
εἰς νόμον τέλειον τὸν τῆς ἐλευθερίας καὶ παραμείνας, οὐκ ἀκροατὴς
ἐπιλησμονῆς γενόμενος ἀλλὰ ποιητὴς ἔργου, οὗτος μακάριος ἐν τῇ
ποιήσει αὐτοῦ ἔσται. ²⁶εἴ τις δοκεῖ θρησκὸς εἶναι, μὴ χαλιναγωγῶν
γλῶσσαν αὐτοῦ ἀλλὰ ἀπατῶν καρδίαν αὐτοῦ, τούτου μάταιος ἡ
θρησκεία. ²⁷θρησκεία καθαρὰ καὶ ἀμίαντος παρὰ τῷ θεῷ καὶ πατρὶ
αὕτη ἐστίν, ἐπισκέπτεσθαι ὀρφανοὺς καὶ χήρας ἐν τῇ θλίψει αὐτῶν,
ἄσπιλον ἑαυτὸν τηρεῖν ἀπὸ τοῦ κόσμου.

μακάριος -α -ον blessed
ὑπομένω stand up to, bear
δόκιμος -ον approved
στέφανος -ου m crown
ἐπηγγείλατο aor 3 sg ἐπαγγέλλομαι
  promise supply God as sub

πειράζω tempt
λεγέτω impv 3 sg λέγω
ἀπείραστος -ον unable to be tempted
  (by + gen)
κακός -ή -όν evil
ἐπιθυμία -ας f desire

ἐξέλκω draw away, lure
δελεάζω entice
15 εἶτα then
συλλαβοῦσα aor pple συλλαμβάνω
  conceive
τίκτω give birth to
ἀποτελεσθεῖσα aor pass pple ἀποτέλεω
  complete pass come to maturity
ἀποκυέω give birth to
πλανάω lead astray pass be mistaken
ἀγαπητός -ή -όν beloved
δόσις -εως f act of giving
δώρημα -ατος n gift
ἄνωθεν from above
φῶς, φωτός n light pl here sun, moon
  and stars
ἔνι = ἔνεστιν transl there is
παραλλαγή -ῆς f variation
τροπή -ῆς f turning
ἀποσκίασμα -ατος n shadow
βουληθείς aor pass (act sense) pple
  βούλομαι wish transl by an act of
  will, deliberately
εἰς τό + acc + inf expresses purpose
ἀπαρχή -ῆς f firstfruits
κτίσμα -ατος n what is created
ἴστε impv 2 pl οἶδα
ἔστω impv 3 sg εἰμί
ταχύς -εῖα -ύ swift
βραδύς -εῖα -ύ slow
ὀργή -ῆς f anger
20 ἐργάζομαι work, accomplish, bring
  about
διό therefore
ἀποθέμενοι aor mid pple ἀποτίθημι
  put off
ῥυπαρία -ας f impurity, filthiness
περισσεία -ας f excess

κακία -ας f evil, wickedness
πραΰτης -ητος f gentleness
δέξασθε aor impv 2 pl δέχομαι
ἔμφυτος -ον rooted in
σῶσαι aor inf σώζω
ποιητής -ου m doer
ἀκροατής -οῦ m hearer
παραλογίζομαι deceive
κατανοέω study
τὸ πρόσωπον τῆς γενέσεως transl the
  face that nature gave him
ἔσοπτρον -ου n mirror
ἀπελήλυθεν pf 3 sg ἀπέρχομαι
ἐπελάθετο aor 3 sg ἐπιλανθάνομαι
  forget
ὁποῖος -α -ον of what sort
25 παρακύψας aor pple παρακύπτω look
  closely, peer
ἐλευθερία -ας f freedom
παραμείνας aor pple παραμένω
  remain
ἐπιλησμονή -ῆς f forgetfulness transl
  phrases a forgetful hearer ... an active
  doer
ποίησις -εως f action
θρησκός -όν religious
χαλιναγωγέω bridle, restrain
ἀπατάω deceive
μάταιος -α -ον empty, futile
θρησκεία -ας f religion
καθαρός -ά -όν pure
ἀμίαντος -ον undefiled
ἐπισκέπτομαι visit
ὀρφανός -ή -όν orphaned
χήρα -ας f widow
θλῖψις -εως f trouble, distress
ἄσπιλος -ον spotless, untarnished

Chapter 2

Verses 1–13: Warning against partiality

¹ἀδελφοί μου, μὴ ἐν προσωπολημψίαις ἔχετε τὴν πίστιν τοῦ κυρίου ἡμῶν Ἰησοῦ Χριστοῦ τῆς δόξης. ²ἐὰν γὰρ εἰσέλθῃ εἰς συναγωγὴν ὑμῶν ἀνὴρ χρυσοδακτύλιος ἐν ἐσθῆτι λαμπρᾷ, εἰσέλθῃ δὲ καὶ πτωχὸς ἐν ῥυπαρᾷ ἐσθῆτι, ³ἐπιβλέψητε δὲ ἐπὶ τὸν φοροῦντα τὴν ἐσθῆτα τὴν λαμπρὰν καὶ εἴπητε, σὺ κάθου ὧδε καλῶς, καὶ τῷ πτωχῷ εἴπητε, σὺ στῆθι ἐκεῖ ἢ κάθου ὑπὸ τὸ ὑποπόδιόν μου, ⁴οὐ διεκρίθητε ἐν ἑαυτοῖς καὶ ἐγένεσθε κριταὶ διαλογισμῶν πονηρῶν; ⁵ἀκούσατε, ἀδελφοί μου ἀγαπητοί. οὐχ ὁ θεὸς ἐξελέξατο τοὺς πτωχοὺς τῷ κόσμῳ πλουσίους ἐν πίστει καὶ κληρονόμους τῆς βασιλείας ἧς ἐπηγγείλατο τοῖς ἀγαπῶσιν αὐτόν; ⁶ὑμεῖς δὲ ἠτιμάσατε τὸν πτωχόν. οὐχ οἱ πλούσιοι καταδυναστεύουσιν ὑμῶν, καὶ αὐτοὶ ἕλκουσιν ὑμᾶς εἰς κριτήρια; ⁷οὐκ αὐτοὶ βλασφημοῦσιν τὸ καλὸν ὄνομα τὸ ἐπικληθὲν ἐφ' ὑμᾶς; ⁸εἰ μέντοι νόμον τελεῖτε βασιλικὸν κατὰ τὴν γραφήν, ἀγαπήσεις τὸν πλησίον σου ὡς σεαυτόν, καλῶς ποιεῖτε· ⁹εἰ δὲ προσωπολημπτεῖτε, ἁμαρτίαν ἐργάζεσθε, ἐλεγχόμενοι ὑπὸ τοῦ νόμου ὡς παραβάται. ¹⁰ὅστις γὰρ ὅλον τὸν νόμον τηρήσῃ, πταίσῃ δὲ ἐν ἑνί, γέγονεν πάντων ἔνοχος. ¹¹ὁ γὰρ εἰπών, μὴ μοιχεύσῃς, εἶπεν καί, μὴ φονεύσῃς· εἰ δὲ οὐ μοιχεύεις, φονεύεις δέ, γέγονας παραβάτης νόμου. ¹²οὕτως λαλεῖτε καὶ οὕτως ποιεῖτε ὡς διὰ νόμου ἐλευθερίας μέλλοντες κρίνεσθαι. ¹³ἡ γὰρ κρίσις ἀνέλεος τῷ μὴ ποιήσαντι ἔλεος· κατακαυχᾶται ἔλεος κρίσεως.

προσωπολημψία -ας f favouritism,
  treating one person better than another
εἰσέλθῃ aor subj 3 sg εἰσέρχομαι
χρυσοδακτύλιος -ον wearing gold rings
ἐσθής -ῆτος f clothes
λαμπρός -ά -όν here fine, expensive
πτωχός -ή -όν poor
ῥυπαρός -ά -όν shabby, dirty
ἐπιβλέψητε aor subj 2 pl ἐπιβλέπω
  look at
φορέω wear
εἴπητε aor subj 2 pl λέγω

κάθου impv 2 sg κάθημαι
καλῶς transl in a good place
στῆθι aor (intr) impv 2 sg ἵστημι
ὑποπόδιον -ου n footstool transl phrase
  at my feet
διεκρίθητε aor pass (act sense) 2 pl
  διακρίνω make distinction,
  discriminate
κριτής -οῦ m judge
διαλογισμός -οῦ m here standard of
  judgement
5 ἐξελέξατο aor 3 sg ἐκλέγομαι choose

πλούσιος -α -ον rich
κληρονόμος -ου m inheritor
ἧς for ἥν rel attracted into case of
antecedent
ἐπηγγείλατο aor 3 sg ἐπαγγέλλομαι
promise
ἠτιμάσατε aor 2 pl ἀτιμάζω treat
shamefully, humiliate
καταδυναστεύω oppress + gen
ἕλκω drag
κριτήριον -ου n lawcourt
βλασφημέω slander
ἐπικληθέν aor pass pple ἐπικαλέω give
an additional name
τελέω observe fully
βασιλικός -ή -όν royal, sovereign
ἀγαπήσεις ... σεαυτόν is a quotation
from Leviticus 19.18
ὁ πλήσιον neighbour
προσωπολημπτέω show favouritism
ἐργάζομαι work, commit

ἐλέγχω convict
παραβάτης -ου m offender
10 τηρήσῃ aor subj 3 sg τηρέω
πταίσῃ aor subj 3 sg πταίω stumble, go
wrong
γέγονεν pf 3 sg γίνομαι
ἔνοχος -ον guilty, answerable
εἰπών aor pple λέγω
μὴ μοιχεύσῃς and μὴ φονεύσῃς are
quotations from Exodus 20.14 and 13
μοιχεύσῃς aor subj 2 sg μοιχεύω
commit adultery
φονεύσῃς aor subj 2 sg φονεύω commit
murder
γέγονας pf 2 sg γίνομαι
ἐλευθερία -ας f freedom
κρίσις -εως f judgement
ἀνέλεος -ον without mercy
ἔλεος -ους n mercy
κατακαυχάομαι override + gen

Verses 14–26: Faith and works

¹⁴τί τὸ ὄφελος, ἀδελφοί μου, ἐὰν πίστιν λέγῃ τις ἔχειν, ἔργα
δὲ μὴ ἔχῃ; μὴ δύναται ἡ πίστις σῶσαι αὐτόν; ¹⁵ἐὰν ἀδελφὸς ἢ ἀδελφὴ
γυμνοὶ ὑπάρχωσιν καὶ λειπόμενοι τῆς ἐφημέρου τροφῆς, ¹⁶εἴπῃ δέ τις
αὐτοῖς ἐξ ὑμῶν, ὑπάγετε ἐν εἰρήνῃ, θερμαίνεσθε καὶ χορτάζεσθε, μὴ
δῶτε δὲ αὐτοῖς τὰ ἐπιτήδεια τοῦ σώματος, τί τὸ ὄφελος; ¹⁷οὕτως καὶ
ἡ πίστις, ἐὰν μὴ ἔχῃ ἔργα, νεκρά ἐστιν καθ' ἑαυτήν. ¹⁸ἀλλ' ἐρεῖ τις, σὺ
πίστιν ἔχεις κἀγὼ ἔργα ἔχω. δεῖξόν μοι τὴν πίστιν σου χωρὶς τῶν
ἔργων, κἀγώ σοι δείξω ἐκ τῶν ἔργων μου τὴν πίστιν. ¹⁹σὺ πιστεύεις
ὅτι εἷς ἐστιν ὁ θεός; καλῶς ποιεῖς· καὶ τὰ δαιμόνια πιστεύουσιν καὶ
φρίσσουσιν. ²⁰θέλεις δὲ γνῶναι, ὦ ἄνθρωπε κενέ, ὅτι ἡ πίστις χωρὶς
τῶν ἔργων ἀργή ἐστιν; ²¹Ἀβραὰμ ὁ πατὴρ ἡμῶν οὐκ ἐξ ἔργων ἐδι-
καιώθη, ἀνενέγκας Ἰσαὰκ τὸν υἱὸν αὐτοῦ ἐπὶ τὸ θυσιαστήριον;
²²βλέπεις ὅτι ἡ πίστις συνήργει τοῖς ἔργοις αὐτοῦ καὶ ἐκ τῶν ἔργων ἡ
πίστις ἐτελειώθη, ²³καὶ ἐπληρώθη ἡ γραφὴ ἡ λέγουσα, ἐπίστευσεν δὲ
Ἀβραὰμ τῷ θεῷ, καὶ ἐλογίσθη αὐτῷ εἰς δικαιοσύνην, καὶ φίλος θεοῦ
ἐκλήθη. ²⁴ὁρᾶτε ὅτι ἐξ ἔργων δικαιοῦται ἄνθρωπος καὶ οὐκ ἐκ πίσ-
τεως μόνον. ²⁵ὁμοίως δὲ καὶ Ῥαὰβ ἡ πόρνη οὐκ ἐξ ἔργων ἐδικαιώθη,
ὑποδεξαμένη τοὺς ἀγγέλους καὶ ἑτέρᾳ ὁδῷ ἐκβαλοῦσα; ²⁶ὥσπερ γὰρ
τὸ σῶμα χωρὶς πνεύματος νεκρόν ἐστιν, οὕτως καὶ ἡ πίστις χωρὶς
ἔργων νεκρά ἐστιν.

ὄφελος -ους n advantage, use
σῶσαι aor inf σῴζω
15 ἀδελφή -ῆς f sister, female Christian
γυμνός -ή -όν naked
λείπω leave *pass* be lacking (in + *gen*)
ἐφήμερος -ον for the day
τροφή -ῆς f food
εἴπῃ aor subj 3 sg λέγω
ὑπάγω go one's way
θερμαίνομαι keep warm
χορτάζω feed, satisfy *pass* eat one's fill
δῶτε aor subj 2 pl δίδωμι
ἐπιτήδειος -α -ον necessary
νεκρός -ά -όν dead, useless
καθ' ἑαυτήν in itself
ἐρεῖ fut 3 sg λέγω

κἀγώ = καὶ ἐγώ (crasis)
δεῖξον aor impv 2 sg δείκνυμι show
χωρίς + gen without
δείξω fut 1 sg δείκνυμι
φρίσσω shudder
20 γνῶναι aor inf γινώσκω
κενός -ή -όν empty, inane
ἀργός -ή -όν ineffective, useless
ἐδικαιώθη aor pass 3 sg δικαιόω justify
ἀνενέγκας aor pple ἀναφέρω offer
Ἰσαάκ m Isaac
θυσιαστήριον -ου n altar
συνέργω co-operate (with + dat)
ἐτελειώθη aor pass 3 sg τελειόω
complete, make perfect
ἐπληρώθη aor pass 3 sg πληρόω

ἐπίστευσεν ... δικαιοσύνην is a
quotation from Genesis 15.6
ἐλογίσθη aor pass 3 sg λογίζομαι
reckon, count
εἰς + acc here as
φίλος -ου m friend
ἐκλήθη aor pass 3 sg καλέω

25 ὁμοίως similarly
Ῥαάβ f Rahab
πόρνη -ης f prostitute
ὑποδεξαμένη aor pple ὑποδέχομαι
welcome
ἐκβάλλω send away

Section Twelve

REVELATION 21 AND 22

Revelation uses the visionary and symbolic language of Jewish apocalyptic literature to present a struggle between good and evil, and to show that God, not Satan or the Roman emperor, is the lord of history (Nero and Domitian had demanded to be worshipped as gods). The last two chapters envisage a new creation: the prophets had emphasised that the world would not get better by mere human effort. For centuries the city of Jerusalem with its central sanctuary had been used as a symbol of God dwelling among his people. But (as the prophets saw) the people had often fallen short of this ideal, and the city and Temple had more than once been destroyed. The great visions of Ezekiel had envisaged a new Temple to replace the one destroyed by the Babylonians in 587/6 BC; when Revelation was written, the Temple was again in ruins following the sack of Jerusalem by the Romans in AD 70. In his vision the author dares to extend the holy precinct over the whole of his new city.

Chapter 21

Verses 1–8: The new heaven and the new earth

¹καὶ εἶδον οὐρανὸν καινὸν καὶ γῆν καινήν· ὁ γὰρ πρῶτος οὐρανὸς καὶ ἡ πρώτη γῆ ἀπῆλθαν, καὶ ἡ θάλασσα οὐκ ἔστιν ἔτι. ²καὶ τὴν πόλιν τὴν ἁγίαν Ἰερουσαλὴμ καινὴν εἶδον καταβαίνουσαν ἐκ τοῦ οὐρανοῦ ἀπὸ τοῦ θεοῦ, ἡτοιμασμένην ὡς νύμφην κεκοσμημένην τῷ ἀνδρὶ αὐτῆς. ³καὶ ἤκουσα φωνῆς μεγάλης ἐκ τοῦ θρόνου λεγούσης, ἰδοὺ ἡ σκηνὴ τοῦ θεοῦ μετὰ τῶν ἀνθρώπων, καὶ σκηνώσει μετ' αὐτῶν, καὶ αὐτοὶ λαοὶ αὐτοῦ ἔσονται, καὶ αὐτὸς ὁ θεὸς μετ' αὐτῶν ἔσται, αὐτῶν θεός, ⁴καὶ ἐξαλείψει πᾶν δάκρυον ἐκ τῶν ὀφθαλμῶν αὐτῶν, καὶ ὁ θάνατος οὐκ ἔσται ἔτι, οὔτε πένθος οὔτε κραυγὴ οὔτε

πόνος οὐκ ἔσται ἔτι· ὅτι τὰ πρῶτα ἀπῆλθαν. ⁵καὶ εἶπεν ὁ καθήμενος ἐπὶ τῷ θρόνῳ, ἰδοὺ καινὰ ποιῶ πάντα. καὶ λέγει, γράψον, ὅτι οὗτοι οἱ λόγοι πιστοὶ καὶ ἀληθινοί εἰσιν. ⁶καὶ εἶπέν μοι, γέγοναν. ἐγώ εἰμι τὸ ἄλφα καὶ τὸ ὦ, ἡ ἀρχὴ καὶ τὸ τέλος. ἐγὼ τῷ διψῶντι δώσω ἐκ τῆς πηγῆς τοῦ ὕδατος τῆς ζωῆς δωρεάν. ⁷ὁ νικῶν κληρονομήσει ταῦτα, καὶ ἔσομαι αὐτῷ θεὸς καὶ αὐτὸς ἔσται μοι υἱός. ⁸τοῖς δὲ δειλοῖς καὶ ἀπίστοις καὶ ἐβδελυγμένοις καὶ φονεῦσιν καὶ πόρνοις καὶ φαρμάκοις καὶ εἰδωλολάτραις καὶ πᾶσιν τοῖς ψευδέσιν τὸ μέρος αὐτῶν ἐν τῇ λίμνῃ τῇ καιομένῃ πυρὶ καὶ θείῳ, ὅ ἐστιν ὁ θάνατος ὁ δεύτερος.

καινός -ή -όν new
ἀπῆλθαν = ἀπῆλθον aor 3 pl ἀπέρχομαι
ἡτοιμασμένην pf pass pple ἑτοιμάζω
  prepare
νύμφη -ης f bride
κεκοσμημένην pf pass pple κοσμέω
  adorn
σκηνή -ῆς f tent, dwelling place
σκηνόω encamp, dwell
ἐξαλείψει fut 3 sg ἐξαλείφω wipe away
δακρύον -ου n tear
πένθος -ους n mourning
κραυγή -ῆς f crying
πόνος -ου m pain
⁵ γράψον aor impv 2 sg γράφω
ἀληθινός -ή -όν true
γέγοναν pf 3 pl γίνομαι transl all is
  done
τέλος -ους n end

διψάω be thirsty
πηγή -ῆς f spring
δωρεάν freely
νικάω be victorious
κληρονομέω inherit
δειλός -ή -όν cowardly
ἄπιστος -ον faithless
ἐβδελυγμένοις pf pass pple βδελύσσω
  corrupt
φονεύς -έως m murderer
πόρνος -ου m fornicator
φάρμακος -ου m sorcerer
εἰδωλολάτρης -ου m idolater
ψευδής -ές lying
μέρος -ους n lot, portion
λίμνη -ης f lake
καίω burn
θεῖον -ου n sulphur, brimstone
δεύτερος -α -ον second

Verses 9–14: The New Jerusalem (1)

⁹καὶ ἦλθεν εἷς ἐκ τῶν ἑπτὰ ἀγγέλων τῶν ἐχόντων τὰς ἑπτὰ φιάλας, τῶν γεμόντων τῶν ἑπτὰ πληγῶν τῶν ἐσχάτων, καὶ ἐλάλησεν μετ᾽ ἐμοῦ λέγων, δεῦρο, δείξω σοι τὴν νύμφην τὴν γυναῖκα τοῦ ἀρνίου. ¹⁰καὶ ἀπήνεγκέν με ἐν πνεύματι ἐπὶ ὄρος μέγα καὶ ὑψηλόν, καὶ ἔδειξέν μοι τὴν πόλιν τὴν ἁγίαν Ἰερουσαλὴμ καταβαίνουσαν ἐκ τοῦ οὐρανοῦ ἀπὸ τοῦ θεοῦ, ¹¹ἔχουσαν τὴν δόξαν τοῦ θεοῦ· ὁ φωστὴρ αὐτῆς ὅμοιος λίθῳ τιμιωτάτῳ, ὡς λίθῳ ἰάσπιδι κρυσταλλίζοντι· ¹²ἔχουσα τεῖχος μέγα καὶ ὑψηλόν, ἔχουσα πυλῶνας δώδεκα, καὶ ἐπὶ τοῖς πυλῶσιν ἀγγέλους δώδεκα, καὶ ὀνόματα ἐπιγεγραμμένα ἅ ἐστιν τὰ ὀνόματα τῶν δώδεκα φυλῶν υἱῶν Ἰσραήλ· ¹³ἀπὸ ἀνατολῆς πυλῶνες τρεῖς, καὶ ἀπὸ βορρᾶ πυλῶνες τρεῖς, καὶ ἀπὸ νότου πυλῶνες τρεῖς, καὶ ἀπὸ δυσμῶν πυλῶνες τρεῖς· ¹⁴καὶ τὸ τεῖχος τῆς πόλεως ἔχων θεμελίους δώδεκα, καὶ ἐπ᾽ αὐτῶν δώδεκα ὀνόματα τῶν δώδεκα ἀποστόλων τοῦ ἀρνίου.

φιάλη -ης *f* bowl
γέμω be full
πληγή -ῆς *f* plague
ἔσχατος -η -ον last
δεῦρο come here!
δείξω *fut 1 sg* δείκνυμι show
ἀρνίον -ου *n* lamb
10 ἀπήνεγκεν *aor 3 sg* ἀποφέρω take away
ὑψηλός -ή -όν high
ἔδειξεν *aor 3 sg* δείκνυμι
φωστήρ -ῆρος *m* radiance
ὅμοιος -α -ον like + *dat*
τίμιος -α -ον precious

ἴασπις -ιδος *f* jasper
κρυσταλλίζω be clear as crystal
τεῖχος -ους *n* wall
πυλών -ῶνος *m* gate
ἐπιγεγραμμένα *pf pass pple* ἐπιγράφω inscribe
φυλή -ῆς *f* tribe
ἀνατολή -ῆς *f* east
βορρᾶς -ᾶ *m* north
νότος -ου *m* south
δυσμή -ῆς *f* west (*always used in pl*)
ἔχων here indeed, *transl* with
θεμέλιος -ου *m* foundation stone

The New Jerusalem: Nicolaus Visscher (*c.* 1700). *The Sacred Histories of the Old and New Testament represented by very artificial figures* (Amsterdam, n.d.)

Section Twelve

Verses 15–27: The New Jerusalem (2)

¹⁵καὶ ὁ λαλῶν μετ' ἐμοῦ εἶχεν μέτρον κάλαμον χρυσοῦν, ἵνα μετρήσῃ τὴν πόλιν καὶ τοὺς πυλῶνας αὐτῆς καὶ τὸ τεῖχος αὐτῆς. ¹⁶καὶ ἡ πόλις τετράγωνος κεῖται, καὶ τὸ μῆκος αὐτῆς ὅσον καὶ τὸ πλάτος. καὶ ἐμέτρησεν τὴν πόλιν τῷ καλάμῳ ἐπὶ σταδίων δώδεκα χιλιάδων· τὸ μῆκος καὶ τὸ πλάτος καὶ τὸ ὕψος αὐτῆς ἴσα ἐστίν. ¹⁷καὶ ἐμέτρησεν τὸ τεῖχος αὐτῆς ἑκατὸν τεσσεράκοντα τεσσάρων πηχῶν, μέτρον ἀνθρώπου, ὅ ἐστιν ἀγγέλου. ¹⁸καὶ ἡ ἐνδώμησις τοῦ τείχους αὐτῆς ἴασπις, καὶ ἡ πόλις χρυσίον καθαρὸν ὅμοιον ὑάλῳ καθαρῷ. ¹⁹οἱ θεμέλιοι τοῦ τείχους τῆς πόλεως παντὶ λίθῳ τιμίῳ κεκοσμημένοι· ὁ θεμέλιος ὁ πρῶτος ἴασπις, ὁ δεύτερος σάπφιρος, ὁ τρίτος χαλκηδών, ὁ τέταρτος σμάραγδος, ²⁰ὁ πέμπτος σαρδόνυξ, ὁ ἕκτος σάρδιον, ὁ ἕβδομος χρυσόλιθος, ὁ ὄγδοος βήρυλλος, ὁ ἔνατος τοπάζιον, ὁ δέκατος χρυσόπρασος, ὁ ἑνδέκατος ὑάκινθος, ὁ δωδέκατος ἀμέθυστος. ²¹καὶ οἱ δώδεκα πυλῶνες δώδεκα μαργαρῖται, ἀνὰ εἷς ἕκαστος τῶν πυλώνων ἦν ἐξ ἑνὸς μαργαρίτου. καὶ ἡ πλατεῖα τῆς πόλεως χρυσίον καθαρὸν ὡς ὕαλος διαυγής. ²²καὶ ναὸν οὐκ εἶδον ἐν αὐτῇ, ὁ γὰρ κύριος ὁ θεὸς ὁ παντοκράτωρ ναὸς αὐτῆς ἐστιν, καὶ τὸ ἀρνίον. ²³καὶ ἡ πόλις οὐ χρείαν ἔχει τοῦ ἡλίου οὐδὲ τῆς σελήνης, ἵνα φαίνωσιν αὐτῇ, ἡ γὰρ δόξα τοῦ θεοῦ ἐφώτισεν αὐτήν, καὶ ὁ λύχνος αὐτῆς τὸ ἀρνίον. ²⁴καὶ περιπατήσουσιν τὰ ἔθνη διὰ τοῦ φωτὸς αὐτῆς· καὶ οἱ βασιλεῖς τῆς γῆς φέρουσιν τὴν δόξαν αὐτῶν εἰς αὐτήν· ²⁵καὶ οἱ πυλῶνες αὐτῆς οὐ μὴ κλεισθῶσιν ἡμέρας, νὺξ γὰρ οὐκ ἔσται ἐκεῖ· ²⁶καὶ οἴσουσιν τὴν δόξαν καὶ τὴν τιμὴν τῶν ἐθνῶν εἰς αὐτήν. ²⁷καὶ οὐ μὴ εἰσέλθῃ εἰς αὐτὴν πᾶν κοινὸν καὶ ὁ ποιῶν βδέλυγμα καὶ ψεῦδος, εἰ μὴ οἱ γεγραμμένοι ἐν τῷ βιβλίῳ τῆς ζωῆς τοῦ ἀρνίου.

---

¹⁵ μέτρον -ου n measure
κάλαμος -ου m rod
χρυσοῦς -ῆ -οῦν of gold
μετρήσῃ aor subj 3 sg μετρέω measure
τετράγωνος -ον square
κεῖμαι be laid out
μῆκος -ους n length
πλάτος -ους n width
στάδιον -ου n stade (about 200 m)
χιλιάς -άδος f thousand

ὕψος -ους n height
ἴσος -η -ον equal
ἑκατόν 100
τεσσεράκοντα forty
τέσσαρες -α four
πῆχυς -εως m cubit (about 0.46 m)
ἐνδώμησις -εως f building material
χρυσίον -ου n gold
καθαρός -ά -όν pure, clear
ὕαλος -ου m glass

τίμιος -α -ον precious
κεκοσμημένοι *pf pass pple* κοσμέω *vs* 2
σάπφιρος -ου *f* sapphire
τρίτος -η -ον third
χαλκηδών -όνος *m* chalcedony, agate
τέταρτος -η -ον fourth
σμάραγδος -ου *m* emerald
20 πέμπτος -η -ον fifth
σαρδόνυξ -υχος *m* sardonyx
ἕκτος -η -ον sixth
σάρδιον -ου *n* cornelian
ἕβδομος -η -ον seventh
χρυσόλιθος -ου *m* chrysolite
ὄγδοος -η -ον eighth
βήρυλλος -ου *m/f* beryl
ἔνατος -η -ον ninth
τοπάζιον -ου *n* topaz
δέκατος -η -ον tenth
χρυσόπρασος -ου *m* chrysoprase, green quartz
ἑνδέκατος -η -ον eleventh
ὑάκινθος -ου *m* jacinth, turquoise
δωδέκατος -η -ον twelfth
ἀμέθυστος -ου *f* amethyst

μαργαρίτης -ου *m* pearl
ἀνά *here* apiece, each
πλατεῖα -ας *f* main street
διαυγής -ές transparent
ναός -οῦ *m* temple
παντοκράτωρ -ορος *m* almighty
χρεία -ας *f* need
ἥλιος -ου *m* sun
σελήνη -ης *f* moon
φαίνω shine
ἐφώτισεν *aor 3 sg* φωτίζω illuminate, give light to
λύχνος -ου *m* lamp
25 οὐ μή + *subj emphatic neg*
κλεισθῶσιν *aor pass subj 3 pl* κλείω shut
οἴσουσιν *fut 3 pl* φέρω
τιμή -ῆς *f here* wealth
εἰσέλθῃ *aor subj 3 sg* εἰσέρχομαι
κοινός -ή -όν *here* unclean
βδέλυγμα -ατος *n* something detestable
ψεῦδος -ους *n* falsity, deceit
εἰ μή except
γεγραμμένοι *pf pass pple* γράφω
βιβλίον -ου *n* book

Chapter 22

Verses 1–5: The New Jerusalem (3)

¹καὶ ἔδειξέν μοι ποταμὸν ὕδατος ζωῆς λαμπρὸν ὡς κρύσ-
ταλλον, ἐκπορευόμενον ἐκ τοῦ θρόνου τοῦ θεοῦ καὶ τοῦ ἀρνίου. ²ἐν
μέσῳ τῆς πλατείας αὐτῆς καὶ τοῦ ποταμοῦ ἐντεῦθεν καὶ ἐκεῖθεν ξύ-
λον ζωῆς ποιοῦν καρποὺς δώδεκα, κατὰ μῆνα ἕκαστον ἀποδιδοῦν τὸν
καρπὸν αὐτοῦ, καὶ τὰ φύλλα τοῦ ξύλου εἰς θεραπείαν τῶν ἐθνῶν. ³καὶ
πᾶν κατάθεμα οὐκ ἔσται ἔτι. καὶ ὁ θρόνος τοῦ θεοῦ καὶ τοῦ ἀρνίου ἐν
αὐτῇ ἔσται, καὶ οἱ δοῦλοι αὐτοῦ λατρεύσουσιν αὐτῷ, ⁴καὶ ὄψονται τὸ
πρόσωπον αὐτοῦ, καὶ τὸ ὄνομα αὐτοῦ ἐπὶ τῶν μετώπων αὐτῶν. ⁵καὶ
νὺξ οὐκ ἔσται ἔτι, καὶ οὐκ ἔχουσιν χρείαν φωτὸς λύχνου καὶ φωτὸς
ἡλίου, ὅτι κύριος ὁ θεὸς φωτίσει ἐπ᾽ αὐτούς, καὶ βασιλεύσουσιν εἰς
τοὺς αἰῶνας τῶν αἰώνων.

ἔδειξεν aor 3 sg δείκνυμι show
ποταμός -οῦ m river
λαμπρός -ά -όν shining, bright
κρύσταλλος -ου m crystal
ἐκπορεύομαι here flow out
πλατεῖα -ας f main street
ἐντεῦθεν καὶ ἐκεῖθεν on this side and
   that
ξύλον -ου n tree
κατὰ μῆνα ἕκαστον for each month
ἀποδιδοῦν pple ἀποδίδωμι here yield
φύλλον -ου n leaf

θεραπεία -ας f healing
κατάθεμα -ατος n thing cursed
λατρεύω worship
ὄψονται fut 3 pl ὁράω
μέτωπον -ου n forehead
⁵ χρεία -ας f need
λύχνος -ου m lamp
ἥλιος -ου m sun
φωτίσει fut 3 sg φωτίζω give light
βασιλεύω reign
εἰς τοὺς αἰῶνας τῶν αἰώνων for ever
   and ever

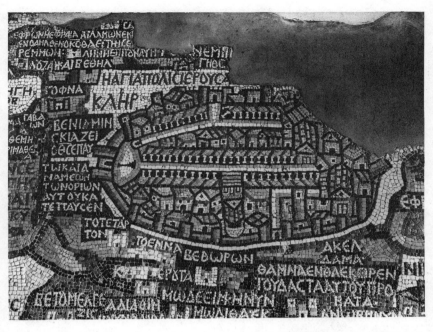

Jerusalem: sixth-century mosaic. Church of St John at Madaba, Jordan

Verses 6–21: The Coming of Christ

⁶καὶ εἶπέν μοι, οὗτοι οἱ λόγοι πιστοὶ καὶ ἀληθινοί, καὶ ὁ κύριος, ὁ θεὸς τῶν πνευμάτων τῶν προφητῶν, ἀπέστειλεν τὸν ἄγγελον αὐτοῦ δεῖξαι τοῖς δούλοις αὐτοῦ ἃ δεῖ γενέσθαι ἐν τάχει. ⁷καὶ ἰδοὺ ἔρχομαι ταχύ. μακάριος ὁ τηρῶν τοὺς λόγους τῆς προφητείας τοῦ βιβλίου τούτου. ⁸κἀγὼ Ἰωάννης ὁ ἀκούων καὶ βλέπων ταῦτα. καὶ ὅτε ἤκουσα καὶ ἔβλεψα, ἔπεσα προσκυνῆσαι ἔμπροσθεν τῶν ποδῶν τοῦ ἀγγέλου τοῦ δεικνύοντός μοι ταῦτα. ⁹καὶ λέγει μοι, ὅρα μή· σύνδουλός σού εἰμι καὶ τῶν ἀδελφῶν σου τῶν προφητῶν καὶ τῶν τηρούντων τοὺς λόγους τοῦ βιβλίου τούτου· τῷ θεῷ προσκύνησον. ¹⁰καὶ λέγει μοι, μὴ σφραγίσῃς τοὺς λόγους τῆς προφητείας τοῦ βιβλίου τούτου, ὁ καιρὸς γὰρ ἐγγύς ἐστιν. ¹¹ὁ ἀδικῶν ἀδικησάτω ἔτι, καὶ ὁ ῥυπαρὸς ῥυπανθήτω ἔτι, καὶ ὁ δίκαιος δικαιοσύνην ποιησάτω ἔτι, καὶ ὁ ἅγιος ἁγιασθήτω ἔτι. ¹²ἰδοὺ ἔρχομαι ταχύ, καὶ ὁ μισθός μου μετ᾽ ἐμοῦ, ἀποδοῦναι ἑκάστῳ ὡς τὸ ἔργον ἐστὶν αὐτοῦ. ¹³ἐγὼ τὸ ἄλφα καὶ τὸ ὦ, ὁ πρῶτος καὶ ὁ ἔσχατος, ἡ ἀρχὴ καὶ τὸ τέλος. ¹⁴μακάριοι οἱ πλύνοντες τὰς στολὰς αὐτῶν, ἵνα ἔσται ἡ ἐξουσία αὐτῶν ἐπὶ τὸ ξύλον τῆς ζωῆς καὶ τοῖς πυλῶσιν εἰσέλθωσιν εἰς τὴν πόλιν. ¹⁵ἔξω οἱ κύνες καὶ οἱ φάρμακοι καὶ οἱ πόρνοι καὶ οἱ φονεῖς καὶ οἱ εἰδωλολάτραι καὶ πᾶς φιλῶν καὶ ποιῶν ψεῦδος. ¹⁶ἐγὼ Ἰησοῦς ἔπεμψα τὸν ἄγγελόν μου μαρτυρῆσαι ὑμῖν ταῦτα ἐπὶ ταῖς ἐκκλησίαις. ἐγώ εἰμι ἡ ῥίζα καὶ τὸ γένος Δαυίδ, ὁ ἀστὴρ ὁ λαμπρὸς ὁ πρωϊνός. ¹⁷καὶ τὸ πνεῦμα καὶ ἡ νύμφη λέγουσιν, ἔρχου. καὶ ὁ ἀκούων εἰπάτω, ἔρχου. καὶ ὁ διψῶν ἐρχέσθω, ὁ θέλων λαβέτω ὕδωρ ζωῆς δωρεάν. ¹⁸μαρτυρῶ ἐγὼ παντὶ τῷ ἀκούοντι τοὺς λόγους τῆς προφητείας τοῦ βιβλίου τούτου· ἐάν τις ἐπιθῇ ἐπ᾽ αὐτά, ἐπιθήσει ὁ θεὸς ἐπ᾽ αὐτὸν τὰς πληγὰς τὰς γεγραμμένας ἐν τῷ βιβλίῳ τούτῳ· ¹⁹καὶ ἐάν τις ἀφέλῃ ἀπὸ τῶν λόγων τοῦ βιβλίου τῆς προφητείας ταύτης, ἀφελεῖ ὁ θεὸς τὸ μέρος αὐτοῦ ἀπὸ τοῦ ξύλου τῆς ζωῆς καὶ ἐκ τῆς πόλεως τῆς ἁγίας, τῶν γεγραμμένων ἐν τῷ βιβλίῳ τούτῳ. ²⁰λέγει ὁ μαρτυρῶν ταῦτα, ναί, ἔρχομαι ταχύ. ἀμήν, ἔρχου, κύριε Ἰησοῦ. ²¹ἡ χάρις τοῦ κυρίου Ἰησοῦ μετὰ πάντων.

ἀληθινός -ή -όν true
δεῖξαι aor inf δείκνυμι
ἐν τάχει speedily, in a short while
ταχύ quickly
μακάριος -α -ον happy, blessed
προφητεία -ας f prophecy
βιβλίον -ου n book
κἀγώ = καὶ ἐγώ (crasis)
Ἰωάννης -ου m John
ἔπεσα aor 1 sg πίπτω
ἔμπροσθεν + gen before, in front of
ὅρα μη (see that you) don't!
σύνδουλος -ου m fellow-servant
προσκύνησον aor impv 2 sg προσκυνέω
10 σφραγίσῃς aor subj 2 sg σφραγίζω seal
ἐγγύς near
ἀδικέω do wrong
ἀδικησάτω aor impv 3 sg ἀδικέω
ῥυπαρός -ά -όν impure, filthy
ῥυπανθήτω aor pass impv 3 sg ῥυπαίνω
  befoul, stain
ποιησάτω aor impv 3 sg ποιέω
ἁγιασθήτω aor pass impv 3 sg ἁγιάζω
  make holy
μισθός -οῦ m reward
ἀποδοῦναι aor inf ἀποδίδωμι here
  repay, pay what is due
ἔσχατος -η -ον last
τέλος -ους n end
πλύνω wash
στολή -ῆς f robe

ἵνα with εἰσέλθωσιν
ἐξουσία here right
πυλών -ῶνος m gate
εἰσέλθωσιν aor subj 3 pl εἰσέρχομαι
15 ἔξω outside
κύων, κυνός m dog, unclean scavenger
φάρμακος -ου m sorcerer
πόρνος -ου m fornicator
φονεύς -έως m murderer
εἰδωλολάτρης -ου m idolater
φιλέω love
ψεῦδος -ους n deceit
ῥίζα -ης f root, descendant
ἀστήρ -έρος m star
πρωϊνός -ή -όν of morning, early
νύμφη -ης f bride
ἔρχου impv 2 sg ἔρχομαι
εἰπάτω aor impv 3 sg λέγω
διψάω thirst
ἐρχέσθω impv 3 sg ἔρχομαι
λαβέτω aor impv 3 sg λαμβάνω
δωρεάν freely, as a gift
ἐπιθῇ aor subj 3 sg ἐπιτίθημι add
ἐπιθήσει fut 3 sg ἐπιτίθημι here transl
  bring upon
πληγή -ῆς f plague
γεγραμμένας pf pass pple γράφω
ἀφέλῃ aor subj 3 sg ἀφαιρέω
μέρος -ους n part, share
20 ναί yes

APPENDIX: CLASSICAL AND
NEW TESTAMENT GREEK

The Greek of the New Testament differs significantly from that of Plato or Xenophon. But it is not (as was once thought) a special variety used by Jews of the Near East, or by the Holy Spirit. It reflects everyday Greek of the first century AD. This was proved by rich discoveries in the Nile Valley at the end of the nineteenth century of letters, bills, receipts and other documents preserved on papyrus.

Early Greek had numerous regional dialects, many of them known only from inscriptions. In literature, a few came to be used in an artificial, conventional way (e.g., a form of Doric for choral lyrics). Because of the political and commercial power of Athens, as well as the prestige of its literature, Attic became the dominant Greek dialect in the late fifth century BC. It gradually evolved (with admixture of Ionic elements) into the so-called Koine ($\dot{\eta}$ κοινή διάλεκτος = the common dialect) of the Hellenistic period. The main catalyst was the fourth-century rise of Macedon under Philip II and his son Alexander the Great. The Macedonians were anxious to assert their Greekness (the Athenian orator Demosthenes called them barbarians), but their own language (apparently unintelligible to other Greeks) lacked the cultural prestige to match their imperial ambitions. 'Great Attic', already dominant outside its region of origin, met the need. As Alexander moved eastwards through the former Persian empire to the borders of India, founding (according to tradition) seventy cities, this form of Greek was from the outset employed as the official language. It became the universal vernacular of the eastern Mediterranean, a form of Greek simplified and modified to be a suitable vehicle for ordinary people of many races.

Alexandria in Egypt became the home of a large Jewish community, many of whose members were unable to read the Hebrew Bible in the original. So from the middle of the third century onwards a Greek translation was produced: the Septuagint (Latin *septuaginta* = seventy, from the

– actually seventy-two – translators traditionally involved). Its language and idiom profoundly affect the New Testament.

The New Testament comes to us in Greek, but has a strong Semitic tone. The main language of Jesus and his disciples was Aramaic (a Semitic language related to Hebrew), and the gospel writers give several direct quotations of this (e.g., *talitha koum* Mark 5.41). But the culture of Palestine was multi-lingual. Hebrew was widely spoken in the area around Jerusalem. The inscription on the cross 'Jesus of Nazareth, the King of the Jews' was written in Hebrew, Latin and Greek (John 19.20).

A Victorian schoolboy would not have gained high marks for prose composition in the style of the New Testament. But its language is 'not pure gold accidentally contaminated but a new and serviceable alloy' (C.F.D. Moule). And there is not one uniform style. Luke, and the author of the Epistle to the Hebrews, write in a more formal and literary way than the eight or so other authors. Nonetheless there are certain features of New Testament Greek which immediately strike a reader coming to it from Classical texts:

1 There is a general simplification of both accidence and syntax.
2 In accidence, difficulties and irregularities are frequently ironed out: unusual forms of comparative adjectives are made regular; third declension adjectives are rare; monosyllabic nouns (irregular in declension) are replaced; -$\mu\iota$ verbs are given the endings of -ω verbs; first (weak) aorist endings often replace second (strong); middle verbs are often replaced by actives with reflexive pronouns; the dual number has disappeared.
3 The narrative is generally without complication and clauses tend to follow one another straightforwardly. Elaborate subordination and long parentheses are avoided. The use of participles is restricted and the genitive absolute is uncommon. Accusative and infinitive constructions have become less frequent. Connecting particles are used sparingly. The optative is falling into disuse (the subjunctive is used instead).
4 $\H{\iota}\nu\alpha$ has acquired new jobs: it now introduces result clauses, indirect statements, and indirect commands.
5 Purpose is often expressed by the infinitive alone, or by the neuter genitive singular of the definite article with the infinitive.

6 Prepositions are used where the case alone would have sufficed. There are changes in the cases which prepositions take (the accusative advancing at the expense of the others). Pronouns are used where the sense would be clear without them. Diminutive forms of nouns are used where the ordinary form would have sufficed.

7 There are about 900 words (something over 10 per cent of the total New Testament vocabulary) not found in Classical authors.

8 There are numerous Semitic idioms e.g. ἐγένετο introducing another verb, traditionally translated 'it came to pass (that)'.

The King James version of 1611 comes from a great age of English prose, but in sentence structure is very close to the Greek: it is therefore an excellent crib.

CHECKLIST OF MOST COMMON WORDS

Ἀβραάμ m Abraham

ἀγαθός ή όν good; useful, satisfactory for its purpose

ἀγαπάω love *mainly of Christian love;* show one's love; long for

ἀγάπη ης f love *mainly of Christian love;* concern, interest

ἀγαπητός ή όν beloved, dear, dearest; only (child)

ἄγγελος ου m angel; messenger, one who is sent

ἅγιος α ον holy, set apart to or by God, consecrated

ἄγω aor ἤγαγον lead, bring; go

ἀδελφός ου m brother; fellow believer

αἷμα ατος n blood; death; murder

αἴρω aor ἦρα take; raise; remove

αἰτέω ask, request; demand

αἰών ῶνος m age; world order; eternity

αἰώνιος ον eternal *of quality rather than time;* everlasting

ἀκολουθέω follow, accompany; be a disciple

ἀκούω hear; receive news of; give heed to

ἀλήθεια ας f truth, truthfulness; reality

ἀλλά but, rather, on the contrary

ἀλλήλους ας one another, each other

ἄλλος η ο other, another; more, additional

ἁμαρτία ας f sin

ἀμήν amen *of prayer;* truly, indeed

ἄν *particle indicating that action of verb is conditional, indefinite, or generalised*

ἀναβαίνω aor ἀνέβην go up, come up, ascend; grow

ἀνήρ, ἀνδρός m man; husband; person

ἄνθρωπος ου m man, human being, person

ἀνίστημι tr, aor ἀνέστησα raise; *intr, aor* ἀνέστην *and mid* rise; rebel; appear; depart

ἀνοίγω aor ἀνέῳξα open

ἀπέρχομαι aor ἀπῆλθον go, go away, leave

ἀπό + gen from, away from; of; because of; by means of; since

ἀποθνήσκω aor ἀπέθανον die

ἀποκρίνομαι aor ἀπεκρίθην answer, reply

ἀποκτείνω aor ἀπέκτεινα kill

ἀπόλλυμι aor ἀπώλεσα destroy, kill; lose; *mid, aor* ἀπωλόμην be lost, be ruined, perish

ἀπολύω release, set free; send off

ἀποστέλλω aor ἀπέστειλα send, send out, commission; send away

ἀπόστολος ου m apostle; messenger

ἄρτος ου m bread, loaf; food

ἀρχή ῆς f beginning; origin; ruling power, authority

ἀρχιερεύς έως m high priest; member of high priestly family

ἄρχομαι aor ἠρξάμην begin *oft almost redundant, adding little to linked verb*

ἄρχω rule, govern

ἀσπάζομαι greet; welcome; say goodbye

αὐτός ή ό self; same; *as pron* he, she, it

ἀφίημι aor ἀφῆκα cancel; forgive; let be; leave; neglect; let go

βάλλω aor ἔβαλον throw; put, place; offer, give

βαπτίζω baptize

βασιλεία ας f reign, rule; kingdom

βασιλεύς έως m king

βλέπω see; look (at); regard; find

Γαλιλαία ας f Galilee
γάρ for, since, then; indeed, certainly
γενέσθαι aor inf of γίνομαι
γεννάω be father of; bear, give birth
　　to pass be born
γενόμενος η ον aor pple of γίνομαι
γῆ, γῆς f the earth; land, country; soil,
　　ground
γίνομαι aor ἐγενόμην become, be; happen;
　　be born; be done; come, go
γινώσκω aor ἔγνων know; find out,
　　understand; recognise
γλῶσσα ης f tongue; language; utterance
γραμματεύς έως m scribe, expert in
　　Jewish law
γραφή ῆς f scripture, passage of scripture,
　　sacred writing
γράφω write
γυνή αικός f woman; wife

δαιμόνιον ου n demon, evil spirit
Δαυίδ m David
δέ but, rather; and; now, then, so
δεῖ it is necessary, must; should, ought
δεξιός ά όν right opp to left
δέχομαι receive, accept; take; welcome
διά + acc because of, on account of, for the
　　sake of
διά + gen through, by means of, with;
　　during
διδάσκαλος ου m teacher, rabbi
διδάσκω teach
δίδωμι aor ἔδωκα give; grant, allow;
　　produce
δίκαιος α ον just, right; righteous, good;
　　conforming to what God requires
δικαιοσύνη ης f what is right, justice, what
　　God requires
διό therefore, for this reason
διώκω persecute; seek after; drive away;
　　follow
δοκέω aor ἔδοξα think, suppose; seem, be
　　recognised; impsnl it seems good
δόξα ης f glory, splendour; power; praise,
　　honour
δοξάζω praise, honour; glorify, exalt
δοῦλος ου m slave, servant

δύναμαι be able
δύναμις εως f power, strength; miracle
δύο two
δώδεκα twelve

ἐάν if; even if, though
ἑαυτόν ήν ό himself, herself, itself
ἐγείρω aor ἤγειρα raise (the dead); wake,
　　rouse; impv and pass get up
ἐγενόμην aor of γίνομαι
ἔγνων aor of γινώσκω
ἐγώ I
ἔθνος ους n nation, people; pl non-Jews,
　　Gentiles; pagans, unbelievers
εἰ if; whether; that; surely; since
εἶδον aor inf of ὁράω
εἰμί be
εἶπον aor of λέγω
εἰρήνη ης f peace, harmony; order
εἰς + acc into, to; at, on; near; among;
　　against; concerning
εἷς, μία, ἕν one
εἰσέρχομαι aor εἰσῆλθον come into, go
　　into, enter
εἴτε ... εἴτε whether ... or; if ... if
ἐκ (ἐξ before vowel) + gen from, out of; by
　　means of; because of; on, at; of
ἕκαστος η ον each, every
ἐκβάλλω aor ἐξέβαλον drive out; lead out;
　　leave out
ἐκεῖ there
ἐκεῖνος η ο that; he, she, it
ἐκκλησία ας f church, congregation;
　　assembly, gathering
ἐλθεῖν aor inf of ἔρχομαι
ἐλθών οῦσα όν (stem οντ) aor pple of
　　ἔρχομαι
ἐλπίς ίδος f hope
ἐμός ή όν my, mine
ἐν + dat in, on, at; near; among; by; with
ἐντολή ῆς f commandment; order,
　　instruction
ἐνώπιον + gen before, in the presence of
ἐξέρχομαι aor ἐξῆλθον come out, go out
ἐξουσία ας f authority, right; ability;
　　supernatural power; ruling power
ἔξω + gen, or as adv outside

ἐπερωτάω ask, ask for
ἐπί + acc on; up to; against; over
ἐπί + gen on; near; before; in the time of
ἐπί + dat on, in; near; over; in addition to
ἑπτά seven
ἔργον ου n work, deed, task, action
ἔρχομαι aor ἦλθον come, go
ἐρωτάω ask (a question), beg, urge
ἐσθίω aor ἔφαγον eat
ἕτερος α ον other, another; different,
   strange
ἔτι still, yet; further; in addition
εὐαγγελίζω bring the good news (to),
   preach, proclaim
εὐαγγέλιον ου n good news, gospel
εὐθέως immediately; soon
εὐθύς εῖα ύ straight; right, upright
εὐθύς as adv immediately
εὑρίσκω aor εὗρον find, discover, come
   upon
ἔχω have, hold; consider; be, be situated
ἕως + gen until, as far as, to the point of
ἕως as conj until; while

ζάω live
ζητέω seek, search, look for; attempt
ζωή ῆς f life

ἤ or; than
ἤ ... ἤ either ... or
ἤδη now, already
ἦλθον aor of ἔρχομαι
ἡμεῖς ὧν we
ἡμέρα ας f day

θάλασσα ης f sea; lake
θάνατος ου m death
θέλημα ατος n will, wish, desire
θέλω wish, want, be willing
θεός οῦ m God; a god
θεωρέω see, watch, notice
θρόνος ου m throne

ἰδεῖν aor inf of ὁράω
ἴδιος α ον one's own, personal
ἰδού look! listen! ; there is/are/was/were;
   here comes; then, suddenly

ἰδών οὖσα όν (stem οντ) aor pple of
   ὁράω
ἱερόν οῦ n temple
Ἱεροσόλυμα n pl or f sg Jerusalem
Ἱερουσαλήμ f Jerusalem
Ἰησοῦς οῦ m Jesus
ἱμάτιον ου n garment, clothing; robe,
   cloak
ἵνα that, in order that, so that
Ἰουδαῖος α ον a Jew, Jewish, Judean
Ἰσραήλ m Israel
ἵστημι aor 1 ἔστησα aor 2 ἔστην tr, in
   act tenses exc aor 2 set, place, put, make
   stand; intr, in aor 2 and all mid/pass
   tenses stand, stop, be, be established

κἀγώ = καὶ ἐγώ (crasis)
κάθημαι sit, sit down; live, stay, be
καθώς as, just as; because; in so far as
καί and, even, also; that is, namely
καί ... καί both ... and
καιρός οῦ m time, appointed time,
   occasion, season, age
καλέω call, name, address, invite
καλός ή όν good, right, fine, honourable
καρδία ας f heart, inner self, mind, will,
   intention
καρπός οῦ m fruit, harvest; outcome,
   return
κατά + acc according to, just as; on, along,
   through
κατά + gen against; down (from);
   throughout
καταβαίνω come down, go down, fall
κεφαλή ῆς f head
κηρύσσω proclaim, make known, preach
κόσμος ου m world, world order, universe
κράζω call out, cry, shout
κρίνω judge; condemn; decide; regard
κύριος ου m lord, master

λαλέω speak, talk, say, proclaim
λαμβάνω aor ἔλαβον take, take hold of;
   receive, obtain
λαός οῦ m people; nation; crowd
λέγω aor εἶπον say, speak tell; mean
λίθος ου m stone

λόγος ου m word, talk, message, teaching, account, reason
λοιπός ή όν rest (of), remaining, other

μαθητής οῦ m disciple, pupil, follower
μᾶλλον more, rather, instead
μανθάνω aor ἔμαθον learn, find out, discover
μαρτυρέω bear witness, testify, affirm
μέγας, μεγάλη, μέγα big, great
μέλλω be about to, intend, be destined to + *inf*
μέν ... δέ on the one hand ... on the other hand
μένω aor ἔμεινα remain, stay
μέσος η ον middle, in the middle
μετά + *acc* after, behind
μετά + *gen* with; among; by
μή not; surely ... not?
μηδέ nor, and not; not even
μηδείς, μηδεμία, μηδέν no one, nothing; no, not any
μήτηρ, μητρός f mother
μόνον *adv* only
μόνος η ον only, alone
Μωϋσῆς έως m Moses

νεκρός ά όν dead, lifeless; *as noun* corpse
νόμος ου m law, principle, rule
νῦν now
νύξ, νυκτός f night

ὁ, ἡ, τό the; he, she, it; τοῦ + *inf* in order to; with the result that
ὁδός ου f way, road, journey; way of life, conduct
οἶδα know
οἰκία ας f house; family, household
οἶκος ου m house; family, household; nation; temple
ὀλίγος η ον small, little; *pl* few
ὅλος η ον whole, all, entire
ὄνομα ατος n name, title; person; authority
ὅπου where; whereas
ὅπως that, in order that
ὁράω aor εἶδον see, notice, understand
ὄρος ους n mountain, hill

ὅς, ἥ, ὅ who, which; he, she, it
ὅσος η ον as much as, as great as; *pl* as many as, all who
ὅστις, ἥτις, ὅ τι who, which; whoever; anyone, someone
ὅταν when, whenever, as often as
ὅτε when; while
ὅτι because; that; *or redundant, introducing direct speech*
οὐ (οὐκ, οὐχ *before vowel*) not; surely ... not?
οὗ where; to which
οὐδέ neither, and not; not even
οὐδὲ ... οὐδέ neither ... nor
οὐδείς, οὐδεμία, οὐδέν no one, nothing; no, not any; worth nothing
οὖν therefore, accordingly
οὐρανός οῦ m heaven; sky
οὔτε not, no, nor
οὔτε ... οὔτε neither ... nor
οὗτος, αὕτη, τοῦτο this, this one; he, she, it
οὕτω (οὕτως *before vowel*) in this way, thus, so
ὀφθαλμός οῦ m eye
ὄχλος ου m crowd; people; mob

πάλιν again; back; furthermore; yet
πάντες, πᾶσαι, πάντα all *pl of* πᾶς
παρά + *acc* beside, by; along; (more) than; contrary to
παρά + *gen* from; by; with
παρά + *dat* with, in the presence of, near, in the judgement of
παραδίδωμι aor παρέδωκα hand on, hand over, deliver up, commend; betray
παρακαλέω urge, encourage, request, invite, console
πᾶς, πᾶσα, πᾶν all, every, entire
πατήρ, πατρός m father
Παῦλος ου m Paul
πείθω aor ἔπεισα persuade
πέμπω send
περί + *acc* around, near; with reference to
περί + *gen* about, concerning; on account of
περιπατέω walk, move about; live, conduct oneself

Πέτρος ου *m* Peter
Πιλᾶτος ου *m* Pilate
πίνω *aor* ἔπιον drink
πίπτω *aor* ἔπεσα fall
πιστεύω believe (in), have faith (in), have confidence
πίστις εως *f* faith, trust, belief
πιστός ή όν faithful; believing; trustworthy, unfailing
πλείων ον more; *pl* many, most, the majority
πληρόω fill; fulfil, bring about, complete
πλοῖον ου *n* boat
πνεῦμα ατος *n* spirit; inner life; self; state of mind; power
ποιέω make, do, accomplish, produce
πόλις εως *f* city, town
πολλοί, πολλαί, πολλά many *pl of* πολύς
πολύς, πολλή, πολύ much
πονηρός ά όν evil, bad, sinful, worthless
πορεύομαι *aor* ἐπορεύθην go, travel; live one's life
πούς, ποδός *m* foot
πρεσβύτερος α ον elder *of two, or as* religious leader
πρός + *acc* to, towards, for the purpose of, with reference to
πρός + *dat* at, on, near
προσέρχομαι *aor* προσῆλθον come to, go to, approach
προσεύχομαι pray
προσκυνέω worship; bow, kneel
πρόσωπον ου *n* face, appearance; presence
προφήτης ου *m* prophet
πρῶτον *adv* first, in the first place
πρῶτος η ον first; foremost, prominent; former
πῦρ ός *n* fire
πῶς how?
πώς somehow

ῥῆμα ατος *n* word, saying; matter, event

σάββατον ου *n* seventh day, sabbath; week
σάρξ, σαρκός *f* flesh, human nature, earthly life; sinful nature

σεαυτόν ήν yourself *sg, refl*
σημεῖον ου *n* sign, signal, portent, miracle
Σίμων ωνος *m* Simon
στόμα ατος *n* mouth; utterance; power of speech
σύ you *sg*
σύν + *dat* with
συνάγω *aor* συνήγαγον gather, assemble, call together
συναγωγή ῆς *f* synagogue, Jewish place of worship; congregation, assembly
σῴζω *aor* ἔσωσα save, rescue, deliver
σῶμα ατος *n* body

τέ *follows the word it joins* and, and so
τὲ ... τέ both ... and
τέκνον ου *n* child
τηρέω keep, observe, guard, maintain
τίθημι *aor* ἔθηκα put, place, lay
τίς, τίς (*gen* τίνος) who? which? what? *n* why?
τὶς, τὶ (*gen* τινός) a certain, some (one/thing), any (one/thing)
τοιοῦτος αὕτη οὗτον of such a kind, similar
τόπος ου *m* place, location, position
τότε then, at that time; next
τοῦ + *inf* in order to; with the result that
τρεῖς, τρία three
τρίτος η ον third

ὕδωρ, ὕδατος *n* water
υἱός οῦ *m* son; descendant
ὑμᾶς αὐτούς άς yourselves *refl*
ὑμεῖς you *pl*
ὑπάγω go, go one's way; depart
ὑπάρχω be; be available
ὑπέρ + *acc* (more) than, beyond
ὑπέρ + *gen* for, for the sake of, on behalf of; about
ὑπό + *acc* under
ὑπό + *gen* by, by means of, at the hands of

Φαρισαῖος ου *m* Pharisee
φέρω *aor* ἤνεγκα carry, bring, bear, put up with
φημί say

φοβέομαι aor ἐφοβήθην fear, be afraid (of)

φωνή ῆς f voice, sound, note, cry

φῶς, φωτός n light

χαίρω rejoice, be glad; *impv* greetings!

χαρά ᾶς f joy, gladness

χάρις ιτος f grace, mercy, favour, goodwill

χείρ, χειρός f hand

Χριστός ου m Christ (*lit* the anointed one)

χρόνος ου m time

ψυχή ῆς f soul, self, (inner) life, person

ὧδε here, to here; in these circumstances

ὥρα ας f hour, moment, occasion

ὡς as, as if, how; that; when; so that; because

ὥστε that, so that, with the result that, therefore